Gunnar Friedrich

Cautio Barbari

Roman

Gunnar Friedrich
Argentinische Allee 208
14169 Berlin
Deutschland

CautioBarbari@web.de
https://www.facebook.com/CautioBarbari

Lektorat: Martina Richter
Cover-Design: Silvia Friedrich
Cover-Bild in veränderter Form von:
https://pixabay.com/

Kapitel 1

Ein germanisches Gehöft in den westlichen Ausläufern des Harz
40 Jahre vor Christi Geburt

Mit einem mulmigen Gefühl in der Bauchgegend erwachte ich in der Dunkelheit unseres Hauses, schreckte hoch, richtete mich inmitten des Fellhaufens auf, unter dem meine Geschwister und ich ruhten. Neben mir knurrte Gerhart, mein ältester Bruder. Ich hörte die Schlafgeräusche von meiner Familie und unseren Tieren, soweit sie sich im Haus befanden. Das Feuer war bis auf die letzte Glut erloschen, es musste also recht spät in der Nacht sein, vielleicht schon gegen Morgen. Durch das Abzugsloch oben im Dach konnte kein Licht dringen, da wir es abends mit einem an Stangen befestigten, großen Fell provisorisch verschlossen hatten. Dumpf hörte ich erst fernes Hundegebell, dann schlugen unsere eigenen Hunde an. Doch ihr Bellen war nicht feindselig, es schien eher erfreut.

Gerhart sprang auf, griff nach seiner Frame, der bei uns meist brusthohen, soliden Lanze mit scharf geschliffener Stahlspitze. Die Frame war für den Nahkampf, besonders zum Stoßen und auch Schlagen, perfekt geeignet. Da sie gut ausbalanciert war, ließ sich eine Frame auch werfen, wenn es erforderlich wurde. Plötzlich war die ganze Familie auf den Beinen. „Facht das Feuer an!“, befahl mein Bruder. Ein Familienmitglied, ich sah nicht welches, schlug mit Stahl und Feuerstein Funken und entzündete das Feuer. Gerhart trat an die niedrige Tür und öffnete sie. Mein Großvater, ebenfalls mit einer Frame bewaffnet, und meine Mutter, ein langes Messer in der Hand, folgten ihm. Ich wollte mich in der Enge nicht abdrängen lassen, immerhin war ich schon fünfzehn Jahre alt und würde im nächsten Monat volljährig werden.

Eisiger Sturm drang durch die nun offenstehende Tür in unser Haus. Die Abdeckung des Rauchabzugs oben im Dach flatterte. Draußen heulten die Elemente, trieben Eis und Schnee durch die Nacht, die sich im Osten bereits rötlich erhellte. Plötzlich stürzte Gerhart zurück in den Wohnraum. „Es ist Vater. Er ruft um Hilfe!“ Wir vier Brüder und Großvater griffen nach unseren dicken Wollumhängen, schlüpften in die Stiefel und eilten hinaus. Als wir das Tor des Palisadenzauns öffneten, hörten wir alle unseren Vater im tosenden, dunklen Grauweiß des Schneesturms, wie er um Hilfe rief. Großvater blieb am Tor zurück, während wir losrannten. Rasch stießen wir auf Vater, der unseren fünften Bruder halb auf dem Rücken trug, halb hinter sich her schleifte. Ihre Kleidung war von Schnee und Hagel weiß. Gerhart und Roger packten unseren Bruder, Ortwin und ich stützten Vater, der am Ende seiner Kräfte war. Wir brachten die beiden ins Haus. Ich band die Hunde, die meinen Vater und Bruder auf ihrem Jagdausflug begleitet hatten, an die dafür vorgesehenen Pflöcke fest.

Im Haus trank Vater erst einmal ein paar Schlucke kaltes Wasser, da meine Schwestern noch keine Zeit gefunden hatten, um einen wärmenden Kräutersud aufzusetzen. Schwer atmend berichtete er: „Ein Keiler hat Arnulf erwischt, obwohl ihm schon Arnulfs Frame im Leib steckte. Wir hatten einfach nur Pech. Ich erlegte eine Bache, da brach plötzlich dieser riesige Keiler aus dem Unterholz und griff sofort an. Arnulf reagierte blitzschnell und stieß ihm die Frame zwischen die Rippen, dass es krachte, doch das wütende Biest erreichte ihn noch mit den Hauern.“

Arnulf kam zu sich, sah sich benommen um und lächelte. „Unser Wildschweinbraten ist wohl an die Wölfe verloren. Zieht mir meinen Stiefel aus, ich will meinen Fuß sehen. Ich kann das linke Bein kaum bewegen. Und Auftreten geht gar nicht.“ Meine Mutter Dagmar, ruhig und überlegen, immer auf das Wohl ihrer Lieben bedacht, sah sich den Blut-verklebten Stiefel und das zerfetzte Hosenbein an. Sicher ahnte sie bereits Schlimmes. „Sieglinde, schau nach, ob die Hühner Eier gelegt haben.“

„Aber Mutter!", widersprach meine jüngste, gerade achtjährige Schwester, „Die Hühner legen doch seit Wochen keine Eier mehr."

„Tu es!"

Als meine Mutter den Stiefel vorsichtig öffnete und vom Fuß zog, stöhnte Arnulf kurz auf, was bei Gerhart sofort zu einem missfälligen Stirnrunzeln führte. Der Stiefel hatte einen blutverschmierten, zackigen Riss, und der Fuß schien nur noch ein blutiger Klumpen zu sein. Vorsichtig, aber doch resolut, schob Mutter das Hosenbein nach oben. Die Wade war fast bis zum Knie hoch aufgeschlitzt. Sie atmete tief durch. „Ich brauche warmes Wasser. Und bringt mir von dem guten Leinentuch."

Sie blickte zu meinem Vater. Kein Tadel lag in diesem Blick, nur stilles Verstehen seiner Sorge und der Wunsch, so gut wie möglich zu helfen. „Wie lange liegt der Unfall zurück?"

„Es war gestern Abend. Seitdem sind wir auf dem Rückweg durch den Schnee gestapft."

Die Jagd war gefährlich. Besonders, wenn die wilden Tiere ausgehungert waren. „Solche Wunden sehen immer schlimm aus, bevor man sie ordentlich gereinigt hat. Aber eines kann ich schon jetzt trotz des schlechten Lichts sagen: Ihr müsst noch heute Morgen mit Arnulf zur alten Vettel am Teich gehen. Niemand versteht sich auf die Versorgung derart tiefer Wunden so gut wie sie. Es geht um seinen Fuß."

Die Worte waren gelassen ausgesprochen, doch erzeugten sie bei uns allen die gleichen, furchtbaren Gedanken. Einen verkrüppelten Arnulf konnte und wollte sich niemand von uns vorstellen. Den Tod als Jäger oder Krieger zu finden, das war der Kreis des Lebens, etwas, mit dem man an Wodans Tisch in Walhall prahlen konnte, zusammen mit den anderen verstorbenen Kriegern. Aber als Krüppel nutzlos dahinvegetieren? Undenkbar.

Während Mutter die Wunden reinigte und fest verband, baute Gerhart aus zwei Holzstangen und Fellen eine Trage für Arnulf zusammen. Meine älteste Schwester Marta, flachsblond wie alle meine Geschwister, stampfte Hafer in einem Holztiegel, um Haferbrei für das Frühstück zu erwärmen. Ich war wie meine Geschwister froh, nicht die unbändigen, rötlich-blonden Haare von Vater geerbt zu haben. Den zerstampften Hafer füllte Marta in unseren eisernen Topf, fügte Wasser und etwas Kuhmilch hinzu und eine Hand voll Bucheckern. Dann hängte sie den Topf über das Feuer, das eher traurig an nur zwei Holzscheiten nagte. Immerhin, der Brei würde warm sein. Irgendwie war allerdings von Woche zu Woche weniger im Topf, obwohl unser Hunger immer größer zu werden schien.

Da auch Vater einen kritischen Blick auf den Inhalt des Topfes warf, rechtfertigte meine Schwester die kleine Portion schnell: „Wir haben nur noch einen Sack Hafer, einen halben Sack Gerste und einen kleinen Korb voll Bucheckern. Alles andere ist schon verbraucht. Auch das abgelagerte Brennholz ist knapp.“ Vater lächelte ihr gütig und sanftmütig zu. Dabei wurden seine Augen zu lustigen Schlitzen mit fröhlichen Fältchen darum. Doch Vater war nicht fröhlich, er wollte Marta nur aufmuntern. „Ich weiß, dass die Vorräte in diesem Jahr zu knapp sind. Wir haben im vorigen Jahr viel Zeit damit zugebracht, Bäume zu fällen, Land zu roden und unsere Felder auf der Lichtung zu erweitern. Diese Arbeit hat zu lange gedauert. Vielleicht hätten wir lieber den Bach aufstauen und Forellen züchten sollen. Es tut mir leid, dass meine Kinder hungern müssen. Nun sind schon zwei Monate und zwei Wochen seit der Wintersonnenwende vergangen und noch immer fällt Schnee. Mir ist schon klar, dass auch unser Vorrat an Brennholz von Tag zu Tag kleiner wird. Wenn uns das trockene Brennholz ausgeht, werden wir die Kühe ins Haus holen müssen, sonst erfrieren wir.“

Unser Haus war nicht groß. Es war rund, sieben Meter im Durchmesser. Der Boden war dick mit Stroh bedeckt, über das wir zum Schlafen Felle auslegten. Die Feuerstelle in der Mitte hatten wir mit Steinen eingefasst. Einzige Möbel waren zwei lange Bänke, drei runde Hocker, zwei große Truhen und eine Art Regal, an und auf dem unsere Werkzeuge und Waffen abgelegt waren. Da der Rauch uns nur selten den Gefallen tat, kerzengerade nach oben zum Abzugsloch zu ziehen, war eigentlich ständig der ganze Raum verqualmt, besonders in Kopfhöhe, wenn man aufrecht stand. Da man aufgrund der Dachkonstruktion und einiger stabilisierender Querbalken aber nur auf geringer Fläche wirklich aufrecht stehen konnte, blieb der Kopf sowieso meist unterhalb der Rauchschwaden. Eine Reihe aus brusthohen Holzstämmen bildete den äußeren Rand des Hauses und trug das Dach, das außen über die Wand hinaus tief heruntergezogen war. Das Dach hatten wir mit vielen Bündeln Schilfrohr gedeckt und nur oben ein Loch als Rauchabzug gelassen.

Die runde Außenwand war niedrig. Zwischen den Pfeilern der Wand schloss ein Geflecht aus dünnen Zweigen die Lücken. Die dünnen Zweige waren um die tragenden Holzpfeiler herum gewunden, woher auch unser Ausdruck „Wand“ für die Außenbegrenzung des Hauses stammte. Dieses grobe Geflecht hatten wir mit Lehm gefüllt und dick damit verputzt. Das Dach und die Wand waren solide und dicht. Leider bot das Rundhaus kaum genug Platz für drei Erwachsene, acht überwiegend bereits erwachsene Kinder, fünf Ziegen samt einem Bock – die übrigen hatten wir längst gegessen –, drei Schafe und acht Hühner nebst Hahn – auch deren Zahl war vor dem Winter deutlich höher gewesen.

Bei dem Thema „Kühe im Haus“ wurde meine Mutter normalerweise sofort wütend. „Hast du schon mal eine Kuh pissen sehen? Diesen Strahl willst du in diesem kleinen Haus erleben?“, brüllte sie dann regelmäßig meinen Vater an, „Bau uns ein vernünftiges Langhaus, dann hast du auch Platz für deine Kühe. Unser Rundhaus ist längst zu klein für uns alle und das Viehzeug.“ Doch dieses Mal blieb sie still. Der Winter war hart. Alle, Menschen wie Tiere, froren und hungerten. Die Hunde waren abgemagert und missgelaunt, die Kühe und Ziegen gaben kaum noch Milch.

Nachdem wir unseren Brei mit Holzlöffeln aus einer großen, hölzernen Schale gegessen hatten und Arnulf einen Becher Milch zur Stärkung bekommen hatte, dämmerte draußen der Morgen und wir mussten Arnulf zur Alten am Teich schaffen. Der Abschied fiel kurz aus wie bei uns üblich, denn Vater mochte keine langen Verabschiedungen. Alle fünf Söhne brachen auf. Arnulf hüpfte auf dem gesunden Fuß nach draußen.

Der Sturm hatte sich zum Glück gelegt. Es war ein klarer, kalter Wintermorgen. Der Weg führte immer an dem Ufer des Baches entlang, an dem auch unser Gehöft lag. Anfangs kamen wir recht gut voran, da zwei von uns Arnulf stützten und er mit seinem gesunden Fuß sprang. Die beiden anderen trugen zur Sicherheit ein improvisiertes Tragegestell, falls Arnulf nicht mehr weiterkam, und zwei Framen.

Unter normalen Umständen benötigte ein Wanderer nicht lange, um zur Alten am Teich zu kommen. Doch wir brauchten diesmal mindestens die doppelte Zeit. Etwa auf der Hälfte des Weges bekam Arnulf durch unseren Laufstil und sein ständiges Hüpfen immer stärkere Schmerzen. Frisches Blut tropfte aus dem Verband und zeichnete eine rote Linie auf den dicken Schneebelag des Weges, der entlang des Baches führte. Schließlich legten wir Arnulf auf die Trage und trugen ihn den restlichen Weg zum Teich. Die Hütte der Alten lag rechts von der Mündung unseres Baches, wir mussten also nicht auch noch durch das eiskalte Wasser waten. Auf der anderen Seite lagen die Häuser unseres Nachbarn Burkhart, das schöne Langhaus für seine Familie und zwei Rundhäuser für seine beiden Knechte. Wir sahen hinüber und erkannten einige unserer Freunde, denen wir zuwinkten.

Die Hütte der Alten stand etwas abseits vom Ufer vor einem Buchenhain. Links neben der armseligen Hütte, die weder von einem Busch noch von einem Palisadenzaun umgeben war, stand eine Reihe von vier Eichen, die – leicht erkennbar – unterschiedlich alt waren. Die älteste musste ewig alt sein. Eine riesige Eiche mit einer Krone, die bis zum Ufer des Teichs reichte und auch jetzt, ohne Blätterdach, gewaltig aussah. Selbst die jüngste der vier Eichen war ein stattliches Exemplar und bestimmt schon fünfzig Jahre alt. Die Alte öffnete die schwere Holztür ihrer Hütte und trat zu uns hinaus in die Morgensonne. Sie blinzelte, hob die knorrige Hand über die Augen. „Ah, die Söhne vom Helmut. Was macht ihr für einen Lärm? Wer von euch ist diesmal verletzt?“

Gerhart trat vor. „Arnulf wurde von einem Keiler am Fuß erwischt.“ Die Alte näherte sich der Trage, begutachtete die Blut-durchtränkten Verbände. „Eure Mutter versteht sich auf die Versorgung von Wunden, doch diese Verletzung hier ist wieder einmal etwas für die Alte vom Teich. Oh, das schöne Leinen. Für dieses feine Tuch ist eure Mutter berühmt. Nur ein Meter davon bringt im Tausch eine Axt, zwei Meter eine Pflugschar, drei Meter die stählerne Spitze einer Frame. Eure Mutter ist euer wahrer Schatz."

„Das wissen wir!", schnauzte Gerhart sie ungehalten an, vielleicht auch, weil er Angst um Arnulf hatte.

Die Alte kicherte. Dann befahl sie mit einer fahrigen Handbewegung: „Bringt ihn in die Hütte." Während Ortwin und ich die Trage absetzten und Arnulf in die Hütte halfen, fragte Gerhart: „Was verlangst du für deine Hilfe?"

„Verlangen? Nichts! Aber mein Brennholz ist fast verbraucht. Bringt mir so viel Brennholz, wie drei von euch tragen können. Der Kleine bleibt solange hier und hilft mir bei der Versorgung eures Bruders." Gerhart schluckte vernehmlich. Eigentlich wollte er entgegnen, dass wir selbst kaum noch abgelagertes, trockenes Brennholz hatten. Doch sofort besann er sich, dass dieses Eingeständnis wohl nicht sehr ehrenhaft wirken würde. So nickte er nur.

Ich ging mit der Alten in die Hütte zurück. Die Hütte war eng. An einer Seite stand eine dicke, wohlgenährte Ziege. Sicherlich gab die immer noch reichlich Milch. Und ein paar Hühner in Holzkäfigen gackerten fröhlich und pickten an Hirsekolben herum. Hirsekolben. In dieser erbärmlichen Hütte gab es also sogar noch Eier. Und Milch. Und … Ich stieß gegen einen prallen Sack, in dem sich unzweifelhaft Hafer oder Gerste befand. Am Essen konnte es nicht liegen, dass die Alte so knorrig und vertrocknet aussah. Mir lief das Wasser im Munde zusammen, als ich an Rühreier und einen Becher Ziegenmilch auch nur dachte. Mein Magen knurrte wie ein Wolf. Die Alte lächelte. „In dem Eimer dort hinten findest du einen Rest Ziegenkäse und bei der Feuerstelle einen halben Fladen Brot. Iss dich erst einmal satt und beobachte dabei, was ich tue. Dein Bruder bekommt erst morgen wieder Nahrung, denn heute hätte er nichts davon." Die Alte kicherte wissend.

Sie griff nach einem der zahlreichen Lederbeutel, die vom Dachgebälk hingen, und holte drei graubraune, gammelig aussehende Scheiben heraus. Bevor ich die Substanz näher betrachten konnten, hatte sie die Teile in Arnulfs Mund geschoben. „Das sind getrocknete Pilze, die von weit her aus fremden Ländern stammen und sehr selten und kostbar sind. Es gibt in unseren Wäldern keine Pilze, die Schmerzen stillen oder wundersame Träume schenken können. Ausgenommen vielleicht der getrocknete Fliegenpilz, aber den vertrage ich nicht. Leider wachsen in unseren Landen so gut wie keine Kräuter, die Schmerzen wirksam lindern können. Man kann die Blüten und Samen der Wollblume geben und die Rinde der Weide, aber viel besser als ein Kuhhorn voll Bier oder Met wirkt beides nicht. Doch diese wertvollen Pilze, die es nur in fernen Ländern gibt, helfen deutlich besser. Kau sie gut, Arnulf, aber schlucke sie nicht. Du darfst sie nur schlucken, wenn die Schmerzen unerträglich werden." Arnulf kaute und verzog aufgrund des offensichtlich nicht angenehmen Geschmacks das Gesicht. Natürlich würde er die Pilze niemals schlucken, meinte ich, denn dadurch müsste er aufgrund der unbedachten Worte der Alten ja zugeben, dass er die Schmerzen nicht mehr aushalten könnte. Kein Mann aus unserer Familie würde eingestehen, dass er Schmerzen nicht mehr ertragen kann.

Ihren weiteren Worten vermochte ich nur noch begrenzt zu folgen, da mich trotz der bedauernswerten Lage meines Bruders der unvergleichlich würzige Geschmack des Käses und das herrliche Aroma des frischen Gerstenbrotes völlig gefangen nahmen. Ich spürte regelrecht, wie die Kraft mit jedem Bissen in meinen Körper zurückkehrte. Inzwischen hatte die Alte den Verband entfernt und begutachtete die Wunden. Dann roch sie daran. „Noch riecht die Wunde gut. Schlechter Geruch ist der Atem des Todes. Was wir bekämpfen, ist das Gift, die Hitze und der Gestank. Die Zähne und der Speichel eines Wildschweins sind noch giftiger als die eines Hundes oder Wolfes. Und die sind schon schlimm. Ich sehe aufgerissene Haut und zerfetztes Fleisch, doch die Knochen und Sehnen scheinen nicht beschädigt. Wenn wir die Hitze, die unweigerlich kommen wird, bekämpfen können, wirst du wieder rennen und springen wie früher, Arnulf." Arnulf lächelte versonnen. Ich hatte ihn noch nie so verklärt und abwesend erlebt. Sonst war er immer besonders wachsam und konzentriert. Und jetzt dieses kindische Grinsen. Ich hatte Angst, dass dies die ersten Vorboten des Todes sein könnten.

Die Alte kicherte. „Die Pilze wirken. In dem Beutel über dir findest du getrocknete Lindenblüten und dahinten auch ein paar frische Zweige mit Kiefernadeln. Lege einige davon neben die Glut, damit die Hütte gut riecht. Ich spüle jetzt seine Wunden mit einem Elixier aus Sonnenwendkraut, Bärentraube und Goldrute aus. Das zieht die Hitze aus der Wunde. Die Verletzung an der Wade ist glatt, aber am Fuß sind die Ränder ausgefranst. Ich muss die Ränder glätten, bevor wir die Wunde verschließen."

„Glätten?" Arnulfs Stimme klang ungewohnt dösig, als ob er betrunken wäre. Die Alte tätschelte seine Wange. „Ja, Arnulf, glätten." Ihr Blick fiel auf ein Messer mit einer kurzen, leicht gebogenen Klinge, die ausgesprochen scharf aussah. Wie eine winzige Sichel. Die Klinge, die dünn wie ein Rasiermesser war, steckte in einem länglichen Griff, mit dem man sie gut führen konnte. Nie zuvor hatte ich ein derartiges Messer gesehen. Obwohl es so klein war, wirkte es bedrohlich.

Die Alte wusch die Wunden mit dem Elixier, dann griff sie zum Messer. „Volker!", rief sie mich, „Komm her und halte seinen Fuß fest. Du musst fest zupacken. Arnulf, du kannst jetzt die Pilze schlucken."

„Wieso? Tut doch gar nicht mehr weh."

Die Alte war sehr geschickt mit dem ungewöhnlichen Messer. Sie entfernte mit schnellen Schnitten die Hautfetzen und Fransen aus der Wunde am Fuß. Arnulf traten fast die Augen aus den Höhlen, als sie anfing zu schneiden. Ich hatte großes Verständnis dafür, dass er schnell die Pilze schluckte. Zu seiner Ehrenrettung muss ich anführen, dass er keinen Ton von sich gab.

„So, das war es. Jetzt spülen wir die Wunde noch einmal aus und …" Sie öffnete ein Fässchen. Ich erkannte den ausströmenden Geruch sofort. Honig. Ich saugte den herrlichen Duft tief durch meine Nase ein.

„Der ist nicht für dich.“ Mit einem Holzlöffel träufelte sie ein wenig Honig in die Wunden.

„Klebt der Honig die Haut zusammen?“, fragte ich, vielleicht etwas naiv, wie ich heute weiß.

„Nein, eher nicht. Honig steht für Leben, denn die Bienen entstehen aus Würmern, und die Würmer entstehen aus purem Honig. Und Honig steht für Unverderblichkeit, weil er auch nach Monaten nicht schimmelt und immer noch gut schmeckt. Diese Eigenschaften des Honigs wehren den schlechten Geruch ab.“

So hatte ich das noch nie gesehen mit dem Honig. Sobald sie die Wunden verarztet hatte, holte sie lange, gerade Dornen oder Stacheln, die ich schon mal an einem Busch gesehen hatte. Die Stacheln waren dünn wie die Nähnadeln von Mutter und auch etwa so lang. Dort, wo die Stacheln am Busch festgewachsen waren, hatten sie deutlich verdickte Stempel. Die Alte nahm einen Stachel, stieß ihn durch einen Wundrand, dann durch den gegenüberliegenden Wundrand, und zog die Wunde zusammen. So verfuhr sie mit zwanzig Stacheln. Danach verband sie die Verletzung so kunstvoll, dass die Stacheln nicht wieder herausrutschen konnten.

„Bald wird die Hitze ins Bein kommen, sicher auch in Arnulfs ganzen Körper. Aber dagegen haben wir Tee aus Weidenrinde. Wir können auch kalte Umschläge machen, falls die Hitze des Körpers zu hoch wird. Und wir werden zu Wodan beten.“ Ich erschrak. Sogar Arnulf öffnete die verklebten Augen. „Wodan? Fahre ich jetzt schon nach Asgard?“ Ich packte die Alte am Ärmel ihres Umhangs. „Muss Arnulf sterben?“

„Das weiß nur Wodan, aber ich glaube es nicht. Arnulf ist ein junger und starker Jäger. Ich sehe, dass er in der Zukunft bestimmt ein großer Krieger wird. Wodan ist nicht nur der Oberste aller Götter und der Gott des Todes. Er kann auch Leben bringen. Er ist genauso der Gott der Heilung. Ob Arnulf gesund wird, liegt nun in Wodans Hand. Deshalb lass uns beten. Und heute Abend opfern wir ein Huhn für Wodan. Nach dem Opfer ist uns Wodan auch nicht böse, wenn wir für Arnulf eine kräftige Brühe aus dem Huhn kochen und wir uns beide das

Hühnerfleisch teilen." Die Alte hatte eine pragmatische Einstellung zur Frömmigkeit, die mir gefiel.

Da Arnulf in den Schlaf hinüberdämmerte, blieb uns nur noch, ihn gut zuzudecken. Die Alte stellte einen Holzeimer neben sein Lager. „Er wird ihn brauchen. Eine Nebenwirkung der Pilze ist eine kurze, aber heftige Übelkeit. Man muss die Pilze gut dosieren, besonders die Getrockneten. Wenige Pilze führen zur Dämpfung des Bewusstseins und zur Schmerzlinderung, mehrere davon zu Halluzinationen. Wenn die Halluzinationen bereits da sind, führt ein einziger weiterer Pilz zum Tode durch wochenlange Krämpfe, wobei Haut und Augen ganz gelb werden. Es ist wie gesagt eine hohe Kunst, Schmerzen zu lindern. Diese besonderen Pilze wachsen nur in sehr heißen Ländern, die weit entfernt sind. Hier bei uns sind sie nicht zu bekommen."

Kapitel 2

Wir traten aus der Hütte in die Sonne. Ich ging hinter das kleine, hölzerne Gebäude und suchte die Latrine der Alten, die ich in Gestalt eines sorgfältig gezimmerten Verschlages fand, der sogar ein Dach und eine Tür hatte. Auf unserem Hof entsorgten wir die Exkremente in den Bach. Vater hatte eine Art Steg gebaut, der auf zwei langen Pfählen, die im Wasser standen, ruhte. Wenn man sich an den Pfählen festhielt, konnte man seinen Hintern recht bequem über den Bach schweben lassen. Vater lachte über seine Konstruktion immer. „Unser Wasser fließt durch den Bach in den Teich, an dem der reiche Burkhart wohnt. Ich hoffe, er weiß unsere Veredelung seines Wassers zu schätzen, wenn er aus seinem Teich trinkt.“ Dann brach er stets in äußerste Heiterkeit aus.

In der luxuriösen Latrine der Alten konnte man sich ganz bequem auf zwei Balken setzen, die eine Handbreit voneinander getrennt waren. Ich ging danach zum Teich, um mir die Hände zu waschen. Am Zufluss des Baches gab es eine kleine Stelle, an der das Wasser noch nicht zugefroren war. Da die Temperatur der Luft ganz erträglich war, die Sonne schien und ich guter Dinge war, zog ich mich aus und sprang ins Wasser. Es war unglaublich kalt und brannte auf der Haut wie Feuer. Die Alte beobachtete mich und lächelte. Ich war groß und muskulös und hatte nichts zu verstecken. Allerdings vermittelte mir mein Körper den dringenden Wunsch, zu prusten und zu hecheln und das eiskalte Wasser sofort wieder zu verlassen. Ein Schmerzreiz, den ich nur mit maximaler Konzentration unterdrücken konnte. Um ein bisschen anzugeben, spritzte ich Wasser hoch, tauchte mit dem Kopf unter und wuschelte meine Haare unter Wasser mit den Fingern durch. Ich hatte keine Seife dabei, aber lange wollte ich ehedem nicht im Wasser bleiben.

Ich stapfte ans Ufer zurück – betont langsam, die Tropfen vom Körper streifend – und nahm meine Sachen auf, die ich einfach auf den Schnee gelegt hatte. Die Alte warf mir ein Tuch zu, das alt und löchrig war, aber angenehm roch. „Trockne dich ab, bevor du dich anziehst. Bei Wodan, auf was für Ideen diese jungen Leute kommen. Im Winter ein Bad zu nehmen!"

Wir setzten uns auf einer Bank vor ihrer Hütte in die Strahlen der Wintersonne. Lange Zeit verging, ohne dass einer von uns etwas sagte. Der zugefrorene Teich vor uns, das Rauschen des sanften Windes in den lichten Baumkronen, das Glitzern des Schnees. Ein Friede und eine Ruhe erfüllten mich, die ich in den letzten Jahren in meiner großen Familie nicht erlebt hatte. Und mein voller Bauch trug zu diesem wohligen Gefühl ganz erheblich bei. „Du bist fast volljährig, junger Volker. Und ich bin inzwischen siebzig Jahre alt. Was wirst du mit deinem Leben anfangen?"

„Ich möchte ein großer Krieger werden. Bei den Stämmen, die mit uns im Streit liegen, soll mein Name Angst auslösen. Und bei unseren Freunden will ich hochgeachtet werden. Ich möchte Abenteuer erleben, fremde Landstriche sehen. Dann möchte ich den Kelten im Westen ihr Gold abnehmen und reich werden. Danach baue ich hier am Teich ein Langhaus. Ich will mindestens zwölf Kühe halten. Dazu brauche ich große Wiesen für Futterheu und Felder, auf denen meine Frau Gerste und Hafer anbauen kann. Meine Familie soll niemals im Winter hungern müssen, so wie wir." Ich war nach meinem visionären Ausflug wieder in der Realität angekommen.

Die Alte kritisierte mich zu meiner Überraschung nicht. Sie vermied es zu sagen, dass Felder und Wiesen nicht vom Himmel fallen. Man musste uralte Wälder dafür roden, eine schwierige und langwierige Arbeit, zu der Jäger und Krieger meist nicht viel Lust hatten. Oder Sümpfe trockenlegen, indem man Entwässerungskanäle grub. Das war noch langwieriger und schwieriger. Außerdem zerstochen einen dabei die Mücken, die auch vor dem mächtigsten Krieger keinen Respekt kannten. Plötzlich nickte sie. „In Richtung Westen kannst du lange durch das Gebiet der Stämme ziehen, die unsere Sprache sprechen, bis du auf Kelten stößt. Die Kelten werden dort auch Gallier genannt. Es gibt viele Stämme der Gallier, aber sie sind nicht frei. Sie müssen Tribut an eine fremde Stadt zahlen. Ihre Goden nennen sich Könige, doch werden sie alle von einem anderen Volk beherrscht, das aus dem Süden stammt und sich selbst „Romani“ nennt, oder in unserer Sprache „Römer“.“

Mein Interesse war geweckt. Ich wusste, dass die mit uns verbrüderten Cherusker oft die Kelten überfielen, um Gold und Silber zur Schmuckherstellung zu erbeuten. So wie unser Stamm, die Hohnen, von Zeit zu Zeit die Stämme der Fosen in deren Teil von unserem Gebirge angriffen, um ihre vorzüglichen Äxte und Speerspitzen zu bekommen. Aber dass die Kelten besiegt waren und jetzt als Knechte leben mussten, hatte ich noch nie gehört. Vater musste das wohl wissen, hatte es aber nicht erzählt. „Und wo leben diese Römer?“

„Sie leben im Süden. Wenn du von hier aus nach Süden ziehst, stößt du auf ein Gebirge, das viel gewaltiger ist als unsere kleinen Hügel hier.“ Sie zeigte abfällig nach Osten in Richtung des Harzes. „In diesem gewaltigen Gebirge im Süden wohnen die Helvetier, die ebenfalls unter römischer Herrschaft stehen. Man findet aber auch dort noch Menschen, die unsere Sprache beherrschen. Auf der anderen Seite des Gebirges leben die Römer. Dort beginnt eine andere Welt. Ihre Welt.“

„Warst du dort?“

Die Alte zögerte. „Nein, dort nicht.“

„Eine andere Welt? Das hört sich spannend an. Kennen mein Vater oder mein Großvater die Römer?“

„Ich habe mit beiden über die Römer und die Gefahr, die sie bedeuten, gesprochen. Dein Vater ist ein ausdauernder Jäger, ein berühmter Krieger und – ich halte das für das Wichtigste – ein fleißiger und geschickter Bauer. Aber er ist noch nie aus dem Bereich eures Gebirges herausgekommen. Er kennt Cherusker und Fosen und sicher noch andere Stämme unserer Sprachfamilie, aber keine Römer.“

Etwas versetzte mich in Unruhe. Ich stand auf und blickte den Weg am Bach zurück. Mein Gefühl, vielleicht war es auch mein gutes Gehör, hatte mich wie so oft auch dieses Mal nicht getäuscht. Gerhart, Roger und Ortwin kamen zurück mit dicken Bündeln Feuerholz auf den Rücken. Mit kurzem Gruß luden sie das Holz ab. Während Roger und Ortwin es unter das überhängende Dach an der Außenwand der Hütte stapelten, fragte Gerhart: „Wie geht es Arnulf?" Ich nickte zuversichtlich. „Er schläft. Ich glaube, es geht ihm gut. Er ist bestens versorgt." Die Alte verschwand in ihrer Hütte und erschien wieder mit drei faustgroßen Stücken Käse, die sie meinen Brüdern reichte. Deren Gesichtsausdruck hellte sich merklich auf. Sie wischten ihre Hände an den Hosen ab, dann nahmen sie dankend den Käse und aßen ihn sofort auf. Meine Brüder setzten sich zu uns, bis sich die Sonne den Baumwipfeln näherte. Als es Zeit wurde, verabschiedeten sie sich und liefen zurück zu unserem Haus.

Am Abend erwachte Arnulf und musste sich gleich übergeben. Am nächsten Tag ging es seinem Magen besser, aber wie erwartet hatten sich die Wundränder gerötet. Das Bein war leicht geschwollen. Arnulf bekam Fieber, das die Alte mit Heiltränken bekämpfte. Wir flößten ihm von der kräftigen Hühnerbrühe ein, soviel er vertrug. Nach zwei Tagen ging es ihm erstaunlicherweise wieder deutlich besser. Die Alte war zufrieden. „Deine Wunden heilen bereits, Arnulf. Im Sommer wirst du wieder Rennen und Springen können."

Ich verbrachte viel Zeit mit der Alten, unterhielt mich mit ihr über unsere Welt und die der Götter. Sie hatte ein schier unendliches Wissen. „Alle nennen dich nur die Alte vom Teich. Wie ist dein Name?"

„Ich führe keinen. Als ich meine Ausbildung zur Seherin abgeschlossen hatte, vor vielen Jahren, folgte ich der Alten vom Teich nach, die hier vor mir gelebt hat. Ich pflanzte eine Eiche, wie meine drei Vorgängerinnen, und half den Menschen in dieser Umgebung und auch den Durchreisenden mit meinem Rat und jeglicher Tat, wie sie es brauchten und wollten. Den jungen Jägern, in denen boshafte Götter den Körpersaft ungewöhnlich heiß brennen ließen, half ich genauso wie den Kranken und überhaupt allen, die meine Hilfe wünschten. Die Alte vom Teich ist eine Legende, die keinen Namen benötigt und auch keinen will. Da ich keinen Namen habe, können mich die Frauen, von denen mich einige, nun, sagen wir, nicht vorbehaltlos schätzen, nur schwerlich verfluchen. Vielleicht findet auch deine Mutter hin und wieder andere Bezeichnungen für mich.

Aber das stammt aus Zeiten, die lange vorbei sind." Die Alte kicherte. Dann fuhr sie fort: „Wir waren bisher vier Frauen, die das Glück eines erfüllten Lebens hatten. Meine Tage sind nun gezählt. Bald, wahrscheinlich schon in diesem Sommer, wird meine Nachfolgerin, die ich vor fünf Jahren auserwählt habe, hierherkommen und meinen Platz einnehmen. Sie wird eine fünfte Eiche pflanzen. Man wird sie die Alte vom Teich nennen, wie ihre Vorgängerinnen. Und einige Kleingeister unter euch werden glauben, dass ich es selbst und höchstpersönlich bin. Einige werden erzählen, dass ich einen Apfel des Lebens gegessen und mich dadurch wieder verjüngt habe. Ich werde oft gefragt, wo man die Äpfel des Lebens findet. Aber ich kann diese Frage nicht beantworten. Doch wenn die Leute daran glauben möchten, ist es gut so. Meine Nachfolgerin wird jung sein und doch nennt ihr sie die Alte vom Teich, vielleicht anfangs auch die Frau vom Teich. Denn das bin ich." Sie grinste schelmisch. „Selbst dann, wenn ich wüsste, wo man die Äpfel des Lebens findet, bin ich mir nicht sicher, ob ich einen essen würde. Falls dies mein letzter Winter war, so ist es gut."

Am vierten Tag ging ich hinüber zum Hof von Burkhart, um etwas Abwechslung zu haben. Die drei Familien dort zählten an die dreißig Köpfe, darunter auch drei Mädchen ungefähr in meinem Alter. Auf dem großen Hof war immer etwas los. Ich half beim Ausmisten des Langhauses, hackte Brennholz und unterhielt mich mit meinen Freunden. Gegen Mittag tauchte Gerhart auf, der sichtlich überrascht auf meine Anwesenheit reagierte. Er wurde auf Burkharts Hof herzlicher begrüßt, als es sonst unter Nachbarn üblich war. Ein Knecht von Burkhart umarmte ihn vertraut und geleitete ihn in sein Haus. Falls Gerhart auf einem Jagdausflug war, worauf sein Bogen schließen ließ, hatte er wohl die falsche Richtung eingeschlagen. Unsere Jagdreviere lagen nicht zum Gebirge hin, sondern nach Westen. Gerhart war der beste Jäger aus unserer Familie. Sicher wusste er, was er tat. Vielleicht hoffte er auf ein paar Enten am Teich, sofern Burkhart ihm die Jagd erlaubte. Ich hatte in den letzten Tagen aber keine Enten oder gar Schwäne gesehen. Oder Gerhart wollte ganz bewusst im Gebirge jagen, da es dort sicher mehr

Wild gab als in den Wäldern der Hohnen, die von vielen hungrigen Jägern durchstreift wurden.

Am fünften Tag zog die Alte die Stacheln aus den Wunden von Arnulf, legte einen neuen Verband an und sagte zu ihm: „Du musst dein Bein absolut ruhig halten, auch wenn dir das jetzt, wo es dir besser geht, sicher schwerfallen wird. In drei Tagen kannst du zu deiner Familie zurückkehren." Am Nachmittag kamen Ortwin und Roger zu Besuch und brachten etwas zu essen mit. Die Alte nahm die spärliche Ration, die meine Brüder ihr als Geschenk reichten, dankbar an. Offensichtlich wollte sie meine Brüder nicht beschämen. Danach reichte sie Ortwin und Roger Käse, Brot und kalten Braten. Beide freuten sich über das unerwartet großzügige Mahl. Und sie freuten sich auch, dass es Arnulf wieder gut ging. Wir verabredeten, dass Ortwin in drei Tagen zum Teich kommen sollte, damit er und ich unseren Bruder auf dem Rückweg nach Hause stützen konnten.

Am vereinbarten Tag war es so stürmisch und nasskalt, dass Ortwin und ich den Rückweg auf den nächsten Morgen verschieben mussten. Da die Hütte der Alten zu klein war, schlief Ortwin bei Burkharts Familie im Langhaus. Am Morgen verband die Alte Arnulfs Bein neu und schiente es mit zwei Stöcken, die bis kurz unter das Knie reichten. „Denk daran, dass du das Bein nicht belasten darfst, sonst platzt die Wunde wieder auf. Bewege es in der nächsten Woche so wenig wie möglich. Danach muss deine Mutter langsam mit Bewegungsübungen für deinen Fuß anfangen. Sie kennt sich mit derartigen Verletzungen aus. Du wirst Schmerzen dabei ertragen müssen. Und es wird Wochen dauern, bis du deinen Fuß wieder normal belasten kannst." Arnulf nickte. Aber wie jeder andere junge Mann es auch getan hätte, ging er natürlich davon aus, dass die Alte recht pessimistisch über seine Verletzung sprach. Anders ausgedrückt: Er hatte nicht vor, länger als ein oder zwei weitere Tage auf dem Krankenlager zu liegen.

Als wir unserem Gehöft näherkamen, rochen wir Qualm und Bratengeruch. Eine Rauchsäule stieg hinter dem Palisadenzaun auf, die von einem Lagerfeuer unter freiem Himmel stammen musste. Roger, der uns bemerkt hatte, riss das Tor auf und rief laut unsere Namen. Meine Schwestern kamen angerannt und nahmen uns fröhlich in ihre Mitte. Vor dem Haus brannte ein hohes Feuer. Dicht neben den Flammen drehte sich an einem Eisenspieß ein Wildschwein, ein erkennbar dürres Exemplar seiner Art, aber immerhin ein Braten, der die Familie heute einigermaßen sättigen würde.

Wir feierten, bis der Sonnenuntergang und der nachts wiederkehrende Frost uns ins Haus trieben. Vater deckte das Lagerfeuer mit dem frisch geschlagenen Holz ab und schichtete noch Erde über den Haufen, die neben dem Feuer aufgetaut war. „Mit etwas Glück trocknet das Holz oder wird vielleicht zu Holzkohle." Die Männer hatten zwei Bäume gefällt, denen der Frost zwar den Saft ausgetrieben hatte, die aber dennoch kein gutes Feuerholz abgaben. Frisches Holz brannte nicht gut und qualmte sehr, weshalb es im Haus nicht gerne verfeuert wurde. Aber wenn man nichts anderes hatte, ließ es sich eben nicht vermeiden. Holzkohle qualmte kaum und wärmte gut, hatte aber den Nachteil, dass sie so gut wie kein Licht abgab. Im Winter, wenn man die Tür nicht offenlassen konnte, war Holzkohle als Brennmaterial eher unbeliebt. Der entscheidende Grund dafür, warum wir Holzkohle selten verwendeten, war allerdings, dass sie viel aufwendiger in der Herstellung war, als das Holz einfach nur ein Jahr oder besser zwei Jahre trocknen zu lassen.

Kapitel 3

Früh am nächsten Morgen begannen die Hunde zu bellen. Die Familie erwachte von dem Lärm. Ich hatte schon kurz vor dem Bellen die Augen geöffnet, da ich ein seltsames Bauchgefühl spürte, das nicht vom fetten Braten herrühren konnte, denn Fett war an dem halbverhungerten Wildschwein kaum dran gewesen. Vater sagte, dass meine Hellhörigkeit ein besonderer Instinkt sei, den ich von ihm geerbt hätte. Allerdings schlief er meist wie ein Murmeltier und ließ sich durch nichts wecken, auch nicht von diesem Instinkt. Meine Mutter war der Auffassung, dass ich über besonders gute Ohren verfügte, da sich mein Instinkt fast immer auf hörbare Umstände bezog. Jetzt gerade hörte ich ein Scharren von Krallen über gefrorener Erde, ein Hecheln aus vielen Kehlen, und nichts davon stammte von unseren Hunden. Plötzlich wusste ich, was ich dort draußen, außerhalb der hohen Palisade, hörte. Und ich schrie aus Leibeskräften: „Wölfe! Die Wölfe kommen!" Meine Familie war sofort auf den Beinen. „Die Männer nehmen die Äxte, alle anderen die Framen!", brüllte mein Vater.

Meine Mutter, meine älteste Schwester und ich griffen zu den Lanzen, während mein Vater, Gerhart, Roger und Ortwin mit Äxten bewaffnet hinausstürmten. Wir hatten nur vier Framen, daher war der Befehl meines Vaters einleuchtend. Die Schwächeren sollten die effektiven Lanzen nehmen, mit denen sie sich die Wölfe besser vom Leib halten konnten. Schon hörten wir, wie zwei Wölfe gegen das Tor des Palisadenzauns sprangen. Es krachte mächtig. Sie mussten sehr hungrig und verzweifelt sein, wenn sie ein befestigtes Gehöft angriffen. Hinzu kamen sicher der Bratengeruch, der für einen Wolf noch deutlich wahrnehmbar sein musste, und die Witterung unserer drei Kühe in dem einfachen Viehstall.

Ein Wolf versuchte, sich unter dem Tor hindurch zu winden. Er scharrte und kratzte, während die beiden anderen einen neuen Anlauf nahmen. Bevor mein Vater am Tor war, donnerte Großvaters Stimme ungewohnt laut über den Platz. „Helmut, nach links ans Bachufer! Gerhart, nach rechts ans Bachufer! Ortwin und die Frauen ans Tor! Roger und Volker an den Brombeerbusch!“ Alle reagierten ohne Zögern. Großvater hielt unsere Hunde zurück, die sich mächtig in die Leinen legten und kläfften, während wir unsere zugewiesenen Positionen einnahmen. Unsere Hunde hätten sich gerne auf die Wölfe gestürzt, doch wir brauchten sie, und unverletzt wären sie nicht aus den Kämpfen herausgekommen. Meine Mutter rammte ihre Frame dem Wolf in den Kopf, der sich schon zur Hälfte unter dem Tor hindurchgewühlt hatte. Hinter unserem Haus war die Palisade durch eine gewaltige Brombeerhecke unterbrochen, die jetzt im Winter zwar kahl, aber noch immer mit Dornen bewehrt war. Ich sah zwei Schatten. Ein Wolf sprang mitten in die Hecke hinein und blieb zappelnd darin hängen. Ein anderer versuchte, sich zwischen Hecke und Palisade hindurch zu drängen, was wir ihm verwehren mussten. Die Brombeerhecke war Rogers und mein Bereich, den wir mit allen Kräften verteidigen würden.

Die schlimmste Schwachstelle war der Uferbereich des Baches. Unsere Familie hatte darauf verzichtet, entlang des Baches einen Zaun zu errichten, um einen leichten Zugang zum Wasser zu haben. Deshalb hatte Großvater unsere stärksten Krieger an die beiden neuralgischen Punkte beordert, wo die Palisade auf das Ufer stieß. Großvater rechnete damit, dass die schlauen Wölfe von mehreren Seiten aus angreifen würden. Gerhart und mein Vater kamen gerade noch rechtzeitig, um zu verhindern, dass mehrere Wölfe von den Seiten über den Bach eindrangen. Das Wolfsrudel griff nach einem erschreckend intelligenten Plan an, den es konsequent ausführte. Auf der Jagd war ich schon öfter Wölfen begegnet. Meist mieden sie den Menschen. Wenn sie sich dennoch näherten, weil sie hungrig waren, ließen sie sich oft mit Pfeil und Bogen oder lautem Schreien verjagen. Doch wenn sie ausgehungert waren, konnte man nur auf einen Baum klettern, um ihnen zu entkommen. Falls man einen oder zwei Wölfe verletzen oder töten konnte, fielen die anderen meist über ihre Artgenossen her. Ich hatte schon mehrmals auf Bäumen gesessen. Na ja, das hatte jeder von uns. Wenn man in unseren Wäldern alt werden wollte, musste man gut klettern können.

Diese Wölfe hier waren nicht nur ausgehungert, sie waren schon fast verhungert. Der Hunger hatte sie wahnsinnig gemacht. Der Wolf, nach dem ich durch die Hecke mit der Frame stieß, starrte mich mit zu Schlitzen verengten Augen an. Sein Maul war weit aufgerissen, die Ohren angelegt, das Nackenfell aufgestellt. Doch das Grässlichste waren – seine Zähne. Gelbe, riesige Zähne, mit denen er Fleisch zerfetzen und Knochen brechen konnte. Ein Schauer lief über meinen Rücken. Er sah in mir seine Beute. Es ging ihm um Leben oder Tod. Wer noch nie einen angreifenden Wolf aus einer knappen Mannslänge Entfernung vor sich hatte, kann sich das Gefühl nicht vorstellen, das dieses Monster in einem auslöst. Die Kraft weicht aus den Armen, man erstarrt in totaler Panik, die Beine werden steif und zittern dabei, aber ohne noch zu reagieren, obwohl man unbedingt fliehen möchte. Doch ich hatte mich unter Kontrolle. Endlich erwischte ich ihn mit der Frame am Maul. Ich stieß nach, schon halb im Brombeergebüsch eingesunken. Die Spitze der Frame schnitt ihm die Haut am Maul auf und traf ein Auge. Der Wolf quietschte vor Schmerz. Ich konnte keinen tödlichen Stoß führen, die Frame war zu kurz, doch immerhin zog er sich zurück.

Dann geschahen mehrere Dinge gleichzeitig, die ich nicht alle von meinem Standpunkt aus sehen konnte, doch meine Familienmitglieder erzählten später alles mehrmals und detailliert. Zwei Wölfen gelang es, am Tor hinauf zu springen. Im nächsten Augenblick hingen sie oben auf den Holzspitzen fest und mühten sich, endgültig über das Hindernis zu kommen. Meine Mutter und Marta hoben die Framen nach oben und versuchten, die Wölfe abzuwehren. Ortwin schlug derweil mit seiner Axt auf einen weiteren Wolf ein, der sich unter dem Tor durchzwängen wollte. Das typische, scharfe Surren eines Pfeils war zu hören. Einer der beiden Wölfe auf dem Tor wurde durchbohrt und fiel nach hinten herunter. Den zweiten wehrten meine Mutter und Marta mit den Lanzen ab.

Gerade wie ein Baum stand Arnulf neben der Tür des Hauses, den Bogen in der Hand, einen weiteren Pfeil auf der Sehne. Mein Großvater, der immer noch die kläffenden Hunde an der kurzen Leine zurückhielt, nickte ihm anerkennend zu.

Da rief Gerhart um Hilfe. Drei der Wölfe wollten das leicht erhöhte Ufer des Baches an der von ihm verteidigten Seite erklimmen. Er wehrte sie in größter Not mit seiner Axt und einem langen Messer ab, doch die Wölfe verteilten sich und bedrängten ihn gefährlich. Roger sah mich fragend an, ich nickte. Ich hatte den Brombeerbusch unter Kontrolle. Den Wolf, der sich mitten im Buschwerk verheddert hatte und dort zappelte, konnten wir nicht erreichen, aber er uns auch nicht. Roger rannte hinter dem Haus herum zum Bach, um Gerhart zu unterstützen. Gemeinsam konnten sie die drei Wölfe bezwingen.

Von der anderen Seite des Baches ertönte plötzlich infernalisches Geschrei. Ein Schlachtruf. Mein Vater brüllte, wie ich es noch nie gehört hatte. Ich blickte um das Haus herum, den Bach entlang. So hatte ich meinen Vater noch nie gesehen. Fünf Wölfe griffen ihn auf seiner Seite des Baches an. Seine Axt raste so schnell, dass ich sie kaum noch sehen konnte. Abgeschlagene Mäuler, Beine, Pfoten und Köpfe flogen durch die Luft. Zwei Wölfe konnten fliehen, doch mein Vater setzte ihnen schreiend nach, durch den Bach, hinter die Palisade. Vater war draußen! Wir konnten ihn gut hören. Er rannte brüllend durch den Wald um die Palisade herum, dann tiefer in den Wald hinein.

„Öffnet das Tor!“, rief jetzt mein Großvater. Dann ließ er die Hunde los. Ich hatte Angst um meinen Vater, Großvater offenbar auch. Mein Vater musste in Raserei verfallen sein. Die Hunde hetzten vom Hof in den Wald hinein. Die Wölfe waren aus unserem Sichtbereich verschwunden, sofern überhaupt welche das Massaker überlebt hatten. Arnulf trat an den Brombeerbusch und schoss einen tödlichen Pfeil quer durch das Gestrüpp auf den Wolf ab, der immer noch darin festhing.

„Dein Fuß?“, fragte ich.

Er lächelte. „Verrate es niemanden, aber…, verdammt, tut der weh.“

Da kam Vater mit den Hunden zurück. In der linken Hand trug er einen besonders großen Wolfskopf, aus dem Blut tropfte. „Der Leitwolf! Den wollte ich erwischen. Er zerfleischte gerade einen Wolf aus seinem eigenen Rudel, dem ein Auge ausgestochen war. Jetzt sind alle erlegt. Das ganze Rudel ist ausgelöscht."

Er blickte uns aufmerksam an. „Ist jemand von euch verletzt?"

Als alle verneinten, nickte er anerkennend. „Auf solch eine Familie kann ein Mann wirklich stolz sein." Ich hatte den Eindruck, dass seine Augen feucht glänzten, doch ich musste mich wohl täuschen.

Ich kannte meinen Vater eigentlich nur als friedliebenden Menschen. Sicher, er hatte vor niemandem Angst, und das spürten die anderen auch. Aber sein Kriegsgeschrei und die rasende Axt hatten mir eine andere Seite von ihm gezeigt. Vor längerer Zeit hatten ihn die Leute vom Dorf zweimal gefragt, ob er mit ihnen in das Gebiet der Fosen ziehen wolle, um Beute zu machen. Einmal hatte er sie von dieser Idee vollständig abgebracht. Das andere Mal hatte er für sich und seine Söhne abgelehnt. Der Gode des Dorfs hatte ihn nicht dafür kritisiert. Das Wort „Feigling" oder „Drückeberger" benutzte niemand aus dem Dorf. Vielmehr hatte sich der Gode respektvoll verabschiedet. Ich konnte die Ablehnung des Beutezuges damals kaum fassen, da mein Vater ein ausgesprochen mutiger Mann war. Meine Brüder erzählten oft die Geschichte, wie mein Vater allein drei Räuber von unserem Hof in die Flucht geschlagen hatte. „Es waren nur drei", pflegte er dann zu sagen. Ich wusste auch, dass er an Kriegszügen teilgenommen hatte. Aber er erzählte extrem wenig darüber. „Du wirst es erfahren, wenn du volljährig wirst", sagten meine erwachsenen Brüder immer und nickten sich wissend zu.

Mit dem Tod des Wolfsrudels schied auch der Winter dahin. Die Sonne lachte und vertrieb Schnee und Eis. Unsere Stimmung, die durch den Sieg über die Wölfe ehedem deutlich gehoben war, blieb gut, auch wenn unsere Mägen weiter knurrten. Das Wolfsfleisch hatten wir den Hunden gegeben, die nun auch wieder ein wenig freundlicher waren.

Gerhart und Vater unternahmen einige Zeit später einen weiten Jagdausflug in das Gebirge. Unsere Gegend war zu dicht besiedelt, dementsprechend war kaum noch Wild in den Wäldern der Hohnen zu finden. Der Jagdausflug führte sie in das Gebiet der Fosen, doch das war meinem Vater nach dem strengen Winter egal. Schwer beladen mit dem Fleisch von mehreren Bergziegen und Rehen kehrten sie zurück. Nach dem Festmahl nahm mich mein Vater zur Seite. „In vier Wochen beginnt das Frühlingsfest."

Ich ahnte sofort, dass er nicht über das Fest mit mir reden wollte. Er fuhr fort: „Das bedeutet, dass dein Geburtstag nicht mehr fern ist. Ein besonderer Tag, denn du wirst sechzehn Jahre alt und damit volljährig. Ich habe mir ein paar Gedanken zu deinem Geburtstag gemacht. Zum einen wirst du wie jeder Hohne eine Mutprobe ablegen, bevor du deine Volljährigkeit als freier Krieger feiern darfst. Zum anderen wirst du mich danach auf das Frühjahrs-Thing begleiten, damit ich dich den Goden der Hohnen vorstellen kann. Das Thing wurde eigentlich für die erste Woche nach dem Frühlingsfest festgelegt, aber ich würde mich nicht wundern, wenn der Termin wegen des langen Winters um zwei oder drei Wochen verschoben wird." Ich nickte. Meine Brüder hatte Vater auch zum Thing mitgenommen, als sie volljährig waren.

Das war keine Überraschung. Aber was sollte ich wohl als Mutprobe unternehmen? Vater blickte lange ins Lagerfeuer und stellte zunächst einmal meine Geduld auf die Probe. „Im Gebirge sind wir auf eine frische Bärenfährte gestoßen. Gerhart wird dir genau beschreiben, wo das war. Nach den Spuren zu urteilen, war der Bär nicht allzu groß, aber das ist egal. Du wirst ihn erlegen und dir aus seinen Klauen eine Halskette anfertigen." Das hörte sich machbar an. Den Bären aufspüren, zwei, drei Pfeile auf ihn abschießen, vielleicht noch eine Frame hinterher, erledigt. Doch Vater fuhr fort: „Du wirst deinen Bogen zu Hause lassen. Und du nimmst keine Frame und keinen Speer mit. Nur eine Axt und ein Messer. Du musst dich dem Bären im Nahkampf stellen. Das ist deine Aufgabe."

Ich schluckte. Das war eine gewaltige Aufgabe, die ziemlichen Mut erforderte. Ein ausgehungerter Bär, der sich ausnahmsweise sogar freuen würde, einen Menschen zu sehen. Er wird mich zum Fressen gernhaben, dachte ich.

„Wann?“, fragte ich. Nur ein Wort. Mehr schien mir nicht ehrenhaft. Vater nickte anerkennend. „Morgen in aller Frühe.“

Ich musste schon wieder schlucken. Er schlug mir lachend auf die Schulter.

Kapitel 4

Am nächsten Morgen brach ich auf. Ich hatte fast alle Kleidungsstücke angezogen, die ich besaß. Eine Wollhose, darüber eine Lederhose, ein Leinenhemd, darüber ein dickes, langes Hemd aus Wolle, eine Lederkappe und natürlich den schweren Wollumhang, der mir nachts auch als Decke dienen sollte. An den Füßen trug ich Socken und meine dicken Stiefel. Zu meiner Ausrüstung gehörten ein Stück Stahl, Feuerstein und trockenes Moos zum Feuermachen, eine lederne Feldflasche, zwei Hände voll Bucheckern als Notproviant, ein Stück Schnur, ein langes Messer und eine Streitaxt. Das war nicht die übliche Ausrüstung eines Bärenjägers, aber ich würde damit klarkommen müssen. Ohne Bärenklauen brauchte ich gar nicht erst nach Hause zurückzukehren.

Ich zog mit gemischten Gefühlen los, nachdem sich alle von mir in sehr rührseliger Weise verabschiedet hatten. Mir war nicht bewusst, dass meine Mutter zu Recht erwartete, dass ein Kind fort ging und ein erwachsener Mann zurückkehrte. Für sie war es der Abschied von einem Kind. Ein Kind, das ich nie mehr sein würde.

Die welligen Hügel wurden steiler, die Felsen mächtiger und schroffer. Nach ein paar Stunden strammer Wanderung in Richtung Osten war ich der Auffassung, dass ich das Gebiet der Hohnen bereits verlassen haben musste. Ich mahnte mich selbst zur Wachsamkeit. Es begann zu nieseln. Noch spürte ich vor Anstrengung keine Kälte, aber angenehm war mir der Nieselregen nicht. Umso schneller schritt ich voran.

Als es dunkel wurde, suchte ich mir ein sicheres, einigermaßen trockenes Plätzchen. Ich fand eine zwanzig Meter hohe, steile Felswand, neben der mehrere große Tannen wuchsen.

Der Boden war mit braunen Tannennadeln bedeckt. Die Tannen standen so dicht, dass kaum Regen den Boden erreichte. Ich brach durch das Unterholz und suchte mir einen weichen, geschützten Platz. Mein bequemes Lager roch angenehm nach Tanne und Erde. Das Unterholz war dicht und verbarg mich. Ich rollte mich in meinem Umhang ein. Der Lagerplatz war so ideal, dass ich mich absolut sicher fühlte und sofort einschlief.

Hungrig, aber ausgeruht und munter erwachte ich am nächsten Morgen. Ein Igel-Pärchen hatte es sich direkt neben mir gemütlich gemacht. Hätte ich mir die Zeit nehmen wollen, ein Feuer zu entfachen, wäre das ein vortreffliches Frühstück geworden. So blickte ich den possierlichen Tierchen kurz zu und brach danach rasch auf.

Berg und Tal wechselten sich nun ab und machten das Wandern beschwerlich. Ich trank aus den zahlreichen Bächen und aß unterwegs meine letzten Bucheckern, mehr Essbares fand ich nicht. Meine Gedanken kehrten öfter zu den Igeln zurück, doch es wäre unsinnig gewesen, den ganzen Weg für solch ein karges Mahl zurückzugehen. Am späten Nachmittag erreichte ich das Gebiet, in dem Vater und Gerhart die Spur des jungen Bären gefunden hatten. Jedenfalls war ich mir sicher, dass es hier sein musste. Nur lag jetzt kein Schnee mehr. Die obere Schicht des Bodens war getaut und matschig oder von Gras bedeckt oder fest und felsig. Ich suchte nach Bärenspuren. Wenn nicht dieser, dann eben ein anderer, sagte ich zu mir selbst. Aber irgendeinen Bären musste ich finden. Wenn meine Fähigkeit, Spuren zu lesen, doch so gut wäre wie mein Gehör, dachte ich mit einem kurzen Anflug von Verzweiflung. Gerhart hätte sicher längst einen Bären aufgespürt. Er war von uns der beste Jäger, Vater eingeschlossen. Im Wald wurde Gerhart unsichtbar, wenn er wollte. Im Verstecken und Tarnen waren wir alle ganz gut, aber Gerhart war darin ein unerreichbarer Meister.

Am Nachmittag brach ich die Suche ab, da ich unbedingt etwas zu Essen brauchte. In einem Bach sah ich mehrere Forellen. Ich schnitt mir einen dünnen Zweig von einem Busch und bastelte mir einen dreispitzigen Spieß. Da ich schon oft Fische gefangen hatte, mit und ohne Angel, hatte ich bald genug für ein leckeres Abendessen zusammen. Ich sammelte Holz, um ein

Lagerfeuer anzufachen. Das Feuer würde extrem stark rauchen, da alles Holz feucht war. Ich musste damit rechnen, dass feindliche Krieger der Fosen den Rauch entdecken könnten. Daher kundschaftete ich zunächst einen guten Fluchtweg aus, bevor ich mich für einen Lagerplatz entschied. Ich schlug Funken in ein kleines Stückchen von meinem trockenen Moos und pustete vorsichtig hinein. Es qualmte, kleine Flammen züngelten hervor. Stückchen der weißen Birkenrinde, die ich bereithielt, entzündeten sich rasch. Bald brannte auf der Steinplatte, die ich als Untergrund ausgesucht hatte, ein kleines Feuer, in das ich immer größere Holzstücke hineinwarf. Es zischte und qualmte. Immer wieder musste ich die Flamme mit Birkenrinde hochpäppeln. Bis es soweit war, dass ich die beiden ausgenommenen Forellen an Stöcken braten konnte, dauerte es aus Sicht meines knurrenden Magens geradezu ewig lange. Der Qualm zog inzwischen als unübersehbare Spur durch das enge Tal. Die beiden Fische schmeckten mir vorzüglich und stärkten mich. Ich löschte das Feuer, wusch meine fettigen Hände und mein Gesicht, nahm ein paar tiefe Züge des kühlen Wassers aus dem Bach und zog mich in das Dickicht des Waldes zurück. Leider fand ich keinen annähernd so günstigen Schlafplatz wie am Vorabend. Ich verbrachte eine kalte, feuchte Nacht auf der Astgabel eines Baumes. Das erste Licht des nächsten Tages war eine Erlösung für meine schmerzenden Glieder und meinen schmerzenden Hintern. Heute musste ich einen verdammten Bären finden!

Ich versuchte, in immer größeren Kreisen um die vermeintliche Stelle herum, die mir Gerhart beschrieben hatte, nach Spuren zu suchen. Doch nirgends war der geringste Hinweis auf einen Bären zu entdecken. Wenn man die Biester am wenigsten brauchte, griffen sie einen hinterrücks an. Aber wenn man sie suchte, blieben sie in ihren Höhlen. Es war Frühling. Jeder Bär musste jetzt unterwegs sein, mit knurrendem Magen. Oh, an die knurrenden Mägen der Bären hätte ich besser nicht denken sollen. Mir wurde ein wenig Bange. Und außerdem regnete es schon wieder.

Ich sah Bergziegen und Rehe, konnte sie aber mangels Bogen nicht jagen. Irgendwie schienen alle Tiere zu mir zu blicken und mich zu verhöhnen. Oder ein wenig zu bedauern. Dann liefen mir drei Wildschweine über den Weg, die mich zu meiner Überraschung völlig ignorierten. Froh, dass sie mich nicht angriffen, folgte ich ihnen vorsichtig. Sie führten mich zu einem Buchenhain. Halb zerfallene Bucheckern, fast schon zu Erde geworden, gehörten nicht zu meiner Leibspeise. Auch nicht die Regenwürmer, die ich gleich roh aß, ohne sie aufzuschneiden und die Erde herauszustreichen. Der Sand würde meinen Magen reinigen.

Am Nachmittag lief ich zu meinem Schrecken einem Jäger der Fosen buchstäblich in die Arme. Ich hatte nicht aufgepasst. Mein Magen tat weh vor Hunger, deshalb hatte ich mich nicht gut konzentriert. Ich hatte nur auf den Boden gestarrt und nach einer Fährte gesucht. Plötzlich stand er vor mir, seinen Bogen gespannt, den Pfeil auf mich angelegt. Er hatte graue Haare und Falten um die Augen. Auch wenn er jetzt gerade ausgesprochen grimmig blickte, wirkte er eigentlich nicht unfreundlich. Ich hob die Hände. Er sprach mich an: „Wer bist du? Wo kommst du her?“

„Ich bin Volker, Helmuts Sohn. Ich muss einen Bären finden und töten.“

Ein Lächeln huschte über das Gesicht des Fosen. Er fragte ernst nach: „Du wirst volljährig und musst eine Mutprobe ablegen?“

„Ja, so ist es. Wissen Sie, wo ich einen Bären finde?“

Er sah auf meine Axt und mein Messer. „Helmuts Sohn? Der Helmut, der unten am Bach wohnt mit seiner Frau Dagmar?“

„Ja, ja, dieser Helmut ist mein Vater.“

Der fremde Krieger nickte. „Der hat viele Fosen getötet.“

Ich schüttelte heftig den Kopf. Mein Vater hatte nie einen Fosen getötet, außer Banditen, solange ich lebte. Der Krieger nickte jetzt sehr viel intensiver und fuhr fort: „Doch, das hat er. Helmut ist ein berühmter Krieger. Deine Leute nennen ihn auch Helmut den Blutigen. Und das Blut für diesen Namenszusatz stammte von Fosen.“ Diesen Namenszusatz hatte ich noch nie gehört. Ich war mir nicht mehr sicher, wie ich lebend aus der Sache herauskommen sollte. Der fremde Krieger hatte Pfeil und Bogen, zudem war er ohne jeden Zweifel weitaus erfahrener im Kampf als ich. Plötzlich ließ er seinen Bogen sinken, nahm den Pfeil von der Sehne und wies nach Norden. „Folge dem Tal. Noch vor Sonnenuntergang wirst du auf der linken Seite eine auffällige Felsformation sehen. In der Nähe der Felsen befindet sich eine Höhle, in der mit Sicherheit ein Bär haust. Ich wünsche dir viel Glück. Das wirst du auch brauchen."

Dass ich einen Kloß im Hals hatte, als mich der Fose verließ, kann sich wohl jeder ausmalen. Doch ich zögerte nicht lange und schlug in schnellem Trab den Weg ein, den er mir gewiesen hatte. Die Sonne hatte sich noch nicht rot gefärbt, als ich die Felsen fand. Die Bärenspuren waren hier unübersehbar, aber es waren keine kleinen Tatzen, sondern Spuren von den größten Pranken, die ich je gesehen hatte. Ein kleiner Bär, hatte mein Vater gesagt. Unter kleinem Bär verstand ich ein Tier, etwa so groß wie einer unserer Hunde, doch schwerer, breiter und mit einem dicken Kopf. Unzählige Male hatte ich mir überlegt, wie ich ihn töten würde. Ich hatte eine Axt. Wenn der Bär auf allen Vieren anlief, musste ich vorspringen und ihm mit der Axt den Schädel spalten, bevor er sich aufrichtete. Dafür hatte ich sicher nur einen Versuch, sonst würde der Kampf schnell recht blutig werden – und nicht nur Bärenblut kosten. Wie ich jedoch einen großen Bären mit einer Axt töten sollte, war mir noch nicht so ganz klar.

Da ich jetzt nur den Spuren folgen musste, war es einfach, die Bärenhöhle zu finden. Hier musste er überwintert haben. Und jetzt war er sicher hungrig. Der Eingang der Höhle war niedrig und nicht einsehbar. Ein schwarzes Loch unter einer Felsplatte. Gerade so hoch, dass ich gebückt hindurchtreten konnte. Doch das wollte ich möglichst vermeiden. Die frischen Spuren sagten mir, dass der Bär in der Höhle war. Also musste ich ihn herauslocken. Ich nahm ein paar Steine und warf sie in das dunkle Loch. Dabei rief ich: „Komm doch, du Bär, kämpfe mit Volker, der dir den Schädel spalten wird. Du verhungerter Faulpelz, trau dich heraus!" Aber der Bär tat mir diesen Gefallen nicht. Um ein Feuer anzufachen und ihn auszuräuchern, blieb mir keine Zeit. Das hier war eine Mutprobe. Meine Mutprobe. Wenn ich mutig war, mussten die Götter mit mir sein. Ich zauderte nicht und drang in die Höhle vor.

In der Höhle war es so dunkel, dass ich zunächst gar nichts sah. Dem Bären würde es ganz anders gehen, dachte ich. Seine Augen waren an die Dunkelheit in der Höhle längst angepasst. Er konnte mich gut als Silhouette vor dem hellen Höhleneingang wahrnehmen. Es stank extrem nach Tier, scharf und feucht. Ich konnte mich in der Höhle voll aufrichten. Sie war so groß, dass ich im ersten Augenblick keine Wände erkennen konnte. Ich sah überhaupt recht wenig, doch dafür hörte ich den Bären umso besser. Sein Atem ging rasselnd, aufgeregt. Das Geräusch wurde von den Höhlenwänden auf mich zurückgeworfen, dadurch konnte ich den schnaufenden Bären selbst mit meinem empfindlichen Gehör nicht orten. War er vor mir oder stand er rechts? Seine Atemgeräusche füllten den Raum, schienen von überall herzukommen. Ich hob die Axt und machte einen Schritt nach rechts. Dann hörte ich ihn tapsen, sehr schnell, er griff an, tapp-tapp, tapp-tapp. Plötzlich stoppte er. Oh nein, dachte ich, er richtet sich auf. Der Bär brüllte. Sein Brüllen klang schaurig laut und erschreckend nah. Ich sah einen Schatten, direkt vor und über mir. Aus dieser Position konnte ich ihm den Schädel nicht spalten, selbst wenn ich seinen Schädel hätte sehen können. Ich schlug mit der Axt zu, traf auf festen Widerstand. Der Bär brüllte nun noch lauter, voller Schmerz und Wut.

Gleichzeitig schlug etwas gegen meinen rechten Arm, sodass meine Axt wegflog und scheppernd weiter rechts in der Höhle landete. Bevor ich mit dem Messer zustoßen konnte, schlug der Bär mit der anderen Tatze zu. Ich sah die Tatze als Schatten und fing sie mit meinem Arm ab. Doch der Bär war unglaublich stark und schwer. Der Schwung seines zweiten Schlages warf mich zu Boden. Sofort setzte das erfahrene Raubtier nach. Ich hatte meine liebe Not, seinen Krallen auszuweichen. Augenblicklich rollte ich mich zur Seite, doch schon war er über mir. Ich sah sein geöffnetes Maul, seinen riesigen Schädel. Er hatte mich zwischen seinen Pranken fixiert und wollte mir ins Gesicht beißen. An Gegenwehr war nicht zu mehr denken. Ich war verkeilt und zur Bewegungslosigkeit verurteilt. Vielleicht würde ich nach Asgard kommen, aber Walhall war mir als unerfahrenem Jüngling verwehrt. Was für ein grässlicher Tod. Hier würde mich niemand finden. Ich bin Bärenfutter, dachte ich.

Doch da gab es ein knirschendes Geräusch und der Bär sackte über mir zusammen. Vielleicht hatten die Götter einen Felsblock gelöst, der ihn ohnmächtig geschlagen hat, war mein erster Gedanke. Mühsam drückte ich das schwere Tier zur Seite weg, um mich zu befreien und ihm den Rest zu geben, falls es noch lebte. Zwei kräftige Arme halfen mir auf. Neben mir stand Gerhart, den ich trotz der Dunkelheit sofort erkannte, und lächelte. „Deine Mutprobe hast du glänzend bestanden, kleiner Bruder. Mit diesem riesigen, alten Bären hätte ich mich niemals nur mit einer Axt bewaffnet angelegt."

Mir fiel ein Stein vom Herzen. Ich musste mich zusammenreißen, um nicht vor Erleichterung zu schluchzen. Gerhart war mir auf Geheiß unseres Vaters unbemerkt gefolgt. Seine Frame steckte tief im Nacken des Bären, sie hatte die Wirbelsäule durchstoßen.

„Ich mache hier in der Bärenhöhle ein Feuer an, damit wir ein Stück von seinem Fleisch braten können. Du kannst schon mal seine Klauen und Zähne herausschneiden. Das wird eine prächtige Kette. Eine Kette für ganze Kerle. Eben eine Angeber-Kette." Ich nickte Gerhart zu. Natürlich würde ich diese Kette aus Bärenklauen und Bärenzähnen niemals tragen. Und nach solch einem Spruch schon gar nicht. Zumal ich den Bären nicht selbst getötet hatte, ein Detail, das ich in Erzählungen später hin und wieder unterschlagen würde. Aber die Kette sollte ein Andenken sein. Ein Andenken an eine ausgesprochen mutige Tat. Oder war es eher Torheit gewesen, den Bären unzureichend bewaffnet in seiner eigenen Höhle anzugreifen?

Wir übernachteten in der Bärenhöhle, die zwar stank, aber trocken, relativ warm und sicher war. Am nächsten Morgen aßen wir von dem kalten Bärenfleisch, das jetzt noch übler als frisch gebraten schmeckte. Der Bär war schon alt gewesen. Sein Fleisch schmeckte streng und war kaum zu beißen. Aber es füllte den Magen und gab uns Kraft. Im Morgengrauen flochten wir drei Tragekörbe aus dünnen Zweigen, außer den Klauen und Zähnen des Bären nahmen wir sein Fell und die entbeinten Hinterschinken mit. „Der Rückweg ist bei Jagdausflügen immer das Unangenehmste!“, unkte mein Bruder, „Hoffentlich laufen wir nicht wieder Wilhelm dem Gerissenen in die Arme.“

Ich ahnte, worauf Gerhart anspielte. Offenbar kannte er den Krieger der Fosen, der mir den Hinweis mit der Bärenhöhle gegeben hatte. „Wilhelm der Gerissene?“

„Allerdings. Er ist ein bedeutender Gode der Fosen. Unser Vater kennt ihn gut.“

„Was? Unser Vater kennt ihn?“

„Sicher. Er hat ihn zusammen mit Mutter oft genug besucht. Wilhelm ist ein älterer Bruder unserer Mutter.“ Es traf mich wie ein Schlag. Unsere Mutter war eine Fose? Dann waren wir keine Hohnen, sondern zur Hälfte Fosen!

„Erzähl mir mehr darüber!“, bat ich. Doch Gerhart schüttelte den Kopf. „Die Geschichte wird dir Vater selbst erzählen, und zwar sehr bald. Mach dich auf große Überraschungen gefasst. Danach wirst du vieles verstehen. Insbesondere auch, warum unser Vater im Rat des Things sitzt, während unser reicher Nachbar Burkhart dort keinen Platz innehat. Und dieser enorme Respekt, der Vater immer entgegengebracht wird, ist auch erst zu verstehen, wenn du Vaters Geschichte kennst. Doch er erzählt sie jedem nur einmal und möchte nicht, dass darüber geredet wird, weil das unsere Mutter verletzen könnte. Er liebt uns sehr, aber unsere Mutter liebt er über alles.“ Jetzt war ich extrem neugierig auf Vaters Geschichte. Ich war äußerst selten neugierig, Neugierde war etwas für Frauen. Aber nun hatte sie mich gepackt. Der Rückweg verlief ohne weitere Hindernisse. Unsere Familie jubelte, als wir wohlbehalten zurückkehrten und sogar noch Fleisch mitbrachten. Gerhart lobte meinen Mut. „Als Junge ging Volker hinaus, als Mann kehrt er Heim!“

Allen musste ich die Klauen und Zähne des Bären zeigen und die Geschichte immer wieder erzählen, wobei sie von Mal zu Mal länger und aufregender wurde. Als ich von meiner Begegnung mit Wilhelm dem Gerissenen berichtete, hörten meine Mutter und mein Vater aufmerksam zu. Im Anschluss ließen sie

Gerhart, der während der Szene ja unweit in einem Busch verborgen gelauert hatte, das Ganze mit jedem Detail aus seiner Sicht wiederholen. Mein Vater lobte mich für meinen Mut, was mich ganz schwindlig vor Stolz machte. Doch meine Mutter mahnte, dass ich zweimal in höchster Lebensgefahr gewesen wäre. Sie pries ihr Glück, dass sie keine weiteren jüngeren Söhne hatte, die noch einmal einen solchen Unsinn mitmachen mussten.

Am nächsten Tag hatte ich Geburtstag. Ich wurde sechzehn Jahre alt und damit volljährig. Die Sonne strahlte. Wir fachten draußen ein großes Lagerfeuer an. Vater hatte schon vor drei Tagen eine Ziege geschlachtet, die inzwischen gut abgehangen war. Außerdem endeten drei Hühner am Bratspieß. Der jüngste Sohn unseres Nachbarn Burkhart kam vorbei und brachte als Geschenk ein kleines Fass Met mit. Nun konnte es eine richtige Feier werden. Nach dem Essen hielt mein Vater eine kurze Ansprache. Er ermahnte mich, ein mutiger Krieger zu werden, der seine Entscheidungen nicht aus Zorn und Wut heraus treffen sollte, sondern mit kühlem Verstand. Wichtig sei es auch, eine Familie zu gründen und zu ernähren. Dazu musste man nicht nur ein guter Jäger, sondern vor allem ein fleißiger Bauer sein. Es sei nicht ehrenrührig, Wald zu roden oder Entwässerungsgräben anzulegen, auch wenn das die meisten Krieger der Hohnen anders sähen.

Danach ging er ins Haus und brachte die Geschenke, die meine Volljährigkeit dokumentieren sollten. Er reichte mir eine Frame und eine Axt. Die Frame hatte eine messerscharfe, zweiblättrige Spitze und einen Schaft aus Eschenholz, der fest, aber elastisch war und perfekt in der Hand lag. In unserer Gegend wuchsen wenige Eschen. Die Waffe war beeindruckend und eines Kriegers würdig. Die Axt war groß und schwer. Ihre Klinge schimmerte bläulich und wies nicht den kleinsten Kratzer auf. Sie war scharf geschliffen, mit bogenförmiger, mächtiger Schneide, die gut durch Fleisch und Knochen schneiden konnte. Es war eine Streitaxt, die zum Baumfällen weniger gut geeignet war. Mein Vater deutete meinen Blick richtig. „Das ist keine Axt wie unsere anderen. Sie dient nicht zum Fällen von

Bäumen, sondern zum Fällen von Feinden." Meine Mutter seufzte. Alle umarmten mich und wünschten mir Glück.

Wir tranken Met und sangen ein paar Lieder. Nach einiger Zeit erhob sich mein Vater erneut und bat um Ruhe. „Ich habe noch etwas Wichtiges zu sagen. Mein ältester Sohn Gerhart hat beschlossen, sich eine Frau zu nehmen. Alt genug ist er ja!" Vater lachte, der Rest der Familie hielt sich in gespannter Erwartung zurück. „Sein Herz gehört Brunhilde, einer Tochter unseres Nachbarn Diethelm, der Knecht bei dem reichen Burkhart ist. Es ist bereits vereinbart, dass Gerhart und Brunhilde zur Mitte des Wonnemonds *(Mai)* heiraten werden. Das bedeutet für unsere Familie, dass wir zwar einen hervorragenden Jäger verlieren, aber auch einen großen Esser!"

Lachend und feixend stürzten sich alle auf Gerhart, um ihm zu gratulieren. Ich musste zugeben, dass er eine gute Wahl getroffen hatte. Von allen Mädchen an Burkharts Hof war Brunhilde sicher die Schönste. Für Brunhilde war es ein sozialer Aufstieg, da wir Freie waren, während ihr Vater als Knecht verdingt und nur halbfrei war. Auch sonst gab Gerhart eine gute Partie ab, obwohl unsere Familie arm war. Im Wonnemond stand also eine Hochzeit an.

In den nächsten Tagen stellte unser Vater eine Art Arbeitsplan für das Jahr auf. „Wir werden in diesem Jahr sehr fleißig sein müssen. Gerhart braucht ein Haus und Felder. Auch wir müssen einiges leisten, wenn wir nicht wieder hungern wollen wie in diesem furchtbaren Winter. Im letzten Jahr haben wir unsere Lichtung bereits deutlich erweitert. Die gefällten Stämme nutzen wir für Gerharts Haus. Der reiche Burkhart wird uns helfen. Er stellt für Gerhart Land am Teich zur Verfügung. Und er leiht uns Pferde, um das Holz aus dem Wald dorthin schaffen zu können. Es gibt in diesem Jahr viel Arbeit, aber auch viel zu Feiern!" Vater hatte noch zahlreiche weitere Vorstellungen, um unsere Ernährung zukünftig besser zu sichern. Das Wintergetreide, das wir im vorigen Herbst auf der ganzen Lichtung gesät hatten, mussten wir ab sofort ständig bewachen, damit nicht wieder Rehe in die Felder einfielen oder Wildschweine ihr Unwesen trieben. Die Bewachung würde zum Glück einfach werden, da wir und unsere vielen Nachbarn in diesem Winter nahezu alles Wild erlegt hatten, das es in unseren Wäldern gegeben hatte.

Zudem sollte unser Gemüsegarten deutlich erweitert werden. Mutter und meine Schwestern bekamen den Auftrag, jeden Krümel Erde zu nutzen und besonders noch mehr Linsen und Erbsen anzupflanzen, damit wir mehr haltbare Nahrung für den nächsten Winter hatten. Und Mutter sollte unbedingt mehr Flachs säen, entlang des Baches und überall, wo es nur ging. Der Flachs war in vieler Hinsicht nützlich: Mutter stellte aus den Stängeln Fasern her, die sie während der langen Wintermonate verspinnen und zu hervorragendem Tuch weben konnte. Das feine Leinen, das sie anfertigte, war das wertvollste Tauschgut unserer Familie. Die Samen gaben als Nebenprodukt ein nahrhaftes Öl. Und alles, was danach noch von der Pflanze übrig blieb, diente als Viehfutter.

Obwohl wir immer noch wenig zum Essen hatten, ging ein Ruck der Aktivität durch unsere Familie. Vater spannte eine unserer dürren Kühe vor unsere klapprige, zweirädrige Karre und fuhr ins Dorf, um Leinen gegen Getreide zu tauschen. Erst später wollte er noch unseren Viehbestand auffüllen, denn die Wiesen gaben derzeit noch zu wenig Futter her. Wir hätten mehr Viehzeug gar nicht versorgen können. Vaters Traum war es natürlich, irgendwann wieder ein Pferd zu besitzen. Als im vorigen Jahr unser Pferd gestorben war, stellte das einen schweren Schlag für unsere Familie dar. Wir brauchten dringend ein Pferd, da unsere Kühe nur bedingt geeignet waren, den Karren oder den Pflug zu ziehen. Ohne ein Pferd konnten wir die Baumstämme, die wir im vorigen Jahr geschlagen hatten, nicht bergen. Und auch weite Jagdausflüge waren ohne Pferd als Reit- und Lasttier schwierig und mühsam.

Als Vater gerade wieder aus dem Dorf zurück war, hörten wir Pferdegetrappel und lautes Rufen. Durch das offene Tor ritten zwei Krieger aus der Stadt Hohne auf unseren Hof. Ihre Pferde waren wie ihre Reiter wohlgenährt, wenn auch ein bisschen zottelig. Die Krieger trugen runde, bunt bemalte Schilde, lange Lanzen, metallene Helme und lederne Scheiden, in denen armlange, einseitig geschliffene Schwerter steckten. Ich wusste, dass es sich um Boten des Goden unserer Stadt Hohne handelte, die meinen Vater zum Thing einladen wollten. Wie gesagt war mein Vater Ratsmitglied, so wie die Goden der Hohnen.

„Wir grüßen dich, Helmut. Unser Gode schickt dir folgende Nachricht: Das Thing im Frühling beginnt am Tag des nächsten Vollmonds, also in zwei Wochen. Du bist als Mitglied des Rates eingeladen." Mein Vater grüßte die Reiter, dankte ihnen und bot ihnen Essen und Trinken an. Mir fiel auf, dass sich die beiden ganz kurz umsahen, bevor sie dankend ablehnten. „Wir müssen die Nachricht noch weiter verbreiten. Daher können wir erst später zur Nacht rasten. Lebe wohl, Helmut!"

Mich beschlich der Gedanke, dass sie vielleicht lieber bei dem reichen Burkhart eine Pause einlegen würden. Ich ging erst einmal zum Bach und pinkelte ausgiebig hinein. Hoffentlich schmeckte ihnen das Wasser von Burkhart, wenn sie schon unseren Haferbrei verschmähten.

Die Nacht wurde ungewöhnlich kalt und am nächsten Tag nieselte es. Dennoch arbeiteten wir hart, um das Holz von unserer Lichtung zum Bauplatz von Gerharts neuem Haus zu schaffen. Gleichzeitig mussten wir am Rande unserer Lichtung eine kleine Hütte errichten, um demjenigen von uns, der die Felder bewachen musste, Schutz vor dem Wetter zu verschaffen. Abends gab es Forellen, die Marta im Bach geangelt hatte. Drei Forellen für elf hungrige Mägen. Zum Glück hatte Vater aus dem Dorf Kohl mitgebracht, aus dem Marta einen Eintopf gekocht hatte. Der blättrige Kohl war nicht gerade mein Leibgericht, aber da ich monatelang gar kein Gemüse bekommen hatte, fand ich ihn ausgesprochen lecker.

Die weiteren Tage waren erfüllt von harter Arbeit. Nur zum Frühlingsfest ruhten wir, auch wenn es nicht viel zu Feiern gab. Vater schlachtete zwei Ziegen. Er sagte, dass er alle Ziegen schlachten würde, die nicht genug Milch geben, und notfalls auch noch die Schafe. Wir mussten essen, das war wichtiger als der ehedem klägliche Viehbestand. Vater würde irgendwann neue Tiere gegen Leinwand eintauschen. Da wenigstens die Hühner wieder Eier legten, kochte Mutter zum Fest einige, die wir für Sieglinde versteckten. Aus religiöser und ritueller Sicht gesehen versteckten wir die Eier ja nicht nur für unsere kleine

Schwester, sondern wir opferten sie dem Gott des Frühlingserwachens, Baldur. Wenn ein Kind die Eier, die wir Baldur geopfert hatten, später fand, war das nur recht und billig. Der Gott hätte die Eier schließlich zu sich holen können, wenn er hart gekochte Eier gemocht hätte. Alle anderen aus unserer Familie fühlten sich schon zu alt zum Eiersuchen oder taten zumindest so. Dennoch schielten wir doch ein wenig neidisch auf Sieglinde, als sie sich den Bauch mit den Eiern vollschlug.

Das Wetter wechselte. Jetzt brannte uns die Frühlingssonne auf den Rücken, dass uns der Schweiß vom Körper tropfte, während wir die Stämme von der Lichtung bewegten. Großvater wollte schon die Schafe scheren, doch dann kam ein schweres Gewitter und es wurde wieder kalt. Als mein Vater am Tage vor Vollmond endlich sagte, dass er morgen mit mir zusammen zum Thing aufbrechen würde, machte mein Herz einen Sprung. Ich hatte mich so sehr darauf gefreut. Noch nie war ich in der Stadt unseres Stammes gewesen. Unser Dorf kannte ich natürlich, doch die Stadt Hohne sollte zehnmal so groß sein. Ich konnte mir das kaum vorstellen. Das Dorf bestand aus fünf Langhäusern und vier kleineren Häusern, dazu noch ein paar Scheunen und Hütten. Insgesamt wohnten sieben Familien dort mit rund achtzig Menschen. Die Stadt konnte unmöglich zehnmal so groß sein.

Während man unser Dorf im Laufe eines Vormittags leicht zu Fuß erreichen konnte, war es bis zur Stadt Hohne ein Tagesmarsch, wenn auch in bequemem Tempo. Vater und ich brachen dennoch ganz früh morgens auf, damit wir schon ein schönes Stück Weg zurückgelegt hatten, bis uns der reiche Burkhart, der natürlich reiten würde, überholte. Mutter hatte zwei Brote als Reiseproviant gebacken. Ich war so stolz wie noch nie, als ich mit Vater zusammen unseren Hof verließ. Meine eigene Axt steckte in meinem Gürtel, die Frame trug ich in der rechten Hand. Mein Vater war ebenfalls mit Frame und Axt bewaffnet. Ein Schwert hatte er sich nie leisten können, vielleicht wollte er auch keins.

Der Morgen war trocken, kühl und angenehm. Wir kamen gut voran. Bis zur Stadt führte ein Weg, der auch von den Fuhrwerken der Händler befahren werden konnte. Da wir uns westlich, weg von unserem Gebirge, hielten, brauchten wir keine größeren Anhöhen überwinden. Es sollte ein schöner Tag werden. Ich genoss es, meinen Vater für mich allein zu haben, obwohl wir die erste Zeit nur schweigend nebeneinander her liefen. Als die Sonne aufgegangen war, räusperte er sich. „Ich habe fünf Söhne. Alle sind jetzt erwachsen und gute Männer. Jeden von euch habe ich auf das erste Thing, das auf den sechzehnten Geburtstag folgte, mitgenommen, um ihn in dem Kreis unserer Anführer vorzustellen. Und jedem deiner Brüder habe ich auf dem Hinweg meine Geschichte erzählt. Nur ein einziges Mal. Und dann nie wieder. So werde ich es auch mit dir halten, mein lieber Volker. Die Geschichte, die ich dir erzähle, ist meine schrecklichste Erinnerung. Ich will danach niemals wieder daran erinnert werden. Besonders vor deiner Mutter musst du darüber Stillschweigen wahren. Wenn du Fragen hast, darfst du sie gerne stellen. Doch nur heute. Wenn wir in Hohne angekommen sind, werde ich nie mehr in meinem Leben über meine Vergangenheit reden. Viele Männer sehen das anders, wenn sie mit ihren Taten angeben, aber ich bin kein Prahler. Und ich habe auch nichts, womit man prahlen könnte.“

Kapitel 5

Als mein Vater begann, seine Geschichte zu erzählen, vergaß ich den Weg mit den beiden ausgetretenen Furchen, vergaß die dunklen Bäume um uns herum, vergaß den blauen Himmel über uns. Vater erzählte: „Als ich ein junger Mann war, so alt wie Arnulf jetzt, baute ich mir eine Hütte an der Stelle am Bach, wo unser Haus steht. Ich hatte viele Freunde in den umliegenden Gehöften, war auch bei den Mädchen beliebt, und kann wohl sagen, dass ich als guter Jäger, vielleicht aber auch als Raufbold bekannt war. Eines Tages hatten ich und vier enge Freunde von mir, mit denen ich schon viel Unsinn angestellt hatte, unsere mit Abstand unheilvollste Idee. Wir wollten eine Schmiede auf dem Gebiet der Fosen überfallen und uns neue Äxte stehlen. Ein bisschen Abenteuer, etwas Schubserei, es sollte kein Krieg werden, nur ein wenig Spaß. Unsere Idee sprach sich herum wie ein Lauffeuer. Wir brachen mit vierzig jungen Männern, alle nur leicht mit Äxten oder Messern bewaffnet, in Richtung des Stammesgebiets der Fosen auf. Wir gingen davon aus, dass wir den Schmied und seine Knechte ohne Waffengewalt überwältigen konnten. Niemand sollte zu Schaden kommen, bis auf den Verlust einiger Äxte. Die Schmiede lag zwei Tagesmärsche entfernt am Rande eines großen Dorfes der Fosen.

Wir wussten allerdings nicht, dass der Schmied seit Monaten an einem bedeutenden Auftrag eines hohen Goden der Fosen arbeitete und diesen fast fertiggestellt hatte. Der Schmied hatte viele Schwerter, Äxte und Spitzen für Framen geschmiedet, die in Kürze von dem Goden abgeholt werden sollten. Zur Sicherheit hatten die Fosen deshalb zwei schwer bewaffnete Wachen bei der Schmiede postiert. Wir stießen also auf unerwartete Gegenwehr. Es gab eine überraschend heftige Rangelei, bei der eine Wache, der Schmied, einer seiner Knechte und zwei von uns getötet wurden. Ein Knecht und der andere Wächter konnten fliehen. Als wir den Schatz sahen, den wir erbeutet hatten, wich unsere anfängliche Bestürzung über die blutige Gegenwehr einem enormen Jubel. Wir packten unsere Säcke voll mit geschmiedetem und geschliffenem Stahl und brachen mit unserer reichen und schweren Beute auf.

Allerdings wollten die Fosen sich nicht so schmachvoll vor ihrem höchsten Goden blamieren. Jeder Mann des Dorfes, der eine Waffe tragen konnte, verfolgte uns. Es müssen an die achtzig Männer, darunter Jünglinge und Greise, gewesen sein. Und sie wollten uns auf keinen Fall mit den neuen Waffen ihres Goden entkommen lassen. Hätten wir unsere Beute einfach fallen lassen, wäre vielleicht alles noch einmal glimpflich ausgegangen. Doch daran dachten wir gar nicht. Überhaupt nicht. Die Verfolger kamen immer näher. Sie kannten sich besser in der Gegend aus, außerdem trugen wir schwer an unserer Beute. Irgendwann mussten meine vierzig Freunde und ich einsehen, dass uns die zahlenmäßig weitaus überlegene Horde der Fosen einholen würden. Wir waren noch erschöpft vom Hinweg und hatten lange nichts gegessen. Jedenfalls rechneten wir uns für unsere Gruppe keine großen Chancen gegen die achtzig Fosen aus. Kurz gesagt, es sah gar nicht gut aus.

Deshalb entschieden meine vier Freunde und ich, die wir ja die Idee zu dem Überfall hatten, dass wir fünf uns den Fosen entgegenstellen mussten, damit unsere Gruppe Zeit zur Flucht gewann. Wir fünf wollten die Fosen überraschen, einen Scheinangriff durchführen und sie dadurch eine Zeit lang aufhalten. Wir waren mutig, aber auch dumm. Und dumme Krieger leben gefährlich.

Wir versteckten uns seitlich des Weges im Unterholz. Die Horde unserer Verfolger hatte sich aufgrund mangelhafter Führung und unterschiedlicher Konstitution der Einzelnen weit auseinander gezogen. Als die ersten Fosen sich näherten, warfen wir die Framen, die wir in der Schmiede erbeutet hatten, auf sie und griffen infernalisch brüllend an. Doch an der Spitze liefen die zehn oder zwölf Stärksten ihrer Krieger, die natürlich jederzeit auf einen Hinterhalt gefasst waren. Wir fünf griffen mit mehr Übermut als Mut an. Aber wir waren auch keine Schwächlinge. Jedenfalls prallten wir alle heftig aufeinander. Ab diesem Augenblick verschwimmt meine Erinnerung. Ich ließ meine Axt kreisen, traf immer und immer wieder, wühlte mich mit der Schneide meiner Waffe regelrecht durch die Masse der Gegner, die in endloser Kolonne angerückt kamen. Neben mir kämpften meine vier Freunde. Plötzlich waren nur noch drei da. Ich begriff irgendwann, dass dies kein Scheinangriff mehr war und wir uns nie von hier erfolgreich zurückziehen konnten. Neben mir fiel ein weiterer Freund. Ein Schwert streifte meinen Arm, eine Frame ritzte meinen Brustkorb, doch ich kämpfte weiter. Ich kämpfte den Kampf meines Lebens. Immer und immer wieder traf meine Axt, die wie von selbst von Gegner zu Gegner sprang. Ich spürte keinen Schmerz, keine Schwäche. Blut spritzte aus dem Hals eines Gegners und mir mitten ins Gesicht. Ich stieß ihn weg, er war Vergangenheit, gefallenes Laub. Ich blinzelte sein Blut aus meinen Augen und die Schneide meiner Axt fand ihr nächstes Opfer.

Irgendwann war keiner meiner Freunde mehr neben mir. Sie waren alle fort, und ich wusste, wohin. Aus Walhall sahen sie zu, wie ich unseren Kampf kämpfte. Sie riefen: „Komm! Komm zu uns! Wir wollen an Wodans Tafel mit dir anstoßen!“ Doch Wodan holte mich noch nicht nach Walhall. Ich bemerkte in meinem Rausch gar nicht, dass meine Gegner immer jämmerlicher wurden. Jünglinge wie du, Alte wie Großvater und Schwächlinge kamen schwer atmend angerannt, sahen plötzlich einen blutüberströmten Gegner, der kehlig schreiend und seine Axt schwingend auf sie zu gerannt kam. Einige erstarrten vor Schreck, andere hoben wenigstens noch ihre Waffen. Ich haute sie alle um.

Und dann war er da. Der Letzte. Mein Verstand setzte übergangslos wieder ein. Mein Atem rasselte, die Axt war plötzlich schwer wie Blei in meiner Hand. Meine Beine gehorchten mir kaum noch, als wären sie keine Teile meines Körpers mehr, als gehörten sie einem anderen, der gegen mich arbeitete. Ich sah in die Augen des Fosen. Er war höchstens sechzehn Jahre alt. Blaue, angsterfüllte Augen, die einen Fluss aus Blut und Leibern sahen, aus dem ich hervortrat. Er hob die Frame, lief an. Wäre er ein wenig erfahrener gewesen, hätte mich dieser mutige Junge durchbohrt. Ich täuschte ihn, konnte seinem Stoß knapp ausweichen. Dann war ich auf seiner Höhe, an seiner linken Seite. Ich schlug aus vollem Lauf mit der Axt zu. Die Axt traf sein Rückgrat, spaltete es und – blieb stecken. Der festsitzende Axtgriff wurde mir durch den Schwung seines Körpers aus der Hand gerissen. Ich stand wehrlos da, drehte mich zu meinem letzten Gegner um, der klaglos zusammenbrach und trotz seiner jungen Jahre wie ein Held starb. Ich konnte es nicht fassen. Was für einen Streich hatten die Götter mir gespielt, welche Wut hatten sie an den armen Fosen ausgelassen?

Ich nahm die Frame des Jungen auf, der in allen Ehren jetzt in Walhall einziehen würde, groß an Mut, doch jung an Jahren. Mühsam lief ich langsam den gräulichen Weg zurück, um meiner Gruppe zu folgen. Der Weg war matschig vom vergossenen Blut. Die schwer verwundeten Krieger, die sich nicht mehr in die Büsche schlagen konnten, erlöste ich mit der erbeuteten Frame. Meine Freunde fand ich nicht, ich suchte aber auch nicht nach ihren Leichen. Die Toten sahen alle gleich aus. Die Hinterbliebenen aus dem Dorf der Fosen würden alle gleichermaßen in Ehren verbrennen, um ihre Seelen freizugeben." Mein Vater machte eine lange Pause. Ich war extrem beeindruckt von seiner Erzählung, aber zu diesem Zeitpunkt noch nicht sonderlich bewegt. Mein Vater hatte eine heldenhafte Tat vollbracht, die vielen Hohnen das Leben gerettet und ihn berühmt gemacht hatte. Doch als ich die Tränen in den Augen meines Vaters sah, bildete sich ein Klumpen in meinem Hals. Mein Vater weinte nie. Er hielt Weinen für völlig unmännlich. Krieger weinen nicht. Wir liefen lange nebeneinander her und kämpften schweigsam unseren einsamen Kampf gegen die Tränen.

Irgendwann griff mein Vater meine Hand und lächelte mich an. Dann begann er zu Lachen. Sein entspannendes Lachen erzeugte einen Stimmungsumschwung und die gleiche Reaktion bei mir. Als wir auf dem Weg stehen blieben und uns vor Lachen krümmten, in das wir uns gegenseitig hineingesteigert hatten, holte uns Burkhart auf seinem Pferd ein. Einer seiner Knechte begleitete ihn.

„Hoho, was gibt es zu lachen, Nachbarn?“, fragte er verständnislos.

Mein Vater richtete sich grinsend auf. „Ich habe meinem Sohn gerade erzählt, wie ich in meiner Jugend die Fosen abgeschlachtet habe.“ Burkhart nickte bedächtig, lächelte jedoch nicht. „Damals!“, sagte Burkhart, „Damals hast du meinen beiden jüngeren Brüdern das Leben gerettet, die euch fünf in ihrem jugendlichen Leichtsinn begleitet hatten. Ein Platz in Walhall ist dir für deine Heldentat bereits jetzt sicher.“ Ohne ein weiteres Wort trieb Burkhart sein Pferd an und ritt an uns vorbei. Mein Vater winkte ihm hinterher. „Burkhart war immer Bauer. Seine jüngeren Brüder wurden berühmte Krieger, er aber erbte den Hof und damit auch die Verantwortung dafür. Sein Leben lang betrieb er Landwirtschaft und Viehzucht. Darin ist er auch sehr geschickt. Aber es wurmt ihn, dass er keine Heldentaten oder ruhmreichen Kämpfe vorweisen kann. Jetzt ist er zu alt, um sich einen Platz an Wodans Tisch zu verdienen.“

Als wir einen kleinen Teich zwischen den Bäumen hindurch schimmern sahen, machten wir eine Pause, tranken ein paar Schlucke Wasser und aßen ein Stück Brot. Mein Vater zog sich hinter einen Busch zurück und entleerte seinen Darm. Danach legte er sein Hemd ab, faltete seine Kleidung sorgfältig auf dem ausgebreiteten Umhang zusammen und sprang kurzerhand in den Teich, um sich mit einem schmierigen Klumpen Seife, den ihm meine Mutter in einem kleinen Beutel mitgegeben hatte, gründlich zu waschen. Ich nutzte ebenfalls die Chance für ein rasches Bad, obwohl das Wasser bis vor kurzem noch gefroren und alles andere als einladend warm war.

Erfrischt zogen wir weiter. Mein Vater ergriff wieder das Wort: „Damit ist die Geschichte noch nicht zu Ende. Ich warf die erbeutete Frame auf den Haufen der toten Leiber und folgte meinen flüchtigen Kumpanen. Meine tiefe Erschöpfung machte sich vehement bemerkbar. Nur schwer konnte ich laufen, schwankte mehr, getrieben von meinem Willen, die anderen einzuholen. Bald kamen auch noch die Schmerzen. Dutzende Schnitte und Stiche hatte mein Körper davongetragen. Allesamt zwar nicht tödlich. Doch es ist sehr störend, wenn ein Schnitt bei der Bewegung immer wieder aufklappt. Aus einigen

Wunden quollen noch ein paar Blutstropfen, die sich mit dem übrigen Blut an meinem Körper mischten. Ich habe dadurch wohl zahlreiche Blutsbrüder unter den Fosen gewonnen, die aber bereits durch meine eigene Hand wieder verloren gegangen waren.

Meine Gefährten warteten auf mich, aber erst auf unserem Stammesgebiet. Und in Rufweite von Gehöften der Hohnen, damit sie notfalls nach Verstärkung rufen konnten. Sie erkannten mich zunächst gar nicht, wegen des vielen Blutes. Vor Angst wichen meine Freunde zurück, irgendeinen bösen Zauber befürchtend. Als sie mich erkannten und feststellten, dass ich kein Geist war, beruhigte sie das ungemein. Aber gleichzeitig schockierte sie mein Anblick, der wohl grauenhaft gewesen sein musste. Sowohl wegen der Unmengen an Blut, die an mir hafteten, als auch wegen meiner wirklich schweren Verletzungen.

„Helmut der Blutige hat als einziger der fünf Kameraden überlebt. Er hat alle Gegner niedergehauen", riefen sie und trugen mich zu meiner Hütte am Bach. Mir ging es tagelang schlecht, doch meine Freunde und sogar einige Angehörige meiner vier toten Kameraden, die alles über den letzten Kampf ihrer Verblichenen wissen wollten, versorgten mich fürsorglich. Und ich wurde ausgesprochen großzügig aus unserer gemeinsamen Beute bedacht. Die Schwerter und die meisten Äxte, die ich als Anteil erhielt, tauschte ich später gegen Vieh, Korn und zwei gute Pferde ein. Unser Diebstahl war die Grundlage für mehrere gute Jahre. Aber auch für etwas anderes, das mir viel mehr bedeuten sollte als vorübergehender Reichtum.

Es waren ungefähr zwei Wochen vergangen. Meine Wunden fingen an zu vernarben. Ich stand nur mit einer Hose bekleidet vor meiner Hütte und hackte Holz für den Winter. Mein Anblick war sicher nicht sehr erbaulich, da die frischen Narben hässlich aussahen und ich stark schwitzte. Vier Reiter näherten sich, die edel gekleidet waren und die ich nicht kannte. Ich musterte sie genauer. Da es keine Hohnen waren, konnten es durchaus Fosen sein, die auf Rache sannen. Sie zügelten in respektvollem Abstand vor mir ihre Pferde. Drei wirkten aufgrund ihrer aufrechten Haltung und der Art, wie sie ihre Waffen hielten, wie erfahrene Krieger. Sie hatten bereits Falten um die Augen, und das blonde Haar zeigte einen weißlichen Schimmer. Doch ohne Zweifel wussten sie noch mit ihren langen Reiterlanzen umzugehen. Ich griff meine Axt fester und richtete mich auf einen schwierigen Kampf ein. Da bemerkte ich, dass die vierte Person, die sich im Hintergrund hielt, eine junge Frau war.

„Bist du Helmut, den sie den Blutigen nennen und der vor zwei Wochen einen Kriegszug gegen die Fosen unternommen hat?“ Die Stimme eines der Reiter klang laut, klar und kein bisschen altersschwach.

„Wer will das wissen?“, fragte ich vorlaut zurück.

„Ich bin Friedrich, Gode der Fosen. Ich komme mit Geschenken für unseren starken Feind. Bist du dieser Helmut?“

„Ja, der bin ich.“

Friedrich, seine Männer und das Mädchen stiegen ab und kamen näher, ihre Pferde am Zügel führend. Die Bewegungen dieser Besucher waren gleichermaßen geschmeidig wie kraftvoll. Gegen diese drei wäre es schwerer im Kampf zu bestehen als gegen Dutzende Bauernburschen. Plötzlich fiel mein Blick auf das Mädchen, das gerade volljährig sein mochte. Sie schlug ihren Blick herunter, sodass ich ihre Augen nicht sehen konnte. Dennoch war sie die schönste Frau, die ich jemals gesehen hatte. Wahrscheinlich stand ich mit offenem Mund da, als Friedrich ein mächtiges Schild mit eisernem Schildbuckel, bespannt mit hartem, unbemaltem Leder und am Rand mit Eisen gefasst, von seinem Pferd nahm. Dazu eine Frame mit Eschenholzschaft und ein bläulich schimmerndes Schwert, einseitig geschliffen, geschaffen zum Hauen und Stechen von einem Pferd herab. Er überreichte mir die Waffen. „Das sind die wertvollsten und besten Waffen, die ich habe. Sie gehören jetzt dir. Mit diesen Geschenken wollen wir dich ehren, Helmut, und wir verbinden damit die Bitte, nie wieder eine Waffe gegen uns zu erheben.“ Ich schloss meinen Mund wieder und dankte überrascht. Der Fose fuhr fort: „Um deine Gefühle für uns zu besänftigen, gebe ich dir meine jüngste Tochter Dagmar zur Frau, wenn du sie willst. Das Pferd, auf dem sie ritt, und vier Ballen feines Leinen sind ihre Aussteuer, die ebenfalls dir gehören, wenn du sie als Eheweib annimmst.“

Wiederum starrte ich das Mädchen mit offenem Mund an. Sie wandte ihr Haupt ab. Ich musste dumm und hässlich ausgesehen haben, dennoch trat sie voller Mut vor. Wie konnte ich eine Schönheit wie diese, noch dazu die Tochter eines Goden, ablehnen? Ich, Helmut, der arme Krieger mit der schäbigen Hütte am Bach? Ich riss mich mühsam zusammen. „Ich danke dir, Friedrich, Gode der Fosen. Ich nehme deine Tochter zur Frau. Ich werde für sie sorgen, sie beschützen und ihr ein guter Mann sein." Mehr fiel mir nicht ein. Friedrich nickte nur. Jetzt, wo ich selbst Töchter habe, weiß ich, dass er in dieser Situation vermutlich gar nichts mehr hätte sagen können, ohne in Weinen auszubrechen. Er nahm seine Tochter in den Arm, drückte sie, saß dann rasch auf und ritt mit seinen Begleitern zurück in Richtung Harz.

Ja, so kamen eure Mutter und ich zusammen. Zunächst war es sehr schwer für sie. Ihre Familie wohnte in einem prächtigen Langhaus, hatte reichlich Vieh und mehrere Knechte. Jetzt war sie mit Helmut dem Blutigen zusammen und wohnte in einer Hütte, durch die der Wind pfiff. Aber ich gab mir die größte Mühe, ihr Herz zu gewinnen, und mit der Zeit gelang es mir." Diese Fülle von intimen Details, die mir mein Vater gerade offenbart hatte, überforderte mich. Mir wurde endgültig bewusst, dass ich zur Hälfte ein Fose war. Das Wort meines Vaters war der Beweis. Meine Mutter war eine Fose. Das musste ich erst einmal verdauen. Aber nun verstand ich vieles besser. Ich verstand, warum mein Vater sich nie den Raubzügen gegen die Fosen angeschlossen hatte, sie stets sogar zu verhindern suchte. Und warum er nie darüber sprach, wie er die Fosen niedergemetzelt hatte, um seine leichtsinnigen Freunde zu beschützen. Und ich wusste jetzt, woher der große, verrußte Schild stammte, der über der Tür von unserem Rundhaus hing. Langsam gingen wir weiter.

Die Sonne stand inzwischen hoch am Firmament. Das Wetter war angenehm für eine lange Wanderung. Der Weg wurde breiter und war stärker ausgetreten, je näher wir der Stadt kamen. Langsam taten mir die Füße weh. Wir liefen schneller. Wenn wir an einem Bach oder Teich vorbeikamen, tranken wir etwas und marschierten ohne längere Pause weiter. Das Wasser aus meiner ledernen Feldflasche nutzte ich nur im Notfall. Aus einem Lederbeutel schmeckte Wasser schon kurze Zeit nach dem Einfüllen muffig.

Reiter überholten uns. Hin und wieder mündete ein Trampelpfad auf den Weg. Als wir schon recht nah an der Stadt waren, stießen andere Hohnen zu uns. Mein Vater kannte sie vom Sehen. Da die Stimmung von allen gut war, entwickelte sich ein lustiges Gespräch, während wir unseren Weg zügig fortsetzten. Von einer Gruppe vor uns, die wir noch nicht sehen konnten, drang Gesang zu uns, der eher laut als schön war. Mein Vater und die beiden anderen älteren Krieger stimmten nun ihrerseits eine bekannte Melodie an und wir Söhne machten natürlich mit. Wir schlossen immer näher zu den anderen auf, die sich bald umdrehten, auf uns warteten und nach Leibeskräften ihr Lied in die Welt brüllten, um uns zu beeindrucken. Doch wir hielten gut dagegen. Als wir sie eingeholt hatten, begrüßten sie uns lachend mit ausgebreiteten Armen.

Kapitel 6

Mir fiel auf, dass der Wald zurückgewichen war. Neben dem Weg erstreckten sich Felder und Viehweiden, wie ich sie in dieser Ausdehnung noch nie gesehen hatte. Das Wintergetreide sah durch die lange Frostperiode noch recht traurig aus, aber es war immerhin bestellt. Diese Städter mussten riesige Ernten einfahren. Auf den derzeit noch eher braunen statt saftig grünen Weiden standen schon Kühe, Ziegen und Schafe. Ihre Hirten grüßten uns, als wir singend vorbeizogen. Die Stadt lag auf einer leichten Erhebung in einem sanften Tal, durch das sich ein kleiner Fluss in weiten Mäandern zog. Rechts und links erhoben sich bewaldete Hügel.

Dann sah ich die Palisade der Stadt. Es war eine Wand aus Stämmen, die an ihrer niedrigsten Stelle eineinhalb Mal so hoch wie ich war. Ich sah eine Hütte, die auf stelzenartigen, dicken Stämmen so hoch oben errichtet war, dass die Männer aus der Hütte über die Palisade blicken konnten. Später erklärte mir mein Vater, dass man diese hohen Bauwerke als Turm bezeichnete. Von dort oben sah man einen Gegner schon von Weitem und konnte ihn aus geschützter Stellung mit Pfeilen beschießen. „Wenn man ein Feigling ist“, dachte ich bei mir, denn einen fairen Kampf stellte ich mir anders vor. Vor dem Tor, durch das wir die Stadt betraten, standen Wachen.

Das Stadttor war, verglichen mit dem Tor der Palisadenwand unseres Hofes, riesig. Es bestand aus soliden Holzstämmen und war zur Stabilisierung von einem mächtigen Balken überspannt. Wir traten hindurch. Ich wollte jedes Detail dieser Stadt in mich aufsaugen, fest in mein Gedächtnis pressen, um meinen Schwestern davon erzählen zu können, doch es war einfach zu viel. Ich wurde überwältigt von den Farben, Gerüchen, dem Lärm und den vielen Menschen. Vor allem die unzähligen

Menschen beeindruckten mich. Und überall hatten Händler ihre Stände aufgebaut. Es war ein Gewusel und Geschnatter, ein Gelächter und Gezappel. Im Hintergrund nahm ich wahr, dass zwei Krieger gegen die Palisade pinkelten. Eine Wache mit langer Lanze schnauzte sie an und wies auf eine Reihe extra errichteter Latrinen.

Mein Vater kannte unzählige Leute. Viele begrüßten ihn fröhlich, manche sogar überschwänglich. Einige wollten seine Meinung als Ratsmitglied beeinflussen und luden ihn zu sich ein, in Zelte, in Häuser oder Hütten, zum Übernachten, Essen, Trinken oder was er wünschte. Zu meinem Missfallen schlug mein Vater alles aus, obwohl mir der Magen bis zu den Knien hing und ich ein Gefühl im Mund hatte, das dem Staub des Weges in heißen Sommern entsprach. Er ging zielstrebig auf weiter. Die Stadt erstreckte sich über einen sanften Hügel, auf dem Langhäuser, kleinere Häuser, Hütten und Ställe ohne wirkliche Ordnung standen. Es gab einen Marktplatz, in dessen Mitte sich ein hoher, keilförmiger Felsen erhob, der an mehreren Stellen mit Moos bewachsen war und sehr alt sein musste. Vater führte mich an einem mächtigen Holzhaus vorbei, das überfüllt mit Kriegern aus der weiteren und näheren Umgebung war. Die imposante Heldenhalle war jedoch nicht unser Ziel.

Wir liefen bis zu einem Langhaus, aus dessen Rauchabzug sich weißliche Schwaden in den Himmel kräuselten. Der Haupteingang befand sich am Giebel, was ungewöhnlich war. Meist hatten die Langhäuser an beiden Längsseiten ihre Eingänge. Die Wände bestanden wie üblich aus tragenden Holzbalken, zwischen die dünne Zweige gewunden waren. Das Geflecht aus Ästen und Zweigen diente wie überall als Halterung für Lehm, mit dem man die Wand auch hier in der traditionellen Bauart auffüllte und verkleidete. Das Strohdach war tief heruntergezogen und stand weit über, sodass die Wände vor Regen geschützt waren und das Regenwasser nicht direkt unter den Wänden hindurch in das Haus sickern konnte. Unter dem überhängenden Dach sah ich eine Unmenge Holzscheite, die sorgfältig entlang der Wand gestapelt waren. Diese Leute hatten ihren immensen Vorrat an Brennholz im letzten Winter nicht verbraucht. Hier hatte niemand im Winter gefroren.

Der Platz vor dem Langhaus war sorgfältig festgestampft. Rechts und links erstreckten sich Gemüsegärten, in denen noch vor Kurzem gearbeitet worden war, wie man an den frisch umgegrabenen Flächen und den ordentlichen Beeten erkennen konnte. Vater schritt auf einen jungen Mann zu und begrüßte ihn mit Handschlag. Er war einer der Söhne des Goden der Stadt, dem das Langhaus gehörte. Sein Vater sei unterwegs, wir sollten aber schon hineingehen, bot der Sohn an. Ich war oft in einem Langhaus gewesen, doch dieses war größer als alle, die ich kannte. Der obligatorische Rauch kitzelte meine Nase, doch ich roch vor allem den Eintopf, der in einem Kessel über dem Feuer kochte, ich roch aber auch das Vieh, das hinter dem Wohnraum seine Verschläge hatte, und vieles mehr, was fremdartig und ungewohnt auf mich wirkte. Meine Augen gewöhnten sich schnell an das Dämmerlicht.

Der große, hohe Wohnraum war voller Menschen. Alle begrüßten uns, waren recht vergnügt und boten uns – endlich! – Essen und Trinken an. Der Eintopf schmeckte köstlich. Dazu reichten sie uns Brot, das locker und duftig war. Solch ein Brot hatte ich noch nie gegessen. Es zerging regelrecht auf der Zunge und hinterließ nach dem Kauen einen süßlichen Geschmack im Mund, der mich äußerst entzückte. Später erfuhr ich, dass zur Feier des Tages Brot aus Weizen gebacken worden war, und noch dazu aus gesiebtem Mehl. Und mit Sauerteig. Weizen wurde in der Gegend um unseren Teich gar nicht angebaut, was aber – meiner Meinung nach – eindeutig ein Fehler war.

Ich war kaum fertig mit meinem köstlichen Mahl, als zwei Männer den Raum betraten. Da die Gespräche kurz verstummten, blickte ich auf. In dem Langhaus herrschte ein stetes Kommen und Gehen, doch diese beiden Krieger mussten von besonderem Rang sein. Einer war älter als mein Vater, der andere deutlich jünger. Aber beide wirkten souverän und hatten die Ausstrahlung von Anführern. Mein Vater erhob sich, zerrte mich ebenfalls hoch. Der ältere Krieger und mein Vater begrüßten sich herzlich, umarmten sich und klopften sich gegenseitig auf den Rücken. „Gernot, ich freue mich, dich wohlauf zu sehen!“, sprach mein Vater den älteren Krieger an, „Das hier ist mein jüngster Sohn Volker, der gerade volljährig wurde. Der

Stolz meiner Familie. Er hat einen mächtigen, alten Bären getötet!“

Gernot lachte. „Helmut, jeder Einzelne deiner zugegeben wohlgeratenen Söhne ist der besondere Stolz deiner Familie! Wenn dieser hier eine Ausnahme gewesen wäre, hätte es mich gewundert.“ Er ergriff meine Hand. Sein Handschlag war fest, seine Haut wie grob gegerbtes Leder. Er lächelte mir zu und sagte: „Willkommen in meinem Haus, Volker. Ich bin Gernot, der Gode von Hohne. Aber wenn wir schon beim Vorstellen sind, dann möchte ich euch mit einem besonderen Gast bekannt machen. Hier ist Friedhelm, ein bedeutender Gode der Cherusker. Friedhelm bringt uns gute Nachrichten, doch davon später mehr.“

Mein Vater drückte Friedhelm die Hand und stellte sich selbst mit einem hervorgepressten „Helmut“ vor. Er musterte den Fremden eingehend und taxierte ihn so gründlich, dass es durchaus als unfreundlich aufgefasst werden konnte. Mein Vater war allen Fremden gegenüber zunächst skeptisch. Wenn er jemanden auf seine durchdringende, besondere Art ansah, bekam ich jedes Mal eine fürchterliche Gänsehaut und dehnte instinktiv meine Muskeln, um sie beweglicher für Kampf oder Flucht zu machen. Auf Fremde wirkte mein Vater deshalb meist nicht allzu sympathisch, doch er schien gut damit leben zu können.

Friedhelm, der Cherusker, sah es ihm offenbar nach. Der Gode lächelte und wies auf die Bank, wo die Freunde und Verwandten des Gastgebers Platz für uns gemacht hatten. „Wollen wir uns setzen, Helmut?“ Das taten wir. Und bevor ich mich versah, kam eine der Töchter von Gernot angelaufen und brachte uns Tonkrüge mit einer schäumenden Flüssigkeit. Sie war mir vorher gar nicht aufgefallen, doch da war ich vollauf mit dem leckeren Essen beschäftigt gewesen. Sie war ungefähr so alt wie ich und sah ausgesprochen hübsch aus. Die langen, hellblonden Haare trug sie offen. Um ihr langes Kleid hatte sie zwei Gürtel derart geschickt geschlungen, dass sowohl ihre schlanke Taille als auch ihr keck hervorstehender Busen betont wurden. Die Gürtel wurden von zwei sicherlich wertvollen Schnallen zusammen gehalten. Unsere Blicke trafen sich und sie lächelte mich an. Leider konnte sie kein Wort mit mir wechseln, da die Männer nach den Krügen griffen und nun eine bereits ältere, aber ebenfalls attraktive Schwester von ihr mit einem Tablett voller Brot kam, das in dicke Scheiben geschnitten war. Diese waren mit Butter bestrichen. Und auf der Butter lag hauchdünn geschnittener, geräucherter Schinken vom Schwein. Ich war zwar satt, aber diesen Leckerbissen konnte ich mir nicht entgehen lassen. Selbst beim reichen Burkhart gab es Butterbrote mit Räucherschinken nur selten. Genauer gesagt, hatte ich diese Spezialität erst einmal in meinem Leben genossen.

Die drei Krieger beachteten die Butterbrote nicht, ließen sich dafür aber von der schäumenden Flüssigkeit nachschenken. Ich nahm einige Gesprächsfetzen während des Essens wahr. Es gab wohl mehrere Streitigkeiten um Land, die auf dem Thing vom Rat geschlichtet werden sollten. Viele Söhne, wenig Höfe, ein ewiges, immer gleiches Problem. Gernot, der Gode der Stadt Hohne, erklärte: „Wir müssen einen Sumpf trocken legen und Wald roden und planieren, anders ist der Mangel an bebaubarem Land nicht zu lösen.“ Mein Vater lachte trocken. „Dafür findest du hier jedenfalls keine Freiwilligen. Bäume fällen macht ja noch einigermaßen Spaß, aber die Wurzelstöcke ausgraben und die Löcher mit Erde füllen, das ist keine Arbeit für Jäger. Und Gräben in einem Sumpf anlegen, ach, das macht erst recht keiner ohne Zwang.“

Der Gode Gernot hob den Zeigefinger. „Doch, denn da kommt Friedhelms Angebot ins Spiel. Friedhelm will in diesem Sommer eine Armee ausrüsten, um die Kelten jenseits des Rheins zu überfallen. Und er bietet unseren jungen Männern an, sich seiner Armee anzuschließen, um Ruhm und Reichtum zu gewinnen.“ Ich war plötzlich ganz Ohr. Ruhm und Reichtum, hallte es in meinen Ohren nach. Mein Vater verzog wie durch Schmerzen das Gesicht, während Gernot fortfuhr: „Wer jetzt im Frühjahr freiwillig an der notwendigen Gemeinschaftsarbeit teilnimmt, darf im Sommer auf Beutezug gehen. Mit diesem Versprechen finde ich Hunderte Freiwillige.“ Einen hatte er schon, dachte ich interessiert, und nahm ganz in Gedanken einen tiefen Schluck aus meinem Krug. Beinahe hätte ihn wieder ausgespuckt. Das war kein Kräutertee oder dünne Molke, es war etwas anderes. Es roch vergoren und prickelte auf der Zunge wie Met, doch Met war süß und lieblich, das hier schmeckte säuerlich und zugleich bitter und roch wie …, nein, Urin traf es nicht wirklich. Ich kannte den Geruch irgendwo her. Stimmt. Mein Vater hatte dieses Getränk zu besonderen Anlässen beim reichen Burkhart getrunken. Es stank nach Gärung mit einer leichten Fischnote. Aber Fisch war gar nicht drin. Der Geruch wich extrem vom Geschmack ab. Ich nahm einen weiteren Schluck. Das perlende Getränk schmeckte säuerlich, dabei irgendwie malzig und auch kräftig nach bitteren Kräutern.

„Noch ein Bier?“, fragte mich mein Vater grinsend. Ich schüttelte den Kopf. „Danke, ich habe noch.“

Die Männer unterhielten sich über Rodung und Trockenlegung und über die Streitfälle, die der Rat auf dem Thing schlichten musste. Ich langweilte mich. Da fiel mein Blick auf das Mädchen, das mir das Bier gebracht hatte. Sie sah mich an, da war ich mir sicher, und machte eine unscheinbare Handbewegung, die irgendwie einladend auf mich wirkte. Nein, ich täuschte mich nicht. Sie ging zur vorderen Tür und warf mir über die Schulter noch einen Blick zu, der zumindest meinem Vater nicht verborgen blieb. Denn er drehte sich sofort zu mir um: „Junge, das ist doch uninteressantes Zeug für dich. Die Sonne senkt sich bereits. Willst du dir nicht die Stadt ansehen, bevor das Begrüßungsfest heute Abend beginnt?“ Ich stimmte hastig zu, verabschiedete mich mit kurzem Kopfnicken und machte mich ebenfalls zum Vordereingang auf. Den halbvollen Bierkrug, meine Frame und meine wenigen Gepäckstücke ließ ich auf der Bank bei meinem Vater zurück. Nur meine Axt und meinen schweren Umhang nahm ich mit.

Draußen hatte sich das Licht schon rötlich gefärbt. Ich blickte mich um. Überall waren Menschen, doch von dem Mädchen war keine Spur zu sehen. Ich ging um das Haus herum. Das Gebäude war lang und stand weit oben auf dem Hügel, auf dem Stadt erbaut war. Man hatte eine gute Sicht über gepflegte Wege und alle Einrichtungen der Stadt. Ich sah alte Laubbäume, die frisches Grün zeigten, Häuser, Hühnerställe, Vorratshäuser auf Stelzen, Grubenhütten, die zum größten Teil unterirdisch und daher auch im Sommer schön kühl waren und vieles mehr.

Hier und da grasten Ziegen und Schafe. Es gab auch Pferdekoppeln. Die Kühe und die Mehrzahl des Viehs waren ja bereits auf Weiden vor der Stadt. Mir fiel auf, dass es wenig Hunde gab. Auf den Außenhöfen, die ich kannte, wurden eigentlich immer Hunde als Wachtiere gehalten, um nachts ruhig schlafen zu können. Hier waren Hunde offenbar nicht so wichtig.

Kapitel 7

Die Misthaufen, die zu jedem Langhaus gehörten, waren abgetragen und die verschmutzten Flächen mit Stroh bedeckt. Hühner pickten darauf herum. Der Mist war sicher auf den Feldern und in den Gärten verteilt worden, um die Erde zu düngen. Auf der anderen Giebelseite des Langhauses war eine zweite Tür, durch die das Vieh in das Haus oder umgekehrt von dort auf die Wiesen getrieben werden konnte. Die meisten Langhäuser hatten ihre Türen an den beiden Längsseiten, doch ich fand es besser, wenn Vieh und Menschen verschiedene Eingänge an den Giebelseiten hatten. Nicht weit entfernt standen drei Linden. An einer der Linden lehnte das Mädchen. Ich ging zu ihr. „Hallo, ich bin Volker."

„Ich bin Astrid. Du wohnst in der Nähe des Gebirges?" Sie sah mich mit ihren hellblauen Augen an, sodass mir ganz mulmig wurde.

„Ja, an einem Bach." Mir fiel nichts Besseres ein. Nein, genau gesagt, fiel mir gar nichts mehr ein. Sie war auf eine ungewohnte Weise hübsch, irgendwie sehr anziehend und ..., so nah, so erreichbar. Und sie war auf eine ungewohnte Weise ganz anders weiblich als meine Schwestern, mit denen ich schon oft gemeinsam im Bach gebadet hatte. Die Säfte in meinem Körper begannen zu kochen, während ich winzige Details wahrnahm, die sich durch ihr Kleid abzeichneten. Ich konnte mir diese Wallung in meinem Körper nicht erklären. Ein Fieber raubte mir den Verstand. Das musste der Grund sein. Ich muss Wadenwickel bei mir machen, dachte ich. Und schwieg unsicher.

Astrid lächelte. „Soll ich dir die Stadt zeigen?" Ich nickte und wollte zustimmen, doch nur ein Krächzen verließ meinen Hals. Vor Verlegenheit hustete ich zweimal. Dann stieß ich „Au ja, zeig mir Hohne!" hervor. Wie peinlich!

Sie führte mich durch die Stadt unseres Stammes. Und ich fand Hohne wie auch das Mädchen bezaubernd, aufregend, fremd und gleichzeitig anziehend. Die Stadt hatte alles, was man sich vorstellen konnte, so dachte ich damals jedenfalls. Einen Marktplatz mit festen Holzbuden für die Händler, einen Viehmarkt, auf dessen Gelände jetzt Zelte aus Leder standen, einen Ententeich und zusätzlich vier Brunnen. Beeindruckend war die Palisadenmauer, über die kein Wolf hinweg springen konnte. Sie war mit Wachtürmen gesichert und hatte gleich drei große Tore. Rechts und links neben den Toren und an besonders gefährdeten Abschnitten hatten die Einwohner hinter der Palisade Stege aufgebaut, auf die unsere Krieger klettern konnten, um von oben den Feind mit Pfeilen beschießen und mit Steinen oder Speeren bewerfen zu können. Diese Stadt mit ihren Hunderten Einwohnern schien mir der sicherste Ort der Welt zu sein. Langsam wurde ich lockerer, ließ mir dieses und jenes erklären, erzählte von unserem Hof und genoss sowohl Astrids Gesellschaft wie auch das bunte Treiben der Stadt.

Wir wollten uns gerade auf den Rückweg begeben, als uns drei junge Männer entgegenkamen, die kaum älter als ich sein konnten. Mir fiel ihr lächerlicher Aufzug auf. Zwei trugen metallene Helme, an die der eine mit Birkenpech rechts und links die abgetrennten Schwingen eines Habichts geklebt hatte. Der andere fand es offenbar klug, seinen Helm mit zwei recht kleinen Stierhörnern zu verzieren. Der Dritte trug keinen Helm, dafür hatte er sich einen Wolfspelz so übergestülpt, dass der Oberkiefer und ein Teil des Fells des Wolfsschädels über seine Stirn ragten, wie ein überhängendes Dach. Dieser Aufzug der drei wirkte einfach nur lächerlich. An ihrem Blick erkannte ich sofort, dass diese drei auf Streit aus waren. Und natürlich sprachen sie unmittelbar Astrid an. Der mit dem Wolfspelz begann: „Na, Astrid, was willst du denn mit diesem Bürschchen? Du solltest dich lieber um mich kümmern, sonst wird aus der Vereinbarung unserer Väter nichts.“

Astrids Augen sprühten Funken. „Das kannst du sowieso vergessen!“

„Das werden wir ja sehen!“, rief der mit dem Wolfsfell und packte Astrid grob am Arm, um sie trotz ihres Widerstandes an sich zu ziehen. Das machte mich wütend und natürlich musste ich einschreiten. Ich hatte die Besonnenheit von meinem Vater geerbt. Und den Mangel an Angst. Meine Gedanken waren kalt und klar, jetzt, wo ein Kampf unumgänglich schien. Ich hatte keine Angst vor den Dreien, wirklich nicht. Ich überlegte schnell. Wenn ich eingriff, musste ich alle drei ausschalten, solange das Überraschungsmoment auf meiner Seite war. Ich musste konsequent und hart vorgehen. Sonst würden sie Hackfleisch aus mir machen.

Dann ging alles blitzschnell und wie von allein. Ich schlug mit der Faust zu, traf die Nase des Wolfstypen mit voller Wucht und brach sie. Augenblicklich hatte ich meine Axt in der Hand und schlug dem Jungen mit den Habichtflügeln mit der stumpfen Seite auf die Finger, mit denen er seine Frame festhielt. Er öffnete mit einem Aufschrei die Hand. Schon hatte ich ihm seine Frame abgenommen und wollte das hölzerne hintere Ende dem Dritten ins Gesicht stoßen. Ich verfehlte seinen Kopf, erwischte aber dafür den Hals. Wie ein nasser Sack Gerste ging er zu Boden. In einer gleitenden Bewegung holte ich mit dem Schaft der Frame aus und schlug nach dem Gegner mit den lächerlichen Flügeln am Helm – und den durch meine vorige Aktion bereits schmerzenden Fingern. Er duckte sich schnell wie ein Habicht und wich mir dadurch aus. Während er noch geduckt am Boden war, stach ich zum Schein mit der Spitze der Frame nach ihm. In seiner Haltung, die aussah wie bei der Darmentleerung, blieb ihm nichts anderes übrig, als sich sprunghaft nach hinten zu werfen, wodurch nun auch mein zweiter Gegner wie ein Käfer am Boden lag.

Der Dritte mit der Wolfshaube hatte gerade seine heftig blutende Nase losgelassen und seine Axt gezogen. Ich ließ die erbeutete Frame kreisen und schlug ihm von oben herab den Schaft auf den Kopf. Es gelang ihm gerade noch, den Schlag mit dem Axtstiel abzufangen, dann traf der dicke Holzstab mit dumpfem Laut auf das Fell des Wolfes, unter dem sich sein Kopf befand. Er taumelte rückwärts und brach zusammen. Damit war der Kampf entschieden. Ich warf die erbeutete Frame in das nächste Gebüsch und nahm Astrid am Arm, um rasch mit ihr zu verschwinden. Meine Gegner rappelten sich gerade wieder hoch. Auch sonst hatte die kurze Prügelei bereits für einiges Aufsehen gesorgt. Von unten näherten sich zwei Wachtposten, denen ich aus dem Weg gehen wollte. Während Astrid und ich davon liefen, trafen sich unsere Blicke. Ich las aus ihrer Mine vor allem Anerkennung. Offensichtlich hatten unser Ausflug und das kleine Abenteuer ihr genauso viel Spaß gemacht wie mir.

Wir erreichten leicht erwärmt das Haus von Astrids Familie. Mein Vater stand mit Gernot, Astrids Vater, und Friedhelm, dem Cherusker, in der Abendsonne. Sie redeten mit anderen Kriegern und lachten. Gernot blickte seine Tochter streng an, als sie leicht aufgelöst vor ihm stand. Bevor er etwas sagen konnte, rief sie: „Vater, Volker hat mich vor drei Burschen gerettet. Er hat sie alle drei ganz allein niedergeschlagen." Astrid hatte erreicht, dass auch mein Vater die Stirn runzelte und mich von Kopf bis Fuß in Augenschein nahm. Dann sagte er zu den Männern, wie um mich in Schutz zu nehmen: „Die Schnelligkeit im Kampf hat er von mir geerbt."

Friedhelm lachte lauthals los, doch der Blick von Astrids Vater Gernot klärte sich nicht. Er wandte sich an seine Tochter: „Wir kennen die Drei nicht zufällig?" Astrid blickt zu Boden. Ich konnte mich dunkel erinnern, dass die drei Burschen sie mit ihrem Namen angesprochen hatten und irgendetwas von einer Vereinbarung gesagt hatten. Vereinbarung? Doch wohl keine Verlobung! Nicht mit Astrid. Und schon gar nicht mit diesem lächerlichen Wolfstypen!

„Doch, sie haben mich angepöbelt. Und angefasst! Volker musste einschreiten."

„War Bruno dabei?" Astrid nickte.

Ihr Vater stöhnte laut auf und schüttelte den Kopf. „Dieses Thing hätte so friedlich werden können. Und nun das!" Er blickte Friedhelm und meinem Vater an. „Astrid ist vorige Woche sechzehn Jahre alt geworden und soll im Wonnemond heiraten. Ich habe eine gute Partie für sie gefunden. Der Gode des Salzdorfs hat drei Söhne, einer davon, dieser Bruno, ist mit seinen neunzehn Jahren bereits im heiratsfähigen Alter. Vielleicht noch ein bisschen jung und unreif, aber ein Mann mit Entwicklungsmöglichkeiten. Und von edler und reicher Herkunft, was nicht ganz unbedeutend ist. Die Hohnen von Salzdorf stehen mit uns Städtern bisher in keinem allzu guten Verhältnis. Wir sind aber dringend auf ihr Salz angewiesen. Die Hochzeit wird unsere Brüder und Schwestern aus Salzdorf wieder dichter an die hiesige Stammesfamilie der Hohnen heranführen. Und damit natürlich auch ihr wertvolles Salz!"

Wieder sprühten die Augen von Astrid Funken, wie sie es bei unserem Zusammentreffen mit Bruno und seinen Brüdern getan hatten. „Es wird keine Hochzeit geben!", stellte sie kategorisch fest, und fügte etwas kleinlauter hinzu: „Jedenfalls nicht mit diesem Trottel im Wolfspelz." In ihrem Vater kochte erkennbar die Wut hoch. Wie aus dem Nichts erschien da Astrids Mutter, eine hübsche, aber recht pummelige Frau, und drückte ihrem Mann einen Krug Bier in die Hand. „Trink noch einen Schluck, dann müsst ihr zum Fest aufbrechen! Über Hochzeitspläne können wir ein anderes Mal reden." Gernot brummte, leerte den Krug in einem Zug und wandte sich ohne ein weiteres Wort zum Gehen. Friedhelm und mein Vater schlossen sich ihm an. Mein Vater blickte schelmisch zu mir. „Und du, Bürschchen, kommst besser gleich mit! Nicht, dass du noch mehr Unsinn anstellst!"

Nur widerwillig verließ ich Astrid. Uns schlossen sich weitere Männer und auch Frauen an, sodass wir in einem ziemlich großen Pulk auf dem Festplatz erschienen. Das Fest diente der Begrüßung von allen, die am Thing teilnahmen, und dem Austausch von Neuigkeiten. Die Goden und Krieger nutzten es, um ihre Anliegen für das Thing zu besprechen oder um ihre Freundschaften zu erneuern. Ich fand das Fest einfach nur faszinierend. Noch nie hatte ich so viele Menschen ausgelassen feiern sehen. Männer und Frauen tanzten zum Klang von Trommeln und Flöten um ein großes Lagerfeuer. Seitlich brannten noch zwei weitere Feuer. Über einem wurde ein ganzer Ochse geröstet und über dem anderen zwei große Schweine. Es gab Stände mit Met und Bier. Wasser suchte ich vergebens, aber das konnte man sich ja leicht selbst aus einem der Brunnen schöpfen. Weitere Tische bogen sich förmlich unter Brotlaiben, getrockneten Beeren, Honigwaben und anderen Leckereien.

Nach diesem strengen Winter, den wir nur knapp überlebt hatten, schockierte mich der Überfluss hier in der Stadt regelrecht. Eine dicke Frau bot mir getrocknete Blaubeeren an und ich nahm schüchtern eine. Sie lachte und schaufelte mir die Hände voll mit den kleinen, dunklen Kugeln. Was für ein Genuss. Und wie entsetzlich die Stückchen zwischen meinen Zähnen klebten … schrecklich. Ich verließ das Fest und spülte mir den Mund am Brunnen mit Wasser aus. Was sollte Astrid denken, wenn ich ihr begegnete und sie mit Blaubeerkrümeln zwischen den Zähnen anlächelte? Ich holte mir einen Becher Met, der mir viel besser schmeckte als das saure Bier. Und noch einen. In meinem Kopf begann sich die Welt zu drehen.

Die Stimmung stieg. Die Menschen waren ausgelassen, lachten, scherzten, grölten und sangen. Und ich war mittendrin. Eine kleine Hand berührte meinen Oberarm. Ich sah auf und blickte in die strahlend blauen Augen von Astrid, die mich verschmitzt anlächelte. „Lass uns tanzen, Volker!“ Ich nickte und blickte mich nach ihrem Vater Gernot um. Ihm wollte ich nicht in die Hände laufen. Astrid erahnte meine Gedanken. „Mein Vater hat nichts dagegen. Meine Mutter hat mit ihm gesprochen. Daraufhin hat er Kontakt zu dem Goden von Salzdorf aufgenommen und sich über das Verhalten seiner flegelhaften Söhne beschwert.“
Wie die beiden Frauen das alles bei dem Trubel des Festes zustande gebracht hatten, würde wohl ihr Geheimnis bleiben.

Die Pfeifen und Flöten wurden laut gespielt, aber dabei wenigstens einigermaßen melodisch. Die Trommeln hämmerten den Takt. Frauen und Männer tanzten einen flotten Tanz in zwei Kreisen, die sich gegeneinander drehten. Es war sehr lustig, besonders, wenn jemand stolperte. Immer wieder wurde ein Mann oder eine Frau in die Mitte neben das Lagerfeuer geschubst, wo er oder sie im flackernden Schein unter seltsamen Verrenkungen ein wildes Solo zeigen musste. Manche stellten dabei Szenen aus ihrem Leben und ihrer Arbeit dar, aber ins Groteske überhöht. Bei den Männern waren es meist Jagdszenen. Bei den Solotänzen der Frauen gab es dagegen oft frivole Andeutungen, die immer zu Begeisterungsstürmen im Publikum führten. Irgendwann war ich außer Atem und zog Astrid in einem günstigen Augenblick aus dem Kreis der Tanzenden. „Ich brauche einen Schluck Wasser“, stellte ich fest.

Hand in Hand gingen wir zum Brunnen. Hinter einem Gebüsch hörte ich merkwürdige Geräusche. Astrid hatte noch nichts bemerkt. Als ich die Geräusche erkannte, die unzweifelhaft von einem Mann und einer Frau stammten, zog ich Astrid in eine andere Richtung. „Wir gehen ein Stück zu einem anderen Brunnen.“ Sie blickte mich erst überrascht an, dann folgte sie. Auf dem Weg zu dem anderen Brunnen kamen wir an fünf weiteren Pärchen vorbei, von denen Astrid mindestens eins bemerkte. Wo ein Wille war, gab es meist auch ein Gebüsch.

Am Brunnen war es dunkel. Das nächste Feuer war fern und hier gab es auch keine merkwürdigen Geräusche. Nur die Sterne glitzerten über uns. Bevor ich den Eimer zum Wasserschöpfen hinab lassen konnte, schlang Astrid ihre Arme um mich und küsste mich. Später konnte ich mich nur mühsam an diese Augenblicke erinnern. Eine rosafarbene Wolke legte sich um meinen Verstand. Ich fühlte dieses schöne Mädchen, sog ihren Duft in mich auf, schmeckte ihre liebliche Zunge.

Meine Erinnerung setzt erst wieder ein, als uns eine Wache schroff anrief: „Alles klar hier?“ Wir trennten uns voneinander und nickten etwas zu heftig, während Astrid ihr Kleid ordnete. Die Wache grinste und sagte: „Gut, weitermachen!“

Wir lächelten uns ein wenig verlegen an. „Möchtest du auch Wasser?“, fragte ich nur ganz leicht trottelig. Astrid nickte. Ohne weitere Worte gingen wir zum Fest zurück. Das große Lagerfeuer war fast niedergebrannt. Es wurde auch nicht mehr getanzt und keine Musik gespielt. Überhaupt waren keine Musiker und kaum noch Gäste da. Reste von den Nahrungsmitteln wurden bereits zusammengepackt. Wie lange waren wir weg gewesen? Es konnten doch nur ein paar Minuten gewesen sein! Sehr eilig begaben wir uns zum Langhaus von Astrids Eltern. Zum Glück war dort noch einiges los. Es herrschte ein ziemliches Durcheinander, da sich einige Bewohner und Gäste vor dem zu Bett gehen noch wuschen oder Trinkwasser holten oder die Schlafplätze herrichteten, wie ich es von zu Hause kannte: Strohschütten, auf die Felle gelegt wurden. Draußen sah ich meinen Vater. Astrid hauchte mir einen Kuss auf die Lippen und zog sich unauffällig ins Haus zurück.

Als ich zu meinem Vater trat, grinste der kurz, dann wurde er wieder ernst. „Sei vorsichtig, mein Junge. Du bist erst sechzehn und hast noch nichts erlebt. Astrid ist hübsch und eine gute Partie, aber die ersten Pflaumen sind oft madig. Sie will auf keinen Fall diesen Sohn aus Salzdorf heiraten, da kommst du ihr gerade recht. Das kann ich verstehen. Aber sie stammt aus einer reichen Familie. Du wirst ihr nie das bieten können, was sie von Kindesbeinen an gewöhnt ist."

Ich war betroffen über diese unerwarteten Worte und mit einem Schlag äußerst verärgert. „Erstens geht dich das nichts an, Vater. Zweitens stammt Mutter auch aus reichen Verhältnissen und lebt jetzt glücklich in Armut. Und drittens habe ich durchaus nicht vor, arm zu bleiben und immer wieder Angst vor dem nächsten Winter zu haben."

Selten habe ich die Wut in meinem Vater aufsteigen sehen. Er hatte uns Kinder in der Vergangenheit so gut wie nie geschlagen. Aber jetzt kochte er. Das hatte ich wohl geschafft. Ein brodelnder Kessel war nichts dagegen. Zum Glück kam in diesem Augenblick der Gode Gernot auf uns zu und bat uns ins Haus. Mir war klar, dass ich wirklich riesiges Glück gehabt hatte. Wäre Astrids Vater nicht erschienen, hätte es leicht eine Prügelei geben können, deren Ausgang gewiss war. Dennoch, meine Astrid mit einem madigen Apfel – oder war es eine Pflaume? – zu vergleichen, war aber auch die Höhe. So ging es ja wohl nicht!

Ich war total sauer, mein Vater wohl auch. Dementsprechend fanden wir beide nur schwer in den Schlaf. Die Geräusche in dem großen, überfüllten Langhaus taten ihr Übriges. Ich sah Astrid, die neben ihrer Mutter und ihren Geschwistern in unerreichbarer Ferne – und doch so nah – schlief. Vom Stall her, der leer war, da das Vieh ja schon auf der Weide stand, und auch vom Heuboden darüber hörte ich Geräusche von Pärchen. Ich verfluchte derartige Feiern, wo die Leute Met und Bier tranken und sich dann nicht mehr beherrschen konnten. Und ich verfluchte die Säfte in meinem Körper, die genauso brodelten wie das Gemüt meines Vaters vorhin. Ich richtete mich nach unendlich langem Zögern vorsichtig auf, um einen Blick auf Astrid zu erhaschen. Ich sah sie. Sie schlug die Augen auf, lächelte kurz zu mir herüber. Plötzlich fiel mein Blick in die offenen Augen ihres Vaters, der unweit seiner Familie lag. Ich erschrak und wühlte mich wieder unter mein Fell.

Am nächsten Morgen war die Stimmung ernst. Das lag zum einen daran, dass von dem Rat Gericht gehalten werden sollte. Und zum anderen daran, dass wir alle die Nachwirkungen des Mets und des Biers im Kopf spürten. So mancher Wasserkrug wurde geleert, dafür fiel das Frühstück eher karg aus. Mein Vater brummte nur ungehalten vor sich hin, schimpfte aber nicht über meine derben Widerworte vom Vorabend. Es war allerdings sicher, dass er noch einmal darauf zurückkommen würde.

Aus praktischen Erwägungen heraus hatten die Städter mitten auf dem Dorfplatz eine Art Podest aufgebaut, auf der die sechs Goden der Dörfer, der Gode der Stadt, die Älteste der Seherinnen und mein Vater als berühmter Krieger Platz nahmen. Im letzten Herbst hatte das Thing auf einer Wiese am heiligen Hain stattgefunden, doch dort grasten jetzt die Kühe, und die zahlreichen Menschen hätten die Futterwiese mit ihrem ehedem noch spärlichen ersten Grün nur zertreten.

Der Rat nahm seine Plätze auf dem Podest ein. Alle freien Männer, jedoch nicht die halbfreien Knechte oder gar die Unfreien, drängten sich ringsum auf dem Platz, der für die zahlreichen Menschen viel zu klein war. Die Seherin erhob sich und bat die Götter um Weisheit für den Rat und um Gerechtigkeit für seine Urteilsfindung. Nachdem sie ihre Beschwörungsformeln gesungen hatte, erhob sich Gernot und begrüßte die Männer der Hohnen. Niemand wusste genau, wie viele Menschen zu unserem Stamm gehörten, aber sicher war heute aus jeder Familie zumindest das Familienoberhaupt anwesend.

Die Sitzung begann mit dem Gericht über die Schwerverbrechen des letzten halben Jahres. Der erste Fall war sogleich der Schlimmste. Ein Mann hatte seinen Nachbarn umgebracht, als dieser ihn beim Stehlen von Winterkohl aus dem Garten erwischt hatte. Die Familie des Opfers führte die Anklage, legte den Hergang dar und benannte Zeugen. Der unglückliche Dieb und Mörder gestand und brachte zur Verteidigung vor, dass seine Familie Hunger gelitten hätte. Dafür hatte der Rat zwar ein gewisses Maß an Verständnis, doch es reichte nicht, um den Mord zu entschuldigen. Ein Dieb, der in den Garten eines anderen eingedrungen war, konnte sich auch nicht auf Notwehr berufen, wenn der Eigentümer ihn ertappte und angriff. Da der Fall eindeutig und die Schuld erwiesen war, wurde sogleich das Strafmaß festgesetzt, wobei es letztlich nur noch darum ging, ob der Täter vor der Versenkung im Moor erdrosselt werden oder ob er elend im Moor ertrinken sollte. Man einigte sich auf das gnädigere Erdrosseln. Die Volksversammlung stimmte zu, wobei die Familie des Täters in heftiges Geschrei ausbrach. Das Urteil wurde sofort außerhalb der Stadt vollstreckt. Der Rat fragte nach, ob die Frau und Kinder des Opfers versorgt seien. Der älteste Sohn war bereits volljährig und hatte den Hof übernommen, sodass dies kein Problem darstellte. Die Familie des Täters musste selbst sehen, wie sie ihren Hof weiter bewirtschaftete.

Der nächste Fall betraf gleich zwei Morde und war ganz anders gelagert. Zwischen zwei Familien war eine Blutfehde ausgebrochen, in deren Verlauf in der einen Familie eine erwachsene Tochter und in der anderen ein minderjähriger Sohn getötet worden waren. Die Familie, die den getöteten Sohn betrauerte, war mit dem Ausgang der Fehde nicht zufrieden und verlangte fünf Rinder als zusätzliche Entschädigung. Gernot erklärte, dass er Blutfehden nicht dulde und schon gar nicht, wenn dabei Frauen umkamen. Er beantragte, beide Familien zur Strafe in die Knechtschaft zu geben und ihre Höfe und jegliches Eigentum einzuziehen. Diese unerwartete Wendung führte zu einem heftigen Tumult unter den Anwesenden und es gelang nur mit Mühe, die betroffenen Familienmitglieder festzunehmen und zu entwaffnen. Nach längerer Diskussion im Rat setzte sich Gernot durch. Der Spruch wurde von der Mehrheit der Versammlung bestätigt. Die Mitglieder beider Familien wurden an wohlhabende Cherusker in die Knechtschaft übergeben. Diese erbrachten eine angemessene Gegenleistung in Vieh, das von dem Rat sofort an Bedürftige verteilt wurde. Die enteigneten Höfe wurden an zwei mittellose Familien vergeben, die so eine Ernährungsgrundlage bekamen. Dies führte zu einem weiteren Aufruhr, da viele Anwesende riefen, dass sie ebenfalls für ihre Söhne Land beanspruchten.

Gernot beruhigte die Menge und teilte mit, dass am dritten Tag eine Lösung für das Landproblem präsentiert würde. Nach der Mittagspause folgten fünf Anklagen wegen Diebstählen, überwiegend von Nahrungsmitteln, bei denen der Rat lediglich Schadensersatz und eine unterschiedliche Anzahl von Stockschlägen als Strafe festsetzte. Auch die Prügelstrafen wurden sofort vollzogen. Zum Abschlagen von Händen verurteilte der Rat praktisch nie jemanden, da das Verkrüppeln nur dazu führte, dass die Gemeinschaft den Bestraften unterhalten musste. Da waren Prügelstrafen die pragmatischere Sühne.

Der Abend brach an und alle gingen in ihre Häuser und Unterkünfte. Beim Abendessen setzte sich mein Vater zu mir, als ich zufällig einmal allein auf einer der Bänke im Haus saß. „Du hast recht, dass es mich nichts angeht, welches Mädchen du dir zur Braut aussuchst. Astrid ist sehr attraktiv und offenbar auch recht pfiffig. Ihr Vater würde sicher für eine ordentliche Mitgift in Form von Land und Vieh sorgen. Ich hätte nichts gegen eine Hochzeit mit ihr einzuwenden und auch Gernot kommt gegen den Willen seiner geliebten Tochter kaum an. Aber eines möchte ich dir sagen: Deine Mutter und ich sind nicht reich, aber wir sind frei. Ich habe deine Mutter niemals zu irgendetwas gezwungen. Wir lieben uns und sind glücklich. Es gibt schwere Tage, aber die gehen vorüber. Und mit den neuen Feldern werden wir die Winter zukünftig auch besser überstehen. Insbesondere, wenn Gerhart als großer Esser wegfällt.“ Er schmunzelte. Ich nickte und antwortete: „Entschuldige bitte, ich bin in meiner Wut ungerecht gewesen. Ich habe aber ein ganz anderes Ziel, als Astrid zu heiraten. Zumindest für meine nähere Zukunft. Ich möchte mich Friedhelms Heerzug anschließen.“

Mein Vater erbleichte, sodass die Narben in seinem Gesicht sich rosa abzeichneten. „Du willst mit dem Cherusker auf Beutezug zu den Galliern, wie sie sich selbst nennen, gehen? Ich kenne niemanden, der dadurch sein Glück gefunden hat. Diese Heerzüge haben nur den einen Zweck, jüngere Söhne, für die man kein Land hat, umzubringen. Bei den Galliern und auch bei uns. Ich halte davon gar nichts."

„Würdest du es mir verbieten?"

Mein Vater überlegte lange. Er massierte angestrengt seine Unterlippe. „Ich war auch einmal in deinem Alter und kenne die Kraft, die einen jungen Mann antreibt, wirklich zur Genüge. Eine Erlaubnis kannst du von mir allerdings nicht erhalten, weil deine Mutter mich dann aus dem Haus wirft. Was du vorhast, ist äußerst gefährlich. Lebensgefährlich. Die Gallier sind starke Gegner. Und das Gebiet der Gallier ist noch dazu von den Römern besetzt, die sie beschützen und die solche Beutezüge unserer Krieger unbedingt verhindern wollen. Ihr müsst auch zuerst über den Rhein setzen. Das ist ein gewaltiger Strom, der euch zu allem Übel auch noch den Rückweg abschneiden wird. Mir erscheint dieser Heerzug äußerst problematisch zu sein."

Ich hatte diese Zusammenhänge noch nie von meinem Vater gehört. „Du sagst, die Gallier sind stark. Und diese Gallier lassen sich von Römern beschützen? Was sollen das denn für Krieger sein?" Mein Vater wog den Kopf hin und her. „Mh, unterschätze niemals einen Gegner. Du hast noch nie mit einem anderen Mann auf Leben und Tod gerungen. Jeder will leben und wird immer sein Bestes tun, um den Feind zu besiegen. Wenn du dich dem Cherusker anschließt, wirst du das erleben. Die Götter mögen dich beschützen, mein Sohn!" Nach diesem versöhnlichen Gespräch ging es uns beiden besser. Doch auch in dieser Nacht hatte ich viel zu Grübeln und fand nur schwer in den Schlaf.

Der nächste Tag begann entspannt und angenehm. Der Rat setzte sich zusammen und entschied über allerlei Streitereien wie den Verlauf von Feldgrenzen, die missglückte gemeinsame Nutzung eines Brunnens, eine zu nah am Nachbarhaus errichtete Latrine und derlei mehr. Zu guter Letzt beschwerte sich der Schmied der Stadt über die mangelhafte Eisenqualität, die von den Händlern geliefert wurde. Da die Themen für die Betroffenen zwar wichtig, für alle anderen aber eher langweilig waren, nahm die Masse der Zuhörer rasch ab. Zudem war es ausgesprochen kalt an diesem Tag. Hin und wieder gingen Regenschauer nieder, die zur Unterbrechung der Sitzung führten. Ich ging in das Haus von Astrids Familie zurück, wo es allerlei Zerstreuung gab. Die Kinder spielten mit Murmeln, Würfeln, Puppen, Holzstöcken und was sie sonst an Spielsachen hatten oder fanden. Die Jünglinge und jungen Männer übten Bogenschießen und Speerwerfen oder fochten ein wenig zum Vergnügen miteinander und um ihre Kräfte zu messen. Und die Mädchen scherzten, lachten und redeten. Ich hatte keine Gelegenheit, Astrid aus ihrer Gruppe herauszulösen, und so schloss ich mich ein paar Städtern in meinem Alter an, die mit Holzknüppeln und Stäben von der Länge einer Frame ihre Geschicklichkeit erprobten. Es zeigte sich, dass die Städter gut trainiert waren, das musste ich zugeben. Am Abend hatte jeder von uns blaue Flecke am Körper, Beulen am Kopf und höllisch schmerzende, geprellte Finger. Aber Spaß hat es uns allen dennoch gemacht.

Am Morgen des dritten Tages lachte die Sonne wieder. Da eine Lösung für das wichtige Problem der Landverteilung angekündigt war, drängte sich das Volk wieder in großer Zahl um das Podium der Ratsmitglieder. Diesmal saß Friedhelm, einer der Goden der Cherusker, mit bei den Ratsmitgliedern auf dem Podest. Gernot stellte ihn vor und umriss ohne lange Einleitung den Plan. „Friedhelm wird im Sommer einen Beutezug zu den Galliern ausrüsten und unternehmen. Jeder Hohne, der Waffen tragen kann, ist eingeladen, sich dem Heer von Friedhelm anzuschließen." Von den jungen Männern kam spontan Beifall, die älteren Krieger und vor allem die heute anwesenden Mütter reagierten verhaltener. Gernot fuhr fort: „Doch ohne Fleiß kein Preis. Wer mit nach Gallien möchte, Gallier und Römer verprügeln und mit reicher Beute nach Hause zurückkehren will, muss von jetzt ab bis Mittsommer helfen, einen Sumpf trocken zu legen, damit wir ein neues Dorf gründen können." Von der Versammlung kam deutliches Murren, besonders von den Jungen. Niemand wollte in den Sumpf.

Friedhelm erhob sich. Die Dramaturgie der Veranstaltung war nach meiner Auffassung vorher abgesprochen worden. Er griff in einen Leinensack und holte einen prächtigen Helm hervor, der golden schimmerte und mit einem Bogen aus roten Haaren oder Federn geschmückt war. Der Helm war innen mit

Leder gepolstert, hatte einen ledernen Kinnriemen und auf beiden Seiten einen metallenen Wangenschutz. Friedhelm warf den Helm dem nächstbesten jungen Mann zu. „Schaut euch diesen Römerhelm an!“, rief er und holte noch einen roten Umhang aus feinster Wolle hervor, der mit goldenen Fäden bestickt war. Ein anerkennendes Raunen ging durch die anwesenden Frauen. Der Gode warf auch den Umhang in die Menge, damit ihn jeder bestaunen konnte. Er zog eine Lederscheide mit Schultergurt aus dem Leinensack, in der ein kurzes Schwert steckte, das ein römischer Schmied anders als unsere Sax-Schwerter von beiden Seiten geschliffen hatte.

Ich drängelte mich vor und bekam das Schwert zu fassen. Es lag gut in der Hand und war zum Fechten im Nahkampf wie zum Stechen sicher gut geeignet. Es war doppelseitig geschliffen wie die bei unseren reichen Kriegern gebräuchliche Spatha, aber bei Weitem nicht so lang wie diese. Das römische Kurzschwert war gleichmäßig ausbalanciert, was mir seltsam vorkam. Das bei unseren nicht ganz so reichen Kriegern übliche Sax war oft vorne schwerer, damit man besser damit hacken konnte. Der dickere, nicht geschliffene Rücken unserer Sax-Schwerter ließ sie solider wirken, eben eher wie eine Art langes Hackmesser. Das Schwert der Römer war elegant, wirkte durch den doppelseitigen Schliff gefährlich und machte auf mich einen ausgesprochen brauchbaren Eindruck, auch wenn ich Axt und Frame bevorzugte. Ich wollte solch ein Kurzschwert nie in den Leib gerammt bekommen. Denn dafür war es spezialisiert: zum Stechen.

Doch Friedhelm war noch nicht fertig. Er griff in einen kleinen Lederbeutel und verteilte kleine, rötliche Scheiben. Ich ergatterte eine und erkannte, dass die Scheibe aus Kupfer bestand, das bei uns selten war und einen entsprechend hohen Wert besaß. Und nicht nur das. Auf der kleinen Metallscheibe war eindeutig ein männlicher Kopf im Profil zu sehen. Ein langer, hagerer Hals, eine dominante Nase und leicht gewellte Haare, die mit einem Blätterkranz geschmückt waren. Auf der Rückseite war ein herrlich gearbeiteter Adler erkennbar und auf beiden Seiten zusätzlich merkwürdige Zeichen. Um die Scheibe herum war sorgsam ein Rand aus kleinen Punkten geprägt, damit niemand von dem Metall etwas abfeilen konnte, ohne dass es gleich auffiel. Eine trickreiche Scheibe. Und ein bemerkenswertes Kunstwerk von einem herausragenden Schmied. Meine Nachbarn drängelten sich um das Schwert, sodass ich mit meiner Begeisterung für die Metallscheibe nicht weiter auffiel. Die Gelegenheit war günstig und so verstaute ich die Scheibe in meinem Lederbeutel. Ich wollte dieses einmalige Kunstwerk unbedingt meinen Geschwistern zeigen. Friedhelm blieben ja noch viele davon.

Der Gode der Cherusker bat um Ruhe, indem er die Arme hob. „Mein Heerzug wird kurz vor Beginn der Kornernte aufbrechen. Waffen und Pferde können selbst mitgebracht werden, doch auch wer nur eine unzureichende Waffe hat, ist willkommen und wird von mir ausgestattet. Ihr werdet vor Mittwinter wieder bei euren Familien sein. Eine Überwinterung in Gallien ist nicht geplant. Ich sorge für Nahrung für die Krieger während des gesamten Heerzuges. Die Anteile an der Beute werden gerecht sein. Und ihr werdet viel Beute machen. Jeder wird zufrieden nach Hause zurückkehren und stolz von seinen Heldentaten berichten können."

„Bis auf die Toten!", murrte eine dünne Frau vernehmbar aus dem Hintergrund. Friedhelm ging auf den Einwand der Mutter ein. „Ja, bis auf die Toten. Die sitzen dann schon in Walhall und trinken mit Wodan Met. Ihr jungen Männer, schließt euch meinem Heerzug an! Das Angebot eures Goden ist weise. Ihr baut ein neues Dorf, danach kommt ihr zu mir. Und dann ziehen wir gemeinsam nach Gallien!" Viele junge Männer rissen die Arme hoch und schrien zustimmend. Auch meine Augen leuchteten bei der Aussicht auf dieses Abenteuer. Ich würde nach dem Heerzug mit meiner Beute in den Taschen bei Gernot um die Hand von Astrid anhalten. Danach würde ich zu meiner Familie zurückkehren und könnte außer den Erzählungen über meine Heldentaten auch reiche Beute und sogar noch eine hübsche Frau vorweisen. Es würde fantastisch werden. Ich hatte mich unumstößlich entschieden.

Gernot erläuterte die weiteren Details. Wir hatten sehr wenig Zeit. Bereits am nächsten Tag gegen Mittag sollte der erste

Trupp in den Sumpf ziehen. Friedhelm ergänzte, dass später für den Übergang über den Rhein Boote und Flöße bereitstehen würden. Die Männer mussten also nicht unbedingt Schwimmen können. Gegen Mittag war das Thing offiziell beendet. Viele der Teilnehmer packten ihre Sachen und nutzten das restliche Tageslicht, um nach Hause zurückzukehren. Doch etliche junge Männer blieben gleich in der Stadt, um am nächsten Tag mit dem Bautrupp in den Sumpf zu ziehen. Vater hatte sich entschieden, noch eine Nacht bei Gernot zu verbringen. Ich eröffnete ihm, dass ich mich dem Trupp anschließen würde, der das neue Land erschließen wollte. Er schien nicht allzu überrascht. Auch lehnte er meine Entscheidung nicht ab, wie er es versprochen hatte. Wir verbrachten einen harmonischen Nachmittag zusammen. Am frühen Abend schenkte er mir plötzlich sein Rasiermesser, das ich mir hin und wieder ausgeliehen hatte, wenn meine ersten Bartstoppeln zu deutlich hervortraten. „Das wirst du jetzt brauchen. Ich besorge mir ein Neues. Pass im Sumpf gut auf dich auf, mein Junge. Ich möchte dich unbedingt wiedersehen!" Ich versprach beides und bedankte mich für das Rasiermesser. Danach lenkte mein Vater seinen Freund Gernot ab, wodurch ich Gelegenheit fand, mit Astrid aus dem Haus zu schleichen.

Astrid und ich redeten nicht viel. Hand in Hand schlenderten wir im Abendrot zum Brunnen, zu unserem Brunnen, doch da standen mehrere schwatzende Frauen in einer Schlange, um Wasser zu schöpfen. Wir liefen durch die Stadt. Astrid führte mich hinter die Schmiede, doch um die Schmiede herum war trotz der einsetzenden Dunkelheit noch viel Betrieb, da der Schmied allerlei Reparaturen für die Gäste ausführen musste. Wir liefen weiter zur Töpferwerkstatt, die nun wirklich längst geschlossen war. Hier fanden wir die ersehnte Stelle, wo uns niemand sehen konnte. Wie zwei Verhungernde stürzten wir uns aufeinander und küssten uns, als ob wir uns niemals wiedersehen würden. Als es bereits stockdunkel und eiskalt war, erschraken wir, dass wir die Zeit so vergessen hatten. Wir ordneten unsere Kleidung, gingen noch rasch zum Brunnen, um unsere Hände zu waschen, dann rannten wir zum Haus zurück. Mein Vater hatte Astrids Eltern bei Einbruch der Dunkelheit beruhigt, auch wenn Gernot nicht gerade begeistert war. Aber da Helmut bei ihm hohes Ansehen genoss, akzeptierte er unsere Verspätung ohne zu schimpfen.

Kapitel 8

Am nächsten Morgen verabschiedete sich mein Vater, wie immer kurz und wenig rührselig, und brach allein nach Hause auf. Ich hatte alle Hände voll zu tun, für Gernot Werkzeug und Baumaterial auf mehrere Ochsenkarren zu verladen. Wie geplant rückten wir gegen Mittag ab in den Sumpf. Unser Trupp bestand bereits aus knapp vierhundert jungen Männern, aber es sollten in den nächsten Wochen noch viel mehr werden. Wir folgten dem Weg, der durch das Tal führte, nach Norden. Bald blieben die Felder hinter uns zurück, dann auch die Viehweiden. Irgendwann umschloss uns dichter Wald. Nach einem bequemen Marsch kamen wir deutlich vor Einbruch der Dunkelheit an die Stelle, wo der Weg für die Händlerwagen nach rechts auf die Hügel abbog, um den Sumpf auf erhöhtem Gelände zu umgehen. Doch wir bogen nicht ab. Wir schlugen am Rand des Sumpfes unser einfaches Lager auf und begannen bereits, einen Weg geradeaus in den Sumpf anzulegen. Dazu mussten Bäume gefällt und deren Wurzelstöcke aus dem feuchten oder gar nassen Boden ausgegraben werden. Der Weg, den wir bauten, sollte für Wagen geeignet sein, damit Händler in das neue Dorf gelangen konnten. Durch die Schneeschmelze führte der normalerweise flache Fluss Hochwasser, von dem auch der Sumpf zusätzlich gespeist wurde. Der Zeitpunkt für unsere Arbeit war also nicht ideal.

Am nächsten Morgen begannen wir bei Sonnenaufgang mit der Arbeit. Gernot teilte uns geschickt ein, damit niemand untätig blieb. So arbeiteten wir auf der ganzen Länge des neuen Weges gleichzeitig und hatten noch ein paar Männer übrig, die auf der Lichtung, die Gernot als Ort für das neue Dorf ausgesucht hatte, Hütten errichten konnten. Gernot zeigte ein Organisationstalent, das beeindruckend war. Auf eine mitreißende

Art spornte er die Männer an, ihre mühsame Arbeit mit Eifer zu verrichten. Immer wieder gab er Hinweise, wie das Werk besser gelingen würde. Der neue Weg musste streckenweise mit Holzbohlen befestigt werden. Wo es möglich war, rammten wir seitlich Stämme ein und füllten den Zwischenraum mit einem Damm aus Erde und Steinen auf. Ich gehörte zu den Männern, die an dem Weg bauten. Deshalb war ich überrascht darüber, als ich nach Tagen die Lichtung zum ersten Mal sah, dass dort bereits eine ganze Anzahl Hütten standen. Hier sollte also das neue Dorf entstehen.

Durch die nahe Stadt war unsere Lebensmittelversorgung gut und problemlos. Dafür kämpften wir anfangs einen hartnäckigen Kampf gegen die Mücken. Die gab es trotz der noch recht kalten Witterung offenbar schon zu Tausenden. Irgendwann ignorierten wir die Quälgeister. Die Nächte waren kalt und feucht. Doch als wir die neuen Hütten beziehen konnten, war zumindest die Kälte der Nacht gemildert.

Inzwischen war unsere Zahl deutlich gestiegen. Rund achthundert Männer arbeiteten jetzt an dem gemeinsamen Werk. Gernot ließ von einem Seher kleine, Finger-große Stäbe aus Buchenholz ausgeben, in die der Seher seltsame Zeichen eingeritzt hatte. Dadurch wollte er einen Überblick behalten, wer wirklich zur Gruppe der Arbeiter hier gehörte. Nur wer später einen solchen Buchenstab vorweisen konnte, durfte sich dem Heerzug anschließen. Ich bekam allerdings mit, dass einige reichere Männer ihre Knechte zur Landerschließung geschickt hatten, denen sie den kleinen Buchenholzstab abnahmen, um an deren Stelle ihre Söhne zu dem Beutezug schicken zu können. Auch meine drei „Freunde" mit den verrückten Helmen gehörten später zum Heerzug von Friedhelm, obwohl ich sie nie bei der Arbeit im Sumpf gesehen hatte. Insbesondere die Reiterei wurde praktisch nur von Wohlhabenden gestellt. Und kein reicher Sohn wollte bis zum Knie im Moor stehend arbeiten. Obwohl kaum ein reicher Jüngling mit uns im Sumpf war, nahmen später zahlreiche junge Reiter unseres Stammes am Beutezug teil. Offenbar wurden doch nicht alle jungen Männer unseres Stammes gleich behandelt.

Immerhin war die Wasserversorgung einfach, wobei die meisten zu dem nahen Fluss gingen, um nicht das modrige Sumpfwasser trinken zu müssen. Auch zum Baden sprangen wir regelmäßig in den Fluss. Schwieriger war jedoch anfangs die Entsorgung der Fäkalien. Die Männer hatten Latrinen ausgehoben, doch diese liefen über Nacht mit Sumpfwasser voll und wurden dadurch unbrauchbar. Als ich bei den Hütten ankam, stank es schon überall nach Urin und Kot, da die Menschen sich notgedrungen an Ort und Stelle entleerten. Das war widerlich. Nirgendwohin konnte man seine Füße hinsetzen, ohne Gefahr zu laufen, in Exkremente zu treten. Gernot ließ lange Tröge zimmern, über die ein Brett montiert wurde. Dadurch erledigte sich das Problem zwar zunächst, dafür stellte ich aber fest, dass einige meiner Mitstreiter nicht in der Lage waren, sich in geeigneter Weise auf ein Brett zu hocken oder zu setzen. Jedenfalls waren die Bretter nach kürzester Zeit, nun, ich will sagen, in gröbstem Maße unansehnlich. Gernot löste auch das Problem, indem er die Sitzbretter ständig erneuern ließ. Wer bei der Verschmutzung der Bretter oder bei der Entleerung außerhalb der Fäkalien-Tröge erwischt wurde, erhielt sofort fünf Knüppelschläge auf den nackten Hintern. Dadurch verbesserte sich die Lage in dieser Hinsicht deutlich. Gernot versammelte in unregelmäßigen Abständen die Männer, um sie anzuspornen und zu ermahnen, aber auch, um uns die Planung zu erläutern, die hinter der Arbeit des nächsten Tages stand. Das Moor speiste sich hier aus dem Fluss, der eine weite Schleife zog, deren Spitze sich in der Nähe des neuen Dorfes befand. In dem flachen Tal mäanderte der Fluss stark. Um das Land trocken legen zu können, mussten wir den Fluss begradigen und seine Schleife austrocknen. Von einem solchen Vorhaben hatte noch nie jemand von uns gehört. Entwässerungsgräben kannten wir, aber einen Fluss begradigen, das war allen neu. Dementsprechend waren wir sehr skeptisch.

Der Plan war eigentlich simpel, weshalb ihn letztlich nahezu jeder verstand. Zwischen dem Beginn und dem Ende der weiten Flussschleife wurde ein Graben gebaut, der das neue Flussbett darstellen sollte. Dieser Graben schnitt die Flussschleife ab und stellte eine gerade Verbindung für den neuen Wasserlauf dar. Wenn diese Abkürzung ausgehoben war, sollten der alte Zu- und Ablauf der Schleife verschlossen werden, schon hatte der Fluss eine neue, begradigte Richtung. Das alte Flussbett konnte danach mit Erde aufgefüllt werden. Der Sumpf würde von allein austrocknen. In der Praxis war dieses theoretisch so geniale Vorhaben eine elende Schinderei. Entlang des neuen Flussbettes wurden Spundwände aus halbierten Holzstämmen eingerammt, damit der weiche Boden beim Ausschachten nicht nachrutschte. Nasse Erde zu schaufeln war wirklich kein Vergnügen.

Am nächsten Tag stand der neue Graben plötzlich und gänzlich unerwartet völlig unter Wasser. Und das, obwohl wir den Durchbruch zum Fluss noch nicht geöffnet und ebenfalls mit Spundwänden gesichert hatten. Das Wasser drang einfach von selbst aus dem feuchten Boden nach oben. Dieser Effekt war für uns bitter. Die Folge war, dass die Männer im kalten Wasser arbeiten mussten, das ihnen bis zur Brust stand. Sie schöpften mit ihren Schaufeln mehr als sie gruben. Ich war glücklicherweise nicht am Graben tätig, sondern rodete den Sumpf und planierte ihn. So gut wir konnten bereiteten wir das Land für die Saat vor. Bäume wurden gefällt, Wurzeln ausgegraben, Sträucher herausgerissen und Unkraut umgegraben. Wir begannen vor Sonnenaufgang beim ersten Lichtschein und hörten erst auf, wenn die Arbeit mangels Licht zu gefährlich wurde.

Unsere Zahl hatte sich im Laufe der Zeit auf Tausend erhöht. Kälte und Feuchtigkeit zehrten an uns. Meine Kleidung war völlig hinüber, hing nur noch nass an meinem Körper. Mit den Wochen wurde auch der Nachschub aus der Stadt immer geringer, da die Bewohner an ihre Grenzen stießen. Oft rollte ich mich hungrig zum Schlafen neben den Mitbewohnern der Hütte in meinen Umhang ein. Die Spannungen innerhalb unserer Gemeinschaft stiegen durch den Nahrungsmangel erheblich an. Kälte und harte Arbeit ließen sich ohne ausreichend viel Haferbrei kaum ertragen.

Wie immer schien Gernot überall zu sein. Gönnte man sich eine kurze Pause, kam er garantiert gerade angelaufen und trieb uns sofort an. In seinem Gefolge waren immer mehrere hünenhafte Leibwächter, die auch unangenehme Anweisungen sofort durchsetzten. Unsere Männer waren Arbeit gewöhnt und fleißig, aber sie waren sämtlich Individualisten. Bauernsöhne von den eigenen Höfen, die sich selber zu helfen wussten. Diese Individualisten zu einer Arbeitsgruppe zusammenzuschweißen, darin bestand Gernots Meisterstück. Natürlich kam es täglich zu Unstimmigkeiten. Diebstähle und Schlägereien blieben nicht aus. Gernot hielt zweimal in der Woche Gericht. Es gab eigentlich nur drei Strafen: Verprügeln, Verstoßen, Ertränken.

Eine Prügelstrafe fing man sich schnell ein. Ich blieb davon verschont, aber ein kurzes, belangloses Geschubse mit einem anderen, das Gernot zufällig sah, reichte manchmal bereits aus: Schon war der Hintern blau. Die Prügelstrafen waren aber immer so dosiert, dass man am nächsten Tag weiterarbeiten konnte. Zur Abschreckung wurden oft alle irgendwie Beteiligten bestraft, um die gegenseitige soziale Kontrolle zu stärken.

Verstoßen zu werden war dagegen wirklich hart. Insbesondere bei nachgewiesenem Diebstahl verstieß Gernot den Schuldigen. Der Verurteilte musste den Sumpf verlassen und durfte dementsprechend später auch nicht an dem Beutezug teilnehmen. Sein Buchenholzstab wurde eingezogen. Für den Betroffen war alles umsonst gewesen, die ganze Plackerei bis jetzt. Und wie sollte man die vorzeitige Rückkehr, noch dazu ohne reiche Beute, zu Hause erklären?

Das Ertränken kam äußerst selten vor, nur bei schwerer, ungerechtfertigter Körperverletzung oder Totschlag. Der Verurteilte wurde an zwei Stangen gefesselt, damit er fixiert war und man ihn bequemer packen konnte. Dann versenkte man ihn kopfüber im Sumpf. Die Beine zappelten noch erstaunlich lange. Das Gute war, dass bis auf blubbernde Blasen, die eh allgegenwärtig waren, kaum Geräusche bei dieser Hinrichtungsart zu hören waren. Jedenfalls ab dem Augenblick, wo der Kopf im Schlamm verschwunden war.

Um einen Menschen wenigstens bis zur Hüfte im Sumpf zu versenken, benötigte man ein Schlammloch mit dünnflüssigem Schlamm, das ausreichend tief war, bevor man auf festeren

Grund stieß. Die Leibwächter von Gernot hatten ein entsprechendes Loch in einiger Entfernung zum Lager gefunden. Die Delinquenten wurden nach der Hinrichtung wieder aus dem Loch gezogen und weiter entfernt im Moor beigesetzt. Entgegen der Schauergeschichten, die man Kindern erzählte, konnte man auch in dem zähen Schlamm schwimmen. Das Moor zog einen nicht herab. Vielmehr trieb man oben wie ein Korken, sobald man sich hinlegte. Der einfache Trick war, sich sofort hinzulegen, wenn man nicht mehr laufen konnte, und sich mit den Armen und dem ganzen Körper aus dem Morast zu winden. Nur wenn man feststeckte und stehen blieb, anstatt sich hinzulegen, sank man weiter ein und war verloren. Man musste sich also schon ungeschickt anstellen, wenn man im Sumpf ertrinken wollte.

Das Wetter wurde langsam besser. Doch mit der Wärme vervielfachte sich auch die Zahl der Mücken, die bei uns reiche Ernte hielten. Jeden Abend sprang ich in den Fluss, um mich vom Modder zu befreien. Seife gab es übrigens schon länger nicht mehr im Lager. Wir würden mit zerschlissener, verdreckter Kleidung und modrigem Körpergeruch auf Beutezug gehen müssen. Wenigstens meine Waffen hütete ich wie meine Augäpfel. Ich hatte die Axt und die Frame gefettet und in öligem Leinen eingeschlagen. Das Paket steckte trocken zwischen den Dachbalken unserer Hütte. Ich teilte mir die Hütte mit acht Männern, zu denen ich ein gutes Verhältnis hatte. Wir arbeiteten oft gemeinsam und teilten die täglichen Notwendigkeiten, halfen uns und lachten miteinander. Wir waren alle Bauernsöhne von Einzelgehöften, die ganz ähnliche Ansichten und Träume hatten.

Eines Abends kam es, wie es kommen musste. Nach dem Waschen und dem dürftigen Mahl ging ich in unsere Hütte, die nur von einem dunkelrot glühenden Feuer erhellt wurde, das nur noch wenige, zaghafte, bläuliche Flammen hervorbrachte. Trotz des schlechten Lichts sah ich auf Anhieb, dass dort an der Decke, wo mein Bündel mit meinen Waffen versteckt war, kein länglicher Schatten zu erkennen war. Überhaupt waren alle Bündel verschwunden. Eine unglaubliche Wut erfasste mich, die ich zuvor nur selten gespürt hatte. Die Waffen, die mir mein

Vater geschenkt hatte, waren die letzte Brücke zu meiner Familie. Für mich besaßen sie unendlichen Wert. Einer meiner Freunde folgte mir in die Hütte. „Unsere Waffen sind weg! Hast du etwas gesehen?“, fragte ich ihn. Er schüttelte den Kopf. Keiner von meinen Freunden hatte den Diebstahl bemerkt. Doch nach langem Fragen in den benachbarten Hütten und Häusern fand ich einen jungen Burschen, der etwas beobachtet hatte. „Ich habe gesehen, wie einer von Kunolfs Männern in eure Hütte gestiegen ist. Ich habe mir aber nichts dabei gedacht.“

„Kam er mit unseren Waffen heraus?“

„Keine Ahnung, ich war auf dem Weg zum Kanal.“

„Ich kenne diesen Kunolf nicht. Wo finde ich ihn?“, fragte ich den Burschen. „Kunolf wohnt mit seinen Kumpels in dem neuen Langhaus auf der Anhebung. Aber pass auf, er hat viele Freunde, die ihn als ihren Anführer ansehen.“ Ich schnaubte verächtlich vor Wut. „Danke, du hast mir sehr geholfen.“

Offenbar schlug wieder das Erbe meines Vaters durch, denn ich verspürte nicht den Hauch von Angst vor einem Kampf mit Kunolf. Ich spürte auch keine Müdigkeit und Erschöpfung mehr. Dafür aber Wut und Verärgerung. Das Langhaus war schnell erreicht. Es hatte seitlich Türen, wie es üblich war, die bereits verschlossen waren, um die Mücken und die Kälte zumindest ein wenig abzuwehren. Da die Tür nur angelehnt war, stieß ich sie mit einem harten Fußtritt auf und trat rasch durch den Vorraum in den Wohnraum, der durch ein Feuer ausreichend erhellt wurde. In dem Wohnraum befanden sich zwanzig Männer, doch welcher von ihnen war Kunolf?

Ein Mann saß an der Stirnseite des Raumes auf der Bank. Vier andere hatten sich auf Hockern um ihn gruppiert. Der Kerl war lang wie ein Baum und dabei breitschultrig und massig. Das musste er sein. Ich sprang um das Feuer herum, stieß zwei Männer zu Seite und drückte ihm mein Messer fest gegen den Hals, bevor jemand reagieren konnte. Der bullige Krieger versuchte instinktiv, der Spitze meines Messers auszuweichen, doch hinter ihm war die Wand. Hochgereckt, die Arme ausgebreitet, klebte er förmlich an der Lehmwand und starrte mich erschrocken an. Ich fauchte ihn an: „Gib mir meine Waffen wieder! Oder ich stoße dir mein Messer in den Hals.“

Ich blickte mich sichernd um, damit mir niemand von hinten eine Axt in den Schädel schlagen konnte. Die meisten Männer hatten zu ihren Waffen gegriffen und standen jetzt kampfbereit im Halbkreis. Hinter den Kriegern klatschte plötzlich jemand in die Hände. Ein rothaariger Krieger schob sich durch den Halbkreis und applaudierte mir. „Gute Leistung, Junge. Du hast Mut, in mein Haus einzudringen und meinen stärksten Krieger zu bedrohen." Ich war verunsichert. „Du bist Kunolf?"

Als er nickte, verstand ich, dass mein Plan nicht ganz funktioniert hatte. Dennoch ließ ich mein Messer, wo es war. „Und wie ist dein Name?", fragte Kunolf.

„Ich bin Volker, Sohn von Helmut. Du hast meine Waffen stehlen lassen." Mein Anliegen schien ihn gar nicht zu interessieren. Auch die Lage seines Freundes schien Kunolf nicht sehr zu berühren. Aber offenbar fand er Gefallen an der Plauderei mit mir. „Ein Sohn von dem berühmten Helmut, der im Osten an einem Bach wohnt. Jetzt wird mir alles klar. Du wirst wohl kaum zögern, meinen Freund zu töten, wenn ich dir deine Frame und Axt nicht zurückgebe, oder?"

Als Antwort stach ich die Spitze des Messers durch die Haut des Hünen, der immer noch mit dem Rücken zur Wand saß und merklich zusammenzuckte. Kunolf fuhr fort: „Wenn meine Freunde oder ich unsere eigenen Leuten hier im Lager bestehlen würden, müssten wir damit rechnen, dass Gernot uns verbannt. Außerdem sind wir ehrenhafte Männer. Deshalb stiehlt niemand von uns. Oder irre ich mich?" Er blickte in die Runde. Einer der Männer senkte den Blick und räusperte sich.

„Ja, mein Freund?"

„Ich habe da ein paar Bündel mit Waffen gefunden. Ich glaubte, sie wären Gemeinschaftsgut, weil sie in einem Lagerschuppen hingen. Vielleicht sind seine Waffen dabei." Kunolf brüllte ihn an, dass alle zusammen schreckten: „Hol sie her, du Idiot!" Fünf Männer gingen zu ihren Plätzen und brachten die Waffen, die sie offenbar schon unter sich aufgeteilt hatten, in den Halbkreis. Ich sah meine Frame und meine Axt darunter und atmete auf. „Sind das die verschwundenen Waffen, Volker?"

Ich nickte. Kunolf fuhr fort: „Vielleicht können wir eine Einigung erreichen. Du nimmst diese Waffen und ziehst unbehelligt von dannen. Dafür akzeptierst du, dass es sich nur um ein Missverständnis gehandelt hat und nicht um einen Diebstahl."

Sein Freund spielte wohl gar keine Rolle für Kunolf, jedenfalls erwähnte er meine Geisel in seinem Vorschlag gar nicht. Kam ich hier lebend wieder heraus, wenn ich das Messer herunternahm? Vermutlich ja, da ein Kampf nicht unbemerkt bleiben und eine Leiche – meine! – kaum heimlich aus dem Lager geschafft werden konnte. Die Chance war groß, dass Gernot sie erwischte und alle ertränken ließ, falls sie mir ein Leid antaten. Also steckte ich mein Messer weg. Der große Mann sackte hechelnd zusammen, da er es kaum gewagt hatte zu atmen. In aller Ruhe nahm ich meine Waffen und die meiner Freunde und verließ das Haus, ohne mich noch einmal umzusehen. Kaum war die Tür hinter mir zugefallen, da hörte ich dumpfe Schläge und Schmerzensschreie. Kunolf sorgte wohl schon selbst für eine Bestrafung der Täter.

Als ich in meine Hütte zurückkehrte, staunten meine Freunde nicht schlecht. Ich war der gefeierte Held des Abends. Mein Vater wäre stolz auf mich gewesen. Während wir in der Nacht meinen Sieg feierten, brach am Verbindungsgraben, der den Fluss begradigen sollte, die Spundwand auf hundert Schritte Länge ein. Die Holzpfähle, die am Rand eingerammt worden waren, wurden vom Schlamm einfach in den Graben gedrückt. Ratlos standen die Männer daneben. Wie immer machte Gernot uns Mut und sah den Rückschlag als Herausforderung an, es noch einmal besser zu machen. Da die Rodung und Planierung der zukünftigen Anbaugebiete und auch der Aufbau des Dorfkerns praktisch abgeschlossen waren, konzentrierte er alle Kräfte auf den Bau des neuen Flussbettes, von dem alles abhing. Er hielt eine seiner Reden, die für ihn typisch waren, und feuerte uns mit seiner offenen und ehrlichen Art an: „Ich weiß, dass der Wonnemond bereits angebrochen ist. Das Getreide steht grün im Halm. Aber noch bleibt uns genug Zeit, unser Werk zu vollenden. Wir rammen neue Pfähle ein, tiefer diesmal und in zwei Reihen an den Schwachstellen, wo das Moor besonders weich ist. Unser größter Feind ist das Wasser, das den Graben immer wieder auffüllt und uns das Graben erschwert. Wir werden deshalb ab sofort rund um die Uhr schöpfen. Ich werde Gruppen einteilen, die sich ablösen. Der Graben muss trocken bleiben. Jeder, der nicht mit Schöpfen und Wassertragen beschäftigt ist, wird zum Ausschachten eingeteilt. Es gibt nur noch Schöpfen und Graben, alles andere können die neuen Siedler später selbst bewältigen. Der Fluss muss begradigt werden. Das ist jetzt unser einziges Ziel!" Als er erwähnte, dass der Wonnemond bereits angebrochen sei, zuckte ich zusammen. In diesem Monat würde mein Bruder Gerhart heiraten. Und ich würde die Hochzeitsfeier verpassen.

Die Männer bauten hölzerne Rinnen, die entlang des Grabens zu dem natürlichen Flussbett führten. Das Wasser aus dem Graben brauchte deshalb nicht mehr mit den Eimern zum Fluss getragen werden, sondern floss durch die Rinnen ab. Ein paar Männer genügten, um die Rinnen frei von Schlamm zu halten. Aber geschöpft werden musste wie zuvor. Da der Graben durch das ununterbrochene Schöpfen nicht mehr über Nacht voll Wasser lief, gingen die Grabungsarbeiten weitaus schneller voran. Tausend junge Männer, die ständig bis zur Erschöpfung schufteten, konnte eine Menge leisten. Als das Korn gelb wurde, war das neue Flussbett fertig. Einige der Siedler waren schon eingetroffen und konnten das Wunder bestaunen, das wir vollbracht hatten. Gernot ließ die Dämme zwischen dem neuen Graben und dem alten Flusslauf öffnen. Das war ein großer Augenblick für alle Beteiligten. Der enorme Druck des Flusses spülte das Wasser durch unseren Graben, der das neue Flussbett geworden war. Sofort danach schütteten wir den alten Flusslauf, der die weite Schleife durch den Sumpf zog, zu. Das Dorf hatte jetzt zwar keinen Fluss mehr in unmittelbarer Nähe. Aber dafür hatten wir dem Sumpf den Wasserzulauf abgeschnitten. Es war ein unglaubliches Gefühl. Niemand hatte jemals von solch einem Werk gehört, geschweige denn, es gesehen.

Wir reinigten uns und unsere stark zerschlissene Kleidung, feierten mit den neuen Siedlern ein Abschiedsfest und zogen endlich aus dem Sumpf, neuen Abenteuern entgegen. Unsere Truppe sah zwar abgerissen aus, war aber durch die harte Arbeit bestens trainiert. Umso mehr freuten wir uns, als uns an der Hauptstraße nicht nur eine bunte Schar Händler, sondern auch zahlreiche Familienangehörige erwarteten. Ich konnte mein Glück kaum fassen, als ich meine Mutter und meinen Vater sah, die mit Bündeln frischer Wäsche, Lebensmitteln und neuen Waffen dort standen und aufgeregt nach mir Ausschau hielten. Wir weinten alle drei und hielten uns ewig umarmt. Als wir uns wieder beruhigt hatten, musterte mich meine Mutter gründlich mit ihren tränennassen Augen und jammerte: „Junge, du bist ja so dünn und abgehärmt! Geht es dir gut?“

Mein Vater mischte sich ein: „Frau, Volker war immer schlank. Er hat jetzt noch mehr Muskeln und dickere Sehnen als zuvor. Der Junge ist fit und bereit.“ Ich nickte. „Es geht mir gut. Ich hatte oft genug zum Essen. Nur meine Kleidung fällt mir fast vom Körper, weil sie immer nass war und der Schlamm dem Leder und dem Stoff zugesetzt hat. Wir haben einen Fluss umgeleitet, einen ganzen Fluss. Das gab es noch nie.“

Mein Vater lächelte. „Hier bei uns gab es das jedenfalls noch nie. Das Umleiten von Flüssen ist wohl eine Erfindung der Römer, die sie auch schon in Gallien angewandt haben. Für die Römer ist solch ein Wunder eine Normalität. Bedenke das, wenn du es mit den Römern zu tun bekommst. Was ich nicht hoffe. Du darfst die Römer nie unterschätzen!“

„Es ist widernatürlich!“, schimpfte meine Mutter, „Über den Lauf der Flüsse entscheiden die Götter, wie über das Wetter und den Flug der Vögel.“

Meine Eltern versuchten mit keiner Silbe, mir den Beutezug nach Gallien auszureden. Sie kleideten mich neu ein und stopften mich voll mit meinen Lieblingsspeisen. Mein Vater war zufrieden, dass ich meine Waffen noch besaß. Er gab mir lediglich einen neuen Dolch, der ziemlich klein war und nicht gerade spektakulär aussah. Die Schneide war schmal und lief spitz zu. „Diese Waffe lässt sich gut verstecken“, erläuterte mein Vater, „Die Klinge ist hart und doch elastisch. Es ist ein besonderer Stahl, mit hoher Kunstfertigkeit geschmiedet und gehärtet und meisterlich geschliffen. Diese Waffe ist dazu geschaffen, den Gegner unerwartet zu töten. Sie dringt leicht durch Lederpanzer und erst recht durch Rippen hindurch. Auch wenn sie kurz ist, reicht die Klinge bis in die wichtigen Innereien und tötet zuverlässig. Verwahre sie gut."

Mutter berichtete ausführlich über die schöne Hochzeitsfeier von Gerhart und über sein neues Haus in der Nähe vom Teich. Abends gab es ein Fest, wie nicht anders zu erwarten war. Am nächsten Tag stießen viele Reiter zu uns, die Söhne von reichen Vätern, die mit ihren schnellen Pferden und langen Spathas angaben. Ganz offensichtlich hatten sie nicht im Sumpf gearbeitet, wie ich ja schon erwähnt hatte. In seiner offenen Art erklärte Gernot auf unsere vielfachen Beschwerden hin, dass wir eine Reiterei benötigen. Außerdem hätten die Reiter ihre Teilnahme dadurch erkauft, dass sie jeder einen Wagen mit Vorräten stellen mussten. Und das Essen käme allen zugute. Das überzeugte uns nicht wirklich, zumal wir ja von den Tricksereien mit den Buchenholz-Stäben wussten. Aber alles Murren nützte nichts, wir mussten diese Ungerechtigkeit akzeptieren. Die Reiter blieben jedenfalls unter sich und integrierten sich nur schwer in unsere Gemeinschaft.

Kapitel 9

Schon am nächsten Tag, zu Beginn des Brachets, setzte sich unser Heerzug in Bewegung. Tausend Krieger, dreihundert Reiter und zahlreiche Wagen und Karren. Dazu kamen dreißig Ersatz-Pferde, die jetzt als Packtiere genutzt wurden, fünfzig Ochsen und ebenso viele Milchkühe. Ich hatte noch nie eine so gewaltige Armee gesehen, doch das sollte sich rasch ändern. Bitter war, dass Gernot als unser Gode an dem Beutezug nicht teilnahm. Durch die Arbeit im Sumpf hatte ihn ein hartnäckiger Husten erwischt, der ihn zunehmend belastete. Er kehrte in die Stadt zurück. Wir wurden von dem Sohn eines anderen Goden angeführt, zu dem meine Freunde und ich aber keinen engeren Kontakt bekamen.

Die schmale, unbefestigte Straße reichte nicht aus, um uns ein leichtes Vorankommen zu gewähren. Wir brachen bei Sonnenaufgang auf und rasteten erst, wenn die Sonne unterging. Zelte gab es nur für die wohlhabenden Krieger. Ich rollte mich in meinen wollenen Umhang ein und schlief unter freiem Himmel, wie ich es gewohnt war. Die Temperaturen und das Wetter waren angenehm. Hin und wieder regnete es, das eine oder andere Gewitter zog über uns hinweg, doch das war für uns kein Problem. Das Essen war gut und reichlich, es gab auch mehrmals Fleisch. Da der Heerzug so langsam vorankam, war es für schnelle Läufer wie mich kein Problem, ein wenig vorauszueilen, um abseits des Weges Walderdbeeren, Blaubeeren und andere Wohltaten, die der Wald uns schenkte, zu genießen. Wasser gab es ausreichend, da wir immer wieder an Bächen und kleinen Seen vorbeikamen. Ich hatte meine Feldflasche, die eigentlich eher ein lederner Wassersack war, noch bei mir, auch wenn ich nach Möglichkeit nicht daraus trank. Das Wasser aus dem Ledersack war immer warm und schmeckte bereits kurz nach dem Einfüllen muffig. Aber es war immer noch besser, als an Durst zu leiden.

Nach drei Tagen erreichten wir das Stammesgebiet der Cherusker, ohne dass man wirklich eine Grenze oder einen Unterschied wahrnehmen konnte. Die Gebiete waren miteinander verschmolzen, wie auch unsere brüderliche Freundschaft verschmolzen war. Ich erwähnte ja bereits, dass die Cherusker in uns Hohnen nur einen Unterstamm ihres Volkes sahen. Für sie waren wir auch Cherusker. Daher war die Abgrenzung ihres Gebietes zu uns unwichtig. Das Korn war noch nicht erntereif, als wir die Stadt erreichten, von der aus der Gode Friedhelm aufbrechen wollte.

Die Stadt der Cherusker war noch größer als die der Hohnen. Es gab, wie ich von Cheruskern erfuhr, gleich mehrere Schmiede, Eisenkocher, Köhler, Töpfer und sämtliche Gewerke, die aus meiner damaligen Sicht überhaupt existierten. Die Cherusker waren ein bedeutender Stamm. Angeblich existierten mehrere dieser – wie gesagt, aus meiner damaligen Sicht – vermeintlich großen Städte und dazu noch viele Dörfer. Jedenfalls begrüßte uns Friedhelm mit einer Reitergruppe vor der Stadt und wies uns eine Weide zu, auf der wir über Nacht lagern sollten. Am nächsten Tag würden wir den Rest der Armee kennenlernen, die abseits im Wald an einem Teich lagerte. Die Städter brachten fünf große Bottiche mit frischem Bier, blieben ansonsten aber auf Distanz zu uns. Das uns zugewandte Tor ihres Palisadenzauns blieb verschlossen und war gut bewacht. Wir waren erschöpft und alles andere als begeistert, dass wir nicht in die Stadt durften. So tranken wir unser Bier, aßen kaltes Fleisch und legten uns schlafen. Früh am nächsten Morgen brachen wir zu dem besagten Teich im Wald auf, den wir gegen Mittag erreichten. Im Wald lagerte eine unübersehbar große Zahl Krieger. Sie hatten Unterstände und einfache Hütten im Schutz der Nadelbäume errichtet und es sich so angenehm wie möglich gemacht. Eine große Gruppe schwamm, badete oder planschte übermütig in dem Teich, der in der warmen Sonne verlockend glitzerte. Friedhelm erklärte, dass wir am nächsten Tag aufbrechen würden. Daher brauchten wir uns nicht allzu häuslich einzurichten. Ich nutzte die Mittagswärme für ein erfrischendes Bad und fühlte mich danach wieder ganz wohl.

Am nächsten Morgen beim ersten Licht schien es mir so, als ob sich der gesamte Wald plötzlich bewegen würde. Aber es waren nur die Krieger, die aufstanden und sich sammelten. Die Zahl der Krieger war so gewaltig, dass am Ufer des Teichs Gedrängel entstand, als sich die Männer waschen wollten. Ich warf mir nur zwei Hände voll Wasser ins Gesicht. Unser Heerzug kam mir unbesiegbar vor. Friedhelm erzählte mir später, dass er unsere Zahl auf fünftausend Mann zu Fuß und tausend Reiter schätzte. Hinzu kamen Knechte, die unsere Packpferde, Karren und Herden betreuten, einige Händler und – als besondere Abteilung – vierzig bis fünfzig Frauen, die teils als Heilkundige den Zug begleiten wollten, teils aber unter Waffen so wie die Männer einfach nur auf Abenteuer aus waren. Während sich die bewaffneten Weiber eher wie Männer gaben und vor allem durch ihre losen Mundwerke auffielen, erinnerten mich die heilkundigen Frauen sehr an unsere Frau am Teich, die für mich in meiner Erinnerung schon weit weggerückt war. Die Heilkundigen wurden von allen mit großem Respekt behandelt. Jede hatte ein eigenes Zelt aus dünnem Rehleder, in das sie sich oft zum Beten und meditieren zurückzog. Die besonders Gläubigen unter den Männern, meist reiche Reiter, gesellten sich stets einzeln oder höchstens zu zweit zu ihnen, um gemeinsam zu Tiu oder Wodan zu beten. Das dachte ich damals jedenfalls. Die Rituale waren offenbar so anstrengend, dass man Keuchen und Stöhnen vernehmen konnte und oft das ganze Zelt wackelte. Die Männer verließen die Zelte meist durchgeschwitzt und erschöpft, aber mit einem seligen Ausdruck im Gesicht, als hätten sie mit Wodan selbst gesprochen.

Wir liefen nach Südwesten. Die Bauern der Cherusker, an deren Dörfer und Gehöfte wir vorbeikamen, verpflegten uns, so gut sie es konnten. Jedenfalls ging ich immer satt schlafen. Das Korn wurde reif, wodurch sich unsere Ernährungslage gänzlich entspannte, aber auch Fleisch gab es hin und wieder. Da der lange Heerzug viel langsamer als ein schneller Läufer vorankam, blieb mir weiterhin Zeit für Streifzüge durch die

Wälder, durch die wir marschierten. Ich jagte kleinere oder größere Tiere, wenn ich welche sah, was aber nicht oft vorkam. Auf diese Idee waren noch andere Krieger gekommen. Deshalb zog sich unser Heerzug wie eine Wolke in die Breite. Die Reiter hielten sich vor uns und schwärmten weit aus, um leichter einen Jagderfolg zu haben oder ergiebige Blaubeerpflanzen zu finden. Ich bevorzugte Blaubeeren und Walderdbeeren vor allen anderen Beeren und war auch ganz geschickt darin, diese Köstlichkeiten vor den anderen zu finden.

Nach einigen langen Tagesmärschen wies uns Friedhelm eines Abends darauf hin, dass wir am nächsten Tag das Gebiet der Chatten erreichen würden. Die Chatten waren nicht gerade eng befreundet mit den Cheruskern, doch für diesen Beutezug hatten sie gegen eine angemessene Abgabe in Form von Kühen, Pferden und Ochsen den Cheruskern das Recht eingeräumt, über ihr Gebiet zu ziehen.

Am frühen Nachmittag kamen wir an die Grenze, die anders als die Grenze zwischen den Hohnen und den Cheruskern durchaus deutlich wahrnehmbar war. In den Wald war eine Schneise geschlagen worden. Aus den gefällten Stämmen hatte man eine Palisade, ein Tor und zwei Türme errichtet, auf denen Wachtposten standen. Allerdings verlief sich die Schneise noch innerhalb der Sichtweite im Wald. Die Grenze war also nur unmittelbar am Weg geschützt. Offenbar hatte man irgendwann die Lust an der mühsamen Rodung verloren. Die Grenze war dennoch mehr als nur symbolisch.

Eine große Reitergruppe empfing uns und geleitete uns durch das Gebiet der Chatten. Mit dem Ausschwärmen war es jetzt erst einmal vorbei. Alle Krieger mussten im Heerzug bleiben. Die Gehöfte und Dörfer, an denen wir vorbeikamen, waren verriegelt und verrammelt. Bis auf unser Geleit sahen wir nirgends Chatten, nicht einmal auf den Feldern. Offenbar war das Vertrauen der Chatten in die Cherusker nicht allzu stark ausgeprägt, insbesondere, wenn ein riesiges Heer durch ihr Land marschierte.

Immer noch zogen wir in südwestlicher Richtung. Die Chatten erlaubten uns, gerade so viel Korn von den Feldern zu schneiden, wie wir zum Essen benötigten. Ich beobachtete die

Reiter der Chatten, die uns begleiteten, kam aber mit keinem ins Gespräch. Ihre Kleidung und Bewaffnung waren nicht von unserer zu unterscheiden. Auch die Haare trugen sie meist schulterlang und offen wie wir. Nur in der Barttracht unterschieden sie sich von unseren Kriegern. Die meisten von uns rasierten sich glatt oder trugen bestenfalls Schnauzbärte. Bei den Chatten waren hingegen buschige Vollbärte der aktuelle Stil. Kaum einen von ihnen sah ich glatt rasiert.

Einmal ritt Friedhelm neben mir, der wie der Gode Gernot die Fähigkeit hatte, scheinbar überall zu sein, mit jedem zu reden und sich Respekt durch intelligente Entscheidungen zu erwerben. Friedhelm beugte sich zu mir herab und sagte leise mit Lachfältchen um die stahlgrauen Augen: „Bei den Chatten gibt es den Brauch, den Bart erst abzurasieren, wenn sie einen Feind getötet haben. Aber da sie so lausige Krieger sind, müssen sie alle lebenslang diese Vollbärte tragen.“ Er lachte lautstark über seinen eigenen Witz und ich konnte mich ebenfalls nicht zurückhalten.

„Das ist ein Witz, oder?“, fragte ein Krieger, der neben mir lief und zugehört hatte, in recht unbedarfter Weise. Friedhelm und ich lachten wieder und gaben keine ernsthafte Antwort. Wenige Stunden später war der Witz – natürlich als wahre Meldung – im ganzen Heer verbreitet. Die Disziplin gegenüber den chattischen Reitern ließ sich durch unsere Goden ab diesem Zeitpunkt nur mühsam aufrechterhalten.

Jedenfalls erlebte ich noch in jener kurzen Minute, dass Friedhelm sich nicht nur durch Präsenz und intelligente Reden Respekt verschaffen konnte. Während wir noch lachten, preschte ein Reiter von hinten heran und drängelte sich zwischen uns, wobei er mich hart anrempelte und beiseite stieß. Ich sah die lächerlichen Adlerflügel am Helm und wusste sofort, wer es war. Einer der Kerle aus Salzdorf, die in Hohne meine Astrid angepöbelt hatten. Ich war den drei Idioten bisher möglichst aus dem Weg gegangen und sie mir ebenfalls. Der Helmträger hielt sein Pferd neben Friedhelm zurück und sprach ihn an: „Wenn wir über den Rhein gesetzt haben, können wir…“

Friedhelm unterbrach ihn barsch: „Geh mir aus den Augen!“

„Für mich ist es…“ Weiter kam er nicht. Er hätte besser gehorchen sollen. Friedhelms Pferd machte einen kleinen seitlichen Schritt auf den Reiter zu und suchte sich einen festen Stand. Friedhelm hingegen streckte seinen Arm aus und packte den Helmträger. Den Bruchteil einer Sekunde später hatte er ihn so dicht an sich herangezogen, dass der Helmträger fast vom Pferd fiel. „Du und deine beiden Freunde seid mir schon öfter aufgefallen. Jetzt hast du einen meiner Männer angerempelt. Und du hast meinem Befehl nicht gehorcht. Nenne mir rasch einen Grund, warum ich dich nicht gleich töten sollte!“

„Ich bin auch einer deiner Männer. Ich werde gehorchen! Ab jetzt immer!“, wimmerte der Helmträger, der sich nur mühsam mit den Füßen und Unterschenkeln an sein Pferd klammern konnte und mit dem Oberkörper in Friedhelms Griff in der Luft schwebte. Friedhelm stieß ihn zurück auf sein Pferd. Verächtlich schnaubend presste er dabei hervor: „Beweise es mir durch ruhmreiche Taten!“, und ritt davon.

Ohne überheblich zu grinsen lief ich weiter. Friedhelm und sein Pferd hatten wie eine Einheit, wie ein Körper, zusammengewirkt. Ich überlegte lange, ob Friedhelm solche Tricks geübt hatte, oder ob er sich wirklich so blind mit seinem Pferd verstand. Als ich später besser reiten und mit Pferden umgehen konnte, kam ich zu dem Ergebnis, das Friedhelm einfach nur ein sehr guter Reiter war, der gleichermaßen über Geschick wie über enorme Körperkraft verfügte. Nicht umsonst war er ein Gode.

Unser Marsch schien mir endlos, doch soweit ich auch lief, Astrid blieb in meinem Herzen. Irgendwie vermisste ich sie mehr als meine Eltern und meine ganze Familie. Immer, wenn ich an sie dachte, und das war täglich, brannte der feurige Wunsch in mir, zu ihr zurückzukehren. Doch das ging nicht. Ich wollte Abenteuer bestehen, mir einen Platz in Walhall sichern und vor allem Reichtümer erobern. Wobei mir als Reichtümer so ungefähr zwanzig Kühe vorschwebten, vielleicht noch ein Römer-Helm als Andenken für die Geschichten am Lagerfeuer. Aber mit zwanzig Kühen wäre ich wohl zufrieden gewesen. So wie ich dachten etliche der Bauernsöhne. Später sollte sich zeigen, dass einige auch tatsächlich sofort nach Hause aufbrachen, sobald sie genug Vieh erbeutet hatten, und Ruhm und Walhall den anderen überließen. Im Nachhinein betrachtet waren diese Deserteure wahrscheinlich die Schlaueren von uns.

Irgendwann erreichten wir das Land der Mattiaker. Für die Chatten waren die Mattiaker das Gleiche wie mein Stamm für die Cherusker: Man betrachtete sie nicht als eigenständigen Stamm, sondern bestenfalls als verbrüderten Unterstamm. Jedenfalls zog unser Geleitschutz aus bärtigen Männern ab und kehrte an Mutters Herd zurück, wie wir lästerten. Wir pflückten in den Wäldern der Mattiaker gänzlich ohne Bewacher zwar wieder Beeren und jagten Rehe, Schweine, Hasen und Federvieh, benahmen uns aber sonst friedlich und richteten keinen unnötigen Schaden an. Die Mattiaker brachten uns mehr Vertrauen entgegen. Ihre Händler folgten uns, Bauern tauschten mit uns Korn gegen Viehzeug, Frauen begafften uns mit unverhohlener Neugier und Kinder rannten neben uns her, sobald wir in die Nähe ihrer Dörfer und Gehöfte kamen. Überall wurde unser Heerzug als Attraktion, als Abwechslung im Einerlei des Alltags gesehen. Viele junge Männer beobachteten uns neidisch. Ständig wurden unsere Anführer gefragt, ob man sich anschließen dürfte. Wenn die Väter der jungen Männer nichts dagegen hatten und sie gut bewaffnet waren, erhielten sie zumeist die Erlaubnis.

So gut wie immer folgte unsere Route den vorhandenen Wegen, auf denen wir angenehm laufen konnten. Dennoch musste ich mir zwischendurch Lederstücke besorgen, da meine Stiefel zerschlissen waren und ich mir Neue nähen musste. Wir kamen durch dichte Wälder, grüne Täler und an schroffen Gebirgen vorbei. Und überall waren Bauernhöfe, hin und wieder auch Dörfer und die eine oder andere Stadt. Offenbar gab es sehr viele Menschen in unseren Ländern. Die Gegend wurde bald bergiger. Wir kamen in das Siedlungszentrum der Mattiaker, das sie Mattium nannten. Es bestand aus zahlreichen kleinen Städten oder Dörfern, die teils beeindruckende Fluchtburgen oder eigene Befestigungen besaßen. Zudem hatte ich noch nie eine solche Menge von heiligen Eichen, Hainen und Teichen gesehen, die jedes der dicht beieinander liegenden Dörfer pflegte.

Die Bewohner dieser ganzen Gegend erschienen mir außerordentlich wohlhabend.

Kapitel 10

Endlich erreichten wir den Rhein. Wir hatten viele Flüsse auf unserem Marsch überquert. Ich hatte ja sogar schon einen umgeleitet. Doch das hier war kein Fluss, es war ein Strom. Ein wahrer Gigant von einem Fluss. In weiten Mäandern, kaum überschaubaren Schleifen zog er dahin. Um Ufer lagen etliche Ruderboote und Fischerboote mit kleinen Segeln und auch ein paar Lastkähne. Sie gehörten den Vangionen, einem Stamm, der flussaufwärts an beiden Ufern des Rheins lebte. Ich bekam Friedhelm nur einmal kurz zu Gesicht und bemerkte dabei zum ersten Mal, dass er aufgeregt war. Er trieb die Männer an, ihre Waffen und Ausrüstung in die Boote zu legen und danach selbst hinüber zu schwimmen. Die Reiter sollten dasselbe tun oder ihre Pferde auf die Lastkähne führen. Einer unserer Goden erklärte, dass das Gebiet auf der anderen Seite des Rheins zum Teil zwar auch von unserem Volk besiedelt sei, dass dort aber die Römer und Gallier herrschten. Wenn unser Übergang entdeckt würde, musste der Beutezug schon bei seinem Beginn grausam enden. Späher hätten berichtet, dass zurzeit kein Gallier oder Römer in der Nähe des anderen Ufers zu sehen war, aber das konnte sich rasch ändern.

Die ersten Krieger liefen unter vollen Waffen in den Fluss. Sie wurden von der Strömung erfasst und mitgerissen. Durch ihre Last hatten sie ihre liebe Not, nicht zu ertrinken, und konnten gerade noch das eigene Ufer wieder erreichen. Wie die anderen hatte ich überhaupt keine Lust, meine Waffen aufzugeben und in einen Kahn zu werfen. Ich schlug mich in die Wälder und lief in der Nähe des Ufers flussaufwärts. An einer geeigneten Stelle sammelte ich Bruchholz, band es zu einem primitiven, kleinen Floß zusammen und befestigte meine Axt, meine Frame, meine Kleidung und alles Übrige auf dem Holzbündel.

Dieses einfache Floß trieb trotz der Last an der Wasseroberfläche und ließ sich von mir mit einiger Mühe dirigieren, während ich mit den Beinen Schwimmbewegungen machte. Ich ließ den Schilfgürtel hinter mir zurück und schwamm zügig los, dabei dirigierte ich mein kleines Floß mit den Armen. Sobald ich den freien Wasserlauf erreicht hatte, erfasste mich ein Strudel, der mich nach unten zog. Nur mein Holzbündel rettete mir das Leben. Mit Mühe kam ich aus dem Strudel frei und wurde nun von der überraschend starken Strömung rasch flussabwärts getrieben.

Mitten auf dem Fluss, mit vor Anstrengung schon schmerzenden Beinen, machte ich eine Bekanntschaft, die meinem Leben bald eine andere Richtung geben sollte. Ich hörte laute Schreie und blickte flussaufwärts. Dort sah ich einen jungen Reiter, der versucht hatte, auf dem Rücken seines schwimmenden Pferdes das andere Ufer zu erreichen. Der Reiter trug edle Waffen und Kleidung, soviel konnte ich erkennen. Altersmäßig war er bestimmt nicht älter als ich, also sechzehn. Sein Pferd hatte ihn offensichtlich abgeworfen, als es unter dem Gewicht des Reiters und der Waffen zu ertrinken drohte. Es schwamm zwar beharrlich auf das gegenüberliegende Ufer zu, da es aber noch weitere Ausrüstungsgegenstände, zwei Lanzen und einen mit einem Eisenring eingefassten Schild trug, hatte es mit sich selbst genug zu tun. Der Reiter hatte viel zu viel Eisen am Körper, einen Schuppenpanzer aus Metall und einen metallenen Helm. Vermutlich hatte er noch ein Schwert umgegürtet, doch das konnte ich nicht sehen. Er war kurz vor dem Ertrinken und hielt sich gerade noch an der Mähne seines Pferdes fest. Das Pferd konnte ihn jedoch nicht unterstützen, ohne selbst unter Wasser gedrückt zu werden. Es biss nach ihm; und so kämpften beide mit sich und mit dem Tode durch Ertrinken.

Ich drehte mein Holzbündel in seine Richtung und schwamm auf den Reiter zu. Der sah mich und griff ohne Zögern nach meinem improvisierten Floß. Wir trieben an der Stelle vorbei, die unsere Armee für den Übergang gewählt hatte. Doch die Boote konnten uns nicht auffischen, da sie selbst bereits überladen waren. Irgendwie schafften wir es, weit hinter unserer Truppe an das andere Ufer zu gelangen. Das Pferd hatten wir aus den Augen verloren, doch fand es sich später wieder an, samt Lanzen und Ausrüstung. Ich zog mein Holzbündel ans Ufer, das an dieser Stelle flach und sandig war, und ließ mich neben dem fremden Reiter in den warmen Sand fallen. Wir verschnauften lange und ließen uns von der Nachmittagssonne wärmen.

„Wie heißt du?", fragte mich der Reiter.

„Ich bin Volker. Ich bin kein Cherusker, sondern ein Hohne."

„Gut, Hohne Volker, ich danke dir. Du hast mir das Leben gerettet. Ich heiße Segimer und bin ein Gode der Cherusker. Ich werde dir ein gutes Pferd und die besten Waffen schenken, Hohne Volker. Es würde mich freuen, wenn du dich mir anschließen würdest. Offenbar bist du praktischer veranlagt als ich. Dein kleines Floß war eine sehr hilfreiche Idee." Ich nahm meine Kleidung von dem Holzbündel und wrang sie erst einmal gründlich aus, bevor ich sie anzog.

Die Sonne stand schon tief, als wir unsere Truppe erreichten. Da erst ein kleiner Teil der Männer übergesetzt hatte, befanden wir uns in erheblicher Gefahr. Hier war Feindesland, auch wenn noch das eine oder andere Gehöft von unseren Leuten zu finden war. Es sollte drei volle Tage dauern, bis alle Krieger über den Rhein transportiert waren. Schon bevor wir mit dem Feind zusammengestoßen waren, hatte es die ersten Toten gegeben. Der Rhein hatte seinen Anteil an unseren Kriegern gefordert und ihn auch bekommen. Die Goden opferten ein paar Ziegen für Wodan und Donar und ließen uns Lieder singen, um die Stimmung zu heben und die Moral wieder zu festigen. Da auch noch starker Regen einsetzte, kam unser Beutezug nur langsam wieder in Schwung.

Segimer hatte nicht übertrieben, was seine Stellung als Gode betraf. Offensichtlich war er ausgesprochen reich und stammte aus einer bedeutenden Familie. Er hatte einen erfahrenen Krieger als Leibwächter, dessen aufrechte Haltung, enormen Muskeln und zahlreichen Narben auf mich einen großen Eindruck machten. Aber bald erkannte ich, dass dieser mächtige Krieger gleichzeitig auch ein humorvoller und zuverlässiger Freund war.

Er hieß Eginhard. Noch heute bin ich stolz darauf, ihn gekannt zu haben.

Segimer schenkte mir eine Spatha, ein langes, doppelseitig geschliffenes Reiterschwert, dazu eine Reiterlanze, einen runden Schild mit eisernem Schildbuckel und metallener Einfassung, einen Eisenhelm und als Gipfel des Luxus einen Brust- und Rückenpanzer, der aus vielen, überlappenden Metallplättchen bestand. Ich war jetzt besser gerüstet, als es sich unser reicher Nachbar Burkhart je hätte leisten können. Selbstverständlich bekam ich auch ein Pferd, mit dem ich viel üben musste, da ich bei Weitem nicht so gut Reiten konnte wie die anderen. Doch ich lernte schnell. Das musste ich auch. Mit dem langen Schwert konnte ich ganz gut umgehen, da wir Brüder oft mit Knüppeln gekämpft hatten und sich der Kampf mit dem Schwert ähnelte. Ein wirklicher Meister mit dem Schwert wurde ich allerdings Zeit meines Lebens nicht. Auch wenn ich die Axt, die mir mein Vater geschenkt hatte, in Ehren hielt, so war die Spatha doch eine überlegene Waffe. Man konnte damit Stechen, Hauen und Schneiden. Von oben und von unten. Und der Gegner konnte im Getümmel meine Waffe nicht am Stiel packen wie bei einer Axt. Später, als meine Geschicklichkeit und Kraft und auch meine finanziellen Möglichkeiten zunahmen, ließ ich mir immer besonders lange und schwere Spathae schmieden, die auch Helme und eiserne Schildränder durchtrennen konnten. So ersetzte ich mangelndes Geschick durch Körperkraft. Mein Helm sah ein bisschen wie ein Topf aus. Ich hasste ihn. Das änderte sich auch mit anderen Helmen später nie. Aber in der Schlacht war ein Helm hilfreich. Nur wenige Cherusker und Hohnen trugen Helme. Meine bevorzugte Waffe blieb neben der Spatha natürlich die Frame, da ich mit der Lanze am besten geübt war und da man sich mit der Frame seine Gegner gut vom Leib halten konnte.

Die neuen Waffen, über die ich mich sehr freute, hatten gravierende Auswirkungen auf mein Leben. Mein sozialer Status änderte sich innerhalb eines Augenblicks. Ich wurde meinen bisherigen Freunden fremd, die mein neuer Status als Reiter teils neidisch, teils traurig machte. Einige hatten in mir eine Art Sprecher und Beschützer gesehen, trotz meiner jungen Jahre.

Sie verabschiedeten sich von mir, obwohl wir im gleichen Heer zogen. Doch sie wussten, dass jetzt eine Kluft zwischen uns bestand. Ich schlief nicht mehr unter Bäumen neben ihnen, sondern mit anderen Reitern in einem engen Zelt. Für mich war diese neue Situation schwierig. Die Reiter sahen in mir einen ärmlichen Emporkömmling, einen Grünschnabel, der sich erst noch bewähren musste. Sie kannten mich nicht und neideten mir das enge Verhältnis zu Segimer.

Bald erreichten wir das Gebiet, in dem nur noch Gallier wohnten. Jetzt war es mit dem Beerenpflücken vorbei und das Plündern begann. Friedhelm und alle anderen Anführer schärften jedem ein, weder die Felder noch die Höfe zu verbrennen oder gar die Gallier unsinnig zu töten. Es durften lediglich Wertsachen, Pferde und Vieh geraubt werden. Korn stahlen wir von den Feldern nur in der Menge, die wir benötigten. Niemand wollte Getreidesäcke tragen.

Eines Morgens in der Frühe, es war noch dunkel, rüttelte jemand an meinen Fuß. Neben mir brummten die anderen Reiter ungehalten, mit denen ich mir ein Zelt teilte, als ich mich aufrichtete. Eginhard sah mich aufmunternd an. „Mach dich fertig. Nur leichte Kleidung und Waffen. Segimer möchte einen Aufklärungsritt mit uns unternehmen.“ Ich nickte und rappelte mich hoch. Meinen Umhang ließ ich liegen, da der Tag warmzuwerden versprach. Rasch war ich in Hose und Hemd geschlüpft, dann steckte ich meine Axt und ein Messer in meinen Gürtel und ging zu den Pferden.

Am Horizont sah man die Morgenröte zwischen den Nadelbäumen hindurchschimmern. Noch lag Tau auf der Wiese, die uns als Lager diente. Ein paar Nebelfetzen zogen durch das weite Tal. Segimer und Eginhard warteten schon. Wir verließen leise das Lager, spornten unsere Pferde an und ritten, so rasch wir konnten. Es gab keinen Grund, schnell zu reiten. Doch es machte uns einfach Spaß. Wir folgten zunächst dem Weg, den das Heer an diesem Tag zurücklegen sollte. Als es hell wurde, wichen wir vom Weg in den nahen Wald aus. Niemand von uns rechnete damit, auf Gegner zu stoßen. Das Gebiet war laut unserer Späher sicher, bis wir in die Nähe des nächsten gallischen

Dorfes kommen würden. Dieses Dorf wollte unser Heer noch an diesem Tag erreichen.

Nach einiger Zeit verlangsamten wir unser Tempo und ritten in Schrittgeschwindigkeit weiter. Kurz vor einer Wegbiegung hörte ich ganz leise das Klirren von Waffen. Mir war so, als ob dort vor uns Bewaffnete marschierten. Ich hob meine Hand. „Halt. Ich höre etwas. Vor uns! Waffengeklirr." Segimer und Eginhard stoppten sofort ihre Pferde und lauschten konzentriert. „Ich höre nichts", stellte Eginhard nach einer kurzen Weile fest. Segimer kniff die Augen zusammen und schüttelte den Kopf. „Ich auch nicht. Wir binden die Pferde dort hinten im Schutz der Büsche an und klettern auf den Baum dort am Wegesrand. Von der Krone aus haben wir einen besseren Überblick."

Die Pferde begannen zu grasen, während wir auf einen ausladenden Baum kletterten und zur Wegbiegung blickten. Als wir die dicken Ästen des Baumes erklommen hatten, sah ich etwas Rotes hinter den Bäumen und eine Bewegung. Das metallische Geräusch war inzwischen unüberhörbar. Und dann sah ich meine ersten Römer. Zuerst fielen mir ihre schweren Waffen ins Auge. Metallbeschlagene, rechteckige, in Längsrichtung leicht gewölbte Schilder, die fast den ganzen Körper verdeckten. Metallene Helme mit seitlich angesetztem Wangenschutz. Schwere Speere mit extrem langen und dünnen Eisenspitzen und umgehängte Kurzschwerter, die sie an der rechten Seite trugen.

Ihre Kleidung war nicht wie die unsere in natürlichen Brauntönen gehalten, sondern farbenfroh. Ich sah roten Stoff, braune Lederpanzer und metallische Kettenhemden. Bald erkannte ich, dass die Römer Röcke trugen. Es war ein warmer Sommertag. Da war dieses Kleidungsstück sicher angenehmer als unsere langen Hosen. Aber rote Röcke? Was waren das für Krieger? Beinahe hätte ich gelacht, konnte mich aber noch zurückhalten. Erst später erfuhr ich, dass es sich bei den Röcken eigentlich um eine Art sehr lange Hemden oder Kittel handelte, die durch den breiten Gürtel nur wie kurze Röcke aussahen. Vorne hingen vom Gürtel kunstvoll verzierte Lederstreifen über diese unteren Teile der langen Hemden herab, wodurch der Eindruck, es sei ein Rock, noch verstärkt wurde.

„Die schnappen wir uns!“, flüsterte Segimer.

„Aber es sind sechs, wir sind nur zu Dritt!“, wandte Eginhard ein.

Segimer nickte grinsend. „Wie du sagst: Es sind nur sechs!“

Die Worte Segimers erinnerten mich an meinen Vater. Die Römer marschierten in zwei exakten Reihen überraschend ordentlich auf dem Weg in unsere Richtung. Obwohl wir auf dem Baum standen und nach meiner Auffassung keinesfalls zu übersehen waren, schienen sie uns nicht zu bemerken. Mir kam das Blätterdach des Baumes plötzlich recht spärlich vor. Eigentlich standen wir nur da auf den Ästen und glotzten herunter. Jeder Hohne oder Cherusker hätte uns vom Weg aus sofort entdeckt und mit Speeren beworfen. Die sechs römischen Soldaten kamen hingegen unbedarft im Gleichschritt näher.

Als sie arglos unter unserem Baum vorbeimarschierten – ich konnte das kaum fassen, da wir jetzt wirklich unübersehbar waren – stieß Segimer einen wilden Schrei aus und sprang mitten zwischen die römischen Soldaten. Einer von ihnen rief: „Cautio, Barbari!“ Blitzartig hatte Segimer einem der Römer mit der linken Hand ein Messer in den Hals gestoßen und einen Zweiten übel mit seiner Spatha erwischt. Gerade stürzte er sich auf einen Dritten. Eginhard und ich sprangen unmittelbar nach Segimer von dem Baum. Noch im Sprung wurden mir zwei Dinge bewusst: Mein erster Kampf auf Leben und Tod gegen einen Menschen stand nun unmittelbar bevor. Und zudem noch gegen eine Übermacht der Römer.

Die vier noch aufrecht stehenden Römer hatten ihre plumpen Speere weggeworfen und erstaunlich behände ihre Kurzschwerter gezogen, mit denen sie sofort auf uns eindrangen. An Mut schien es ihnen nicht zu mangeln, wohl aber an Körpergröße, wie ich jetzt erkannte. Der Gegner, mit dem ich kämpfte, war einen ganzen Kopf kleiner als ich. Wie Segimer führte ich in der Linken ein Messer, doch in der Rechten hielt ich kein Schwert, sondern meine Streitaxt. Und das Messer brauchte ich auch dringend, um das Kurzschwert des Römers abzuwehren.

Der Römer deckte seine linke Körperseite mit seinem Schild eng ab und stach gleichzeitig mit seinem Gladius, dem gefährlichen Kurzschwert, nach mir. Ich wich seinen Stichen aus, wollte dabei aber keinesfalls zurückweichen. Hektisch versuchte ich, seinen Kopf oder Rücken mit der Axt zu erwischen. Eines hämmerte in meinem Kopf: „Zurückweichen geht gar nicht!". Dies führte dazu, dass wir uns rechts herum um uns selbst drehten, in einer Art groteskem Tanz. Er stach, ich schlug, und ich wurde immer genervter. Jedes Mal glitt meine Axt, behindert von seinem Schild, am metallenen Kettenhemd des Römers ab. Zugleich spürte ich mehrmals, wie sein Gladius meine Kleidung aufriss. Ich kam mit diesem Kampfstil nicht zurecht und hoffte nur, dass nicht noch ein zweiter Gegner auf mich eindringen würde. Ich hatte nur Augen für meinen Gegner und nahm nichts anderes um mich herum wahr. Meine Konzentration reichte einfach nicht für weitere Absicherungen nach hinten und zu den Seiten.

Ich mochte mir lieber nicht vorstellen, wie dieser Zweikampf in der Enge einer großen Schlacht ausgegangen wäre. Da ich auf dem Weg aber genug Platz hatte, konnte ich immer wieder seitlich ausweichen. Schließlich nutzte ich einen günstigen Augenblick und trat mit voller Kraft gegen diesen verflixten, viereckigen Schild, um den Römer umzuwerfen. Der Soldat in dem lächerlichen Röckchen hielt stand, kam jedoch kurz aus dem Gleichgewicht. Da er in diesem Augenblick nicht nach mir stach, konnte ich mit der Axt ausholen und schlug mit größter Kraft über den verdammten Schild hinweg schräg gegen seinen Helm. Der Rand des Helmes und der Wangenschutz fingen die Axtklinge weitgehend ab, aber mein wuchtiger Schlag verursachte dennoch Schaden. Der längliche Wangenschutz flog zusammen mit ein paar Hautfetzen davon. Die Wunde wirkte harmlos, auch wenn dem Römer von der Wucht des Schlages der Kopf dröhnen musste. Er erschrak heftig und riss seinen Schild zum Schutz hoch. Dadurch lagen seine Unterschenkel, die nur vorn am Schienbein durch lederne Beinschienen geschützt waren, für einen Augenblick bloß. Ich stach ihm mit der linken Hand mein Messer in eine Wade und riss es schräg nach oben heraus. Der Römer brüllte jetzt vor Schmerz, aber auch vor Panik. Diese Wunde war schwer und kampfentscheidend, das wussten wir beide. Mein Gegner konnte kaum noch auftreten. Sein Blut bildete bald eine Pfütze, in der er herumtänzelte. Die Angriffe mit dem Gladius waren jetzt so fahrig und kraftlos, dass ich ihm das Schwert mit der Axt aus der Hand schlagen konnte. Dabei verlor er einen oder zwei Finger. Ich trat ihn samt Schild zu Boden. Er hielt den Schild über sich und brüllte etwas in einer fremden Sprache, was ich gleichwohl problemlos verstand. Der Römer ergab sich und bat um Gnade. Ich war kein Mörder. Was sollte ich denn jetzt tun? Die Goden hatten uns eingeschärft, dass wir unterworfene Gegner entweder sofort töten oder entwaffnen und laufen lassen sollten, sofern nichts anderes befohlen wurde. Gefangene durften nicht gemacht werden.

Um mich herum verstummte der Kampflärm. Zwei Römer rannten verletzt davon, zwei waren tot, zwei, darunter meiner, lagen schwer verwundet am Boden. Segimer trat zu meinem Gegner und sagte etwas in der fremden Sprache zu ihm. Der Römer schien zu überlegen.

„Er ist schwer verletzt und kann nicht aus eigener Kraft fliehen. Ich habe ihm angeboten, ihn hier an den Baum gelehnt zurückzulassen. Vielleicht holen ihn seine Kampfgefährten später und retten ihn. Ich glaube das aber kaum. Die andere Möglichkeit ist, ihn schnell zu töten. Der zweite Schwerverletzte hat gar keine Chance mehr, er wird in den nächsten Minuten sterben."

„Was passiert mit den Fliehenden? Werden sie uns verraten?", fragte ich.

Segimer schüttelte den Kopf und zog mich beiseite, damit uns der von mir verletzte Römer ihn nicht hören konnte. „Was sollen die schon verraten? Den Römern war gar nicht bewusst, dass wir Cherusker sind, sonst hätte der Warnruf „Cautio, Germani!" gelautet. Der Römer hat aber spontan „Barbari" gesagt. Das ist die Bezeichnung der Römer für praktisch alle Fremden. Die Römer wissen gar nicht, ob wir Cherusker oder aufständische Gallier sind."

Ich überlegte. „Die Römer nennen die Cherusker „Germani"? Das hört sich eher wie ein eigener Stammesname an.

„Ger“ ist die Bezeichnung für den bei uns gebräuchlichen Wurfspeer. Und „Mann“ kann man auch heraushören. Der Stamm könnte also Speermänner heißen.“ Segimer widersprach mir: „Das hast du falsch verstanden. Sie nennen alle Stämme, die unsere Sprache sprechen, Germanen. Cherusker, Sueben, Semnonen, Langobarden, eben alle. Die Römer geben Völkern offenbar gerne einheitliche Namen, um es einfacher zu haben. Ob irgendwo tatsächlich ein Stamm namens Germanen existiert, weiß ich nicht. Ich habe von solch einem Stamm allerdings noch nie gehört.“

„Ich bin also ein Germane“, stellte ich fest, „Und die Kelten sind Gallier. Das finde ich nicht einfach, das ist verwirrend.“ Eginhard, der zu uns getreten war, lachte. „Die meisten Kelten nennen sich inzwischen selbst Gallier. Das bringt erst ein Durcheinander. Alles Römerfreunde und Anhänger von diesen Rockträgern. Ich bin und bleibe jedenfalls Cherusker. Und die einzigen Röcke, denen ich hinterherschaue, befinden sich an den Körpern von wohl gerundeten, langhaarigen …“

„Wir wollen es gar nicht so genau wissen!“, unterbrach ihn Segimer mit einem Lächeln. Eginhard und Segimer begannen, die toten Römer zu durchsuchen. Sie nahmen ihnen die Schwerter und Helme ab. Vor allem freuten sie sich aber über kleine Lederbeutel, die sie bei ihnen fanden. Eginhard wies mit der Hand auf meinen Römer, der noch mit seinem Schicksal haderte. „Na los, plündere ihn aus. Die Speere und Schilde brauchen wir nicht, bestenfalls das Eisen daran, aber die Schwerter und Helme taugen etwas. Und vor allem haben sie Münzen dabei!“ Er zeigte mir den Inhalt eines kleinen Beutels. Er enthielt einige Kupfermünzen, ein paar Silbermünzen und zwei recht kleine Goldmünzen. „Das ist ein guter Fang.“

Ich sah mir begeistert die metallenen Scheiben an, die ähnlich schön gearbeitet waren wie die eine, die ich bei Friedhelms erstem Auftritt auf dem Thing einbehalten hatte. „Schön, aber was soll man mit so vielen?“, fragte ich, und erklärte: „Ich habe schon eine!“

Segimer und Eginhard lachten aus vollem Halse. „Aber deswegen sind wir doch hier! Für die Kupfermünze bekommst du zwei Mahlzeiten einschließlich Bier. Die silbernen und vor allem die goldenen sind noch viel mehr wert. Für nur zwei goldene Münzen verkauft dir hier jeder gallische Bauer eine gute Kuh. Diese Metallplättchen nennt man Münzen oder Geld. Man benutzt sie zum Tauschen."

Jetzt verstand ich. Ich musste also nicht einen Ballen Stoff zum Viehzüchter tragen, um eine Kuh zu bekommen, sondern nur ein paar winzige Münzen. Doch woher wusste jeder, wie viel das jeweilige Plättchen wert war? Eine blank polierte Kupfermünze sah zudem weitaus hübscher aus als eine schwärzlich angelaufene Silbermünze. Na ja, das würde ich noch erfahren. Aber es schien mir schwierig, sich alle Tauschwerte merken zu müssen. Segimer signalisierte inzwischen meinem Römer mit Mimik und Gebärden, dass er sich jetzt entscheiden sollte. Offenbar waren Segimers Sprachkenntnisse doch nicht so gut, wie ich erst gedacht hatte. Aber mein besiegter Gegner hatte ihn verstanden. Der am Boden liegende Römer schob seinen Schild beiseite und schnallte den Helm ab. Die Kopfwunde sah viel schlimmer aus, als ich zuerst gedacht hatte. Nun drehte er seinen Kopf von Segimer weg und bot seinen schutzlosen Hals dar. Segimer nickte anerkennend. „Dieser Römer ist ein mutiger Mann und ein wahrer Krieger. Er wird in dem römischen Walhall von seinen ehrenhaft gestorbenen Römerkameraden gut aufgenommen werden."

Bei den letzten Worten holte er mit seiner Spatha aus und trennte dem Römer den Kopf vom Hals. Mein Römer hatte ebenfalls ein Säckchen mit Münzen bei sich, das ich zusammen mit seinem Gladius-Schwert an mich nahm. Auf den beschädigten Helm verzichtete ich.

Der andere Schwerverletzte schluchzte und hob einen Arm. Segimer nickte und erlöste auch ihn. Ich sah mir seine Verletzung genauer an. Der Lederpanzer hing in Stücken. Seine Bauchdecke war geöffnet. Der Anblick überraschte mich. „Menschen haben ja dasselbe im Körperinneren wie Tiere! Ich habe schon oft Tiere ausgenommen und die Innereien sahen genauso aus."

Segimer nickte. „Wir sind auch nur Tiere, mein lieber Volker. Nur wilde Tiere.“ Er schlug mir auf die Schulter. „Kommt, wir reiten zurück.“

Ich hatte meinen ersten ernsten Kampf zwar siegreich bestanden, aber noch immer hatte ich keinen Menschen getötet. Bald trafen wir auf die Vorhut unseres Heeres. Segimer ritt zu dem Anführer der kleinen Reiterabteilung. „Ihr müsst gut aufpassen. Wir sind über sechs Römer gestolpert, die sich hier herumtrieben. Es waren erfahrene Soldaten, gute Krieger. Vielleicht waren es Kuriere. Wie Späher wirkten sie nicht gerade. Oder sie sollten einen Gallier oder römischen Händler aus der Gegend hier abholen und beschützen. Wo ein paar Römer sind, finden sich wohl immer noch mehr.“

Die Reiter dankten für die Warnung. Wir schlossen uns wieder dem Heerzug an, sobald wir ihn erreicht hatten. Gegen Nachmittag gelangten wir zu dem Dorf, unserem heutigen Tagesziel. Es war völlig verlassen. Die Tore in den aus Flechtwerk bestehenden Zäunen standen offen. In den Häusern gab es nichts mehr von Wert. Nicht einmal Vieh stand auf den Weiden. Dafür fanden wir frische Spuren von Menschen und Tieren. Die Bewohner waren vor unserem Heer zu einer einfachen Fluchtburg auf einen Hügel geflohen und hatten sich dort verschanzt. Friedhelm bot ihnen an, ihr Leben, ihr Dorf und ihre Felder jetzt und unter Umständen auch später bei unserem Rückmarsch zu verschonen, wenn sie ein Lösegeld zahlten, sämtliche Waffen abgaben und uns ihr Vieh überließen. Sie schienen Friedhelm zu vertrauen und erfüllten seine Forderungen. Man musste allerdings zugeben, dass sie keine Alternative hatten.

Unsere Männer übernachteten in dem Dorf, soweit sie in den Häusern und Hütten einen Platz fanden. Am nächsten Morgen zogen wir weiter, ohne dass wir ein Haus oder ein Feld niedergebrannt hätten. Wir ritten und liefen durch sanfte, grüne Täler, die uns gut gefielen und sich von unserer Heimat, die inzwischen recht fern war, kaum unterschieden. Das Korn stand gelb auf den fruchtbaren Böden oder war schon geerntet. Gehöfte wechselten sich mit Dörfern ab, wobei es mehr Dörfer und weniger einzelne Gehöfte als bei uns gab. Die Gallier wohnten offenbar ganz gern zusammen. Das Wetter war hervorragend. Und da wir genug zu Essen und auch genug Wasser, oft sogar Bier, hatten, war die Stimmung gut. Nur die wirklich große Beute blieb bisher aus.

Völlig unbehelligt kam unser Heer gut voran. Immer tiefer drangen wir in gallisches Gebiet vor. Alles von Wert wurde unterwegs geplündert, sofern Friedhelm keine Vereinbarungen mit Dorfbewohnern traf, die sich kampflos ergeben wollten. Unsere Händler, die uns begleiteten, trauten sich inzwischen nicht mehr, auf eigene Faust mit den erbeuteten Herden zurück in unsere Länder zu ziehen. Da wir auch schon viele Waffen eingesammelt hatten, waren ihre Karren voll. Die Goden entschieden, dass wir nur noch edle Metalle und Münzen stehlen sollten. Da wir jetzt Rinder im Überfluss mit uns führten, gab es jeden Tag Fleisch zu essen. Ich war recht zufrieden mit diesem Leben, doch Friedhelm sah das ganz anders. Der Tross kam ihm viel zu langsam voran. Er wollte unbedingt eine große gallische Stadt, die Toutiouagna hieß, erreichen, damit sich der Heerzug wirklich lohnen würde. Nur in einer Stadt, in der es römische und gallische Händler und andere wohlhabende Bewohner gab, konnte ein großes Heer wie unseres ausreichend viel Gold, Silber und Kupfer für alle rauben. Und Friedhelm machte sich noch ganz andere Sorgen. Unser Raubzug konnte der hiesigen Besatzungsmacht nicht unbemerkt geblieben sein. Die Gallier hatten sicherlich bereits die Römer um Hilfe gebeten, denn unserer Kampfstärke hatten sie nichts entgegenzusetzen.

Eines Abends rief Segimer seinen Freund Eginhard zu sich und deutete auf eine dünne Rauchsäule in einiger Entfernung links von unserem Lager. „Zu viel Rauch für ein Lagerfeuer, aber zu wenig, als wenn ein ganzes Gehöft brennen würde. Nimm dir ein paar Reiter und überprüfe das. Wahrscheinlich sind einige unserer Leute zu wild gewesen. Wir brandschatzen nicht. Mach ihnen das klar!“

Eginhard winkte mir kurz zu. Zusammen mit dreißig Reitern ritten wir in Richtung der Rauchsäule. Tatsächlich stießen wir bald auf Felder, die allerdings unversehrt waren, und frische

Spuren von Reitern, die sich deutlich auf dem Weg abzeichneten. Das Gehöft, zu dem die Felder gehörten, war mit einer dichten Hecke umgeben. Der Eingang zum Bauernhof war ursprünglich mit einem Schlagbaum gesichert, um den dorniges Gestrüpp gewickelt war. Jetzt lag diese Sperre seitlich im Gebüsch. Vor dem Durchgang standen vierzig Reiter, von denen ich die meisten kannte. Es waren allesamt Hohnen. Sie saßen auf ihren Pferden und schienen auf die Erlaubnis zum Abmarsch zu warten. Eginhard musterte die Reiter misstrauisch. „Reitet zum Lager zurück!“ Die Krieger ließen sich das nicht zweimal sagen. Offenbar wollten sie möglichst rasch Abstand zu dem gallischen Gehöft gewinnen. Langsam ritten wir auf den Hof. Drinnen stießen wir auf weitere zwanzig Reiter, die neben ihren Pferden standen oder auf umgelegten Baumstämmen und Felssteinen saßen. Die meisten Männer blickten beschämt zu Boden, andere begegneten unseren Blicken trotzig und provozierend. Innerhalb der Hecke befand sich ein großes, ovales Haus mit Strohdach, das durchaus unseren Häusern ähnlich war. Eine Viehkoppel, ein kleiner Gemüsegarten und ein Stall vervollständigten das Anwesen. Außerdem gab es ein Vorratshaus, das wie bei uns auf Pfählen geruht hatte. Jetzt war es völlig abgebrannt und qualmte noch. Bei genauerem Hinsehen entdeckten Eginhard und ich verkohlte Leichen in den Trümmern, mit angewinkelten Armen und Beinen, die teils wie flehend nach oben standen. In dem Vorratshaus waren Gallier verbrannt worden. Wir zählten sechs oder sieben.

Neben dem Eingang des Hauses lag eine weitere Leiche. Ich hatte so etwas Grausiges noch nie gesehen und konnte nicht fassen, was sich hier wohl abgespielt hatte. Die Frau, es handelte sich mit ziemlicher Sicherheit um ein weibliches Opfer, war offenbar von Männern, die unnatürliche Gelüste hatten, bis zum Tode massakriert worden. Dabei hatten der oder die Täter ihre Messer sehr gezielt eingesetzt. Mein Atem ging schnell und mein Herz pochte heftig. Wenn das Hohnen getan hatten, musste ich sie zur Rechenschaft ziehen. Eginhard stieg vom Pferd, ich ebenfalls. Aus dem Haus waren leise Schreie zu vernehmen. Ich sah Eginhard ernst an und schüttelte den Kopf. „Meine Angelegenheit!“ Er nickte mir zu, während ich meine

Spatha zog. Vor dem Haus standen drei Pferde. Dementsprechend konnte ich wohl mit drei Gegnern rechnen. Ich musste mich ducken, um durch die Tür zu gelangen. In dem Haus roch es widerlich, wobei ich zunächst nicht erkennen konnte, welcher Natur der Geruch war. Im Halbdunkel erkannte ich zwei Männer, die rechts und links von mir standen, und einen dritten, der am Boden auf einer Frau lag. Die Männer waren offensichtlich von meinem Erscheinen überrascht. Doch sie hatten den Vorteil, dass meine Augen noch nicht an das spärliche Licht im Haus gewöhnt waren. Die beiden Krieger, die mir am nächsten standen, hoben sofort ihre Äxte und griffen mich an. Ich stach dem Rechten mein Schwert in den Leib. Dabei nahm ich wahr, dass er einen Helm trug, der mit Kuhhörnern verziert war. Ich kannte diesen ungewöhnlichen Helm gut.

Während mein Schwert noch in dem rechten Angreifer steckte, war der linke Krieger heran und schlug blitzschnell mit seiner Axt zu. Doch ich war schneller und erwischte den Axtstiel mit der linken Hand, bevor mich die Axt treffen konnte. Gleichzeitig bekam ich mein Schwert wieder frei. Der Angreifer mit der Axt, der inzwischen merkwürdig brüllte, wollte es mir gleich tun und griff nach meiner Hand, die den Schwertgriff fest umschloss. Es gelang mir, das Schwert ein Stück zurück zu reißen. Seine Hand griff in die Klinge. Jetzt brauchte ich nur noch ein wenig am Schwert zu rütteln. Sein Geschrei nahm daraufhin wirklich tierische Klangfarben an.

Instinktiv kontrollierte ich, wo sich der dritte Gegner befand und was er tun würde. Er hatte von seinem Opfer abgelassen und stürzte sich nun die Axt schwingend auf mich. In diesem Augenblick riss mich der Angreifer, der noch immer die Klinge meines Schwertes in den blutenden Fingern hielt, mit meinem Schwert und seiner Axt, die ich weiterhin gepackt hielt, herum. Ich stand nun mit dem Rücken zu dem anstürmenden dritten Gegner. Genau das hatte er erreichen wollen.

Mit einem entschiedenen Ruck konnte ich mein Schwert befreien. Doch schon traf mich die Axt des Angreifers von hinten. Die Schneide prallte von meinem Helm ab und krachte in meinen Rücken. Der Schwung brachte mich ins Taumeln, doch mein Helm und mein Schuppenpanzer hatten meinen Körper geschützt. Ich schlug blindlings mit dem Schwert nach hinten, schüttelte meine Gegner ab und stand plötzlich mit dem Rücken zum Eingang. Beide Krieger, der mit der verletzten Hand trug ein Wolfsfell, der andere einen Helm mit angeklebten Adlerflügeln, wie ich im Lichtschein gut erkennen konnte, stürzten sich auf mich. Doch ich war flink und die Spatha eine überlegene Waffe. Den Verletzten erreichte ich zuerst und stach ihn nieder. Danach wandte mich dem dritten Angreifer zu. Mit seiner Axt war er nicht in der Lage, meine Hiebe und Stiche abzuwehren. Verletzt brach er zusammen. Nun lag er hilflos neben der Frau, der er gerade Gewalt angetan hatte. Sie wimmerte zwar ängstlich, verfolgte das Geschehen aber ansonsten mit wachen Augen.

Ich schämte mich für diesen Hohnen, der mich um Gnade anflehte, anstatt wie ein Krieger um den Tod zu bitten. Der Mann aus Salzdorf widerte mich an. Er hatte keinen würdigen Tod verdient. „Hast du ein Messer?“, fragte ich die junge Frau, die mich verständnislos ansah. „Hol es!“ Sie reagierte nicht. Die Gallierin verstand mich nicht. Ich ging zu einer der Kisten, die nahe bei der Feuerstelle standen. In einer fand ich Töpfe, Holzlöffel und mehrere Messer. Ich suchte das kleinste und schärfste heraus und drückte es der jungen Frau in die Hand. Sie rappelte sich hoch und hielt es drohend vor sich in meine Richtung. Ich musste lächeln. Eine tapfere Gallierin. Sie sah mich verwirrt an.

Ich vergewisserte mich, dass der jämmerliche Krieger sich nicht mehr wehren konnte. Dann sagte ich mit einer wegwerfenden Handbewegung zu der jungen Frau: „Jetzt gehört er dir.“ Sie verstand meine Gesten und näherte sich dem Unwürdigen langsam, aber nicht zaghaft, mit dem Messer. Ich verließ diesen schauerlichen Ort.

Eginhard nickte mir draußen anerkennend zu. Worte waren in dieser Situation überflüssig. Aus dem Haus waren laute Schreie zu vernehmen, während wir uns aufmachten, ins Lager zurückzureiten. Endlich hatte ich meine ersten Feinde getötet, allerdings anders, als ich es mir vorgestellt hatte. Die Feinde waren nicht von einem anderen Stamm gewesen oder Gallier oder gar Römer. Sie waren Hohnen wie ich.

Die Götter waren offenbar mit meiner Strafe für die Täter aus unseren Reihen einverstanden, denn das Wetter blieb trocken, die Tage wurden nicht zu heiß und die Nächte waren warm. Bei diesen idealen Bedingungen kam unser Zug gut voran. Meine Bestrafung der drei niederträchtigen Hohnen machte nicht nur bei den Kriegern meines Stammes schnell die Runde. Die Krieger bewunderten meine Furchtlosigkeit, dass ich den Kampf allein gegen drei Gegner aufgenommen hatte. Die Tötung der drei Vergewaltiger wurde als gerechte Strafe angesehen. Jeder hatte seine Familie zu Hause und wohnte auf ähnlichen Höfen wie diese Familie der Gallier. Überfallen und ausgeraubt zu werden, war das Eine. Das war schlimm genug. Doch etwas ganz anderes waren die abscheulichen Verbrechen, die meine drei Stammesbrüder begangen hatten. Einige Männer erinnerten sich an meinen Auftritt bei Kunolf in dem Lager im Sumpf, als wir den Fluss umleiteten. Damals hatte ich meine Waffen unerschrocken von ihm zurückgefordert. Diese von mehreren Zeugen wiedergegebene Geschichte trug zu meinem Ruf bei. Cherusker wie Hohnen begegneten mir von nun an mit deutlichem Respekt.

Das Gebiet, durch das wir zogen, blieb weiterhin sehr fruchtbar, auch wenn es hügelig und teils sogar gebirgig war. Es gab viel Wald, aber auch lichte Stellen. Dieses ganze Land wurde von einem gallischen Stamm bewohnt, der sich Treverer nannten. Überall fanden sich ordentlich bebaute Felder und Dörfer, die wir gegen Zahlung eines angemessenen Lösegeldes verschonten. Friedhelm wollte keine Zeit mit unergiebigen Kämpfen verlieren. Wir mussten die Treverer-Stadt Toutiouagna so rasch wie möglich erreichen. Nur dort gab es lohnende Beute für alle. In jedem Fall musste die Stadt fallen, bevor wir auf größere Einheiten der Römer stießen. Die Römer waren die wesentliche Gefahr, die uns Ärger bringen konnte. Unsere Moral war trotz der Eile ausgesprochen gut. Die Männer litten weder Hunger noch Durst und waren deshalb besonders guter Dinge.

Eines Abends ritten wir mit einem Drittel unserer Reiter, also mehr als dreihundert Kriegern, dem Heer voraus, um einen Lagerplatz zu finden. Ich konnte inzwischen leidlich mit einem

Pferd umgehen, aber bei Weitem nicht so perfekt wie die erfahrenen Reiter. Jedenfalls befand ich mich weit hinten, als ich aus den vorderen Reihen Kriegsgeschrei hörte. Das konnte nur eins bedeuten. Unsere Krieger griffen einen Gegner an. Jeder Mann um mich herum spornte sein Pferd an und fiel in das Geschrei ein. Ich hatte keine Reiterstiefel mit Sporen, weshalb ich zurückblieb, was vielleicht auch an meiner mangelnden Erfahrung mit dem Reiten lag.

Mit der linken Hand, an der ich einen runden Schild trug, nahm ich die Zügel kurz und feuerte mein Pferd mit den Füßen und durch Schnalzen und Rufen an, so gut ich konnte. Als ich aus dem Wald hervorbrach, hörte ich bereits deutlichen Waffenlärm. Schemenhaft nahm ich eine Lichtung wahr, in deren Mitte bereits heftig gekämpft wurde. Ich wollte den anderen Reitern folgen, doch mein Pferd stolperte, sodass ich mich festklammern musste, und kam dabei kurz aus dem Tritt. Plötzlich schlug es eine andere Richtung ein und lief links am Kampfgeschehen vorbei. Wir galoppierten in voller Geschwindigkeit um den Kampfplatz herum. Egal, was ich tat, mein Pferd hielt störrisch auf die gegenüberliegende Seite des Waldes zu.

Als zwangsweise Unbeteiligter konnte ich genau erkennen, dass eine große Gruppe Römer bis eben damit beschäftigt war, ein Lager aufzuschlagen. Aber anstatt sich einen möglichst dichten Baum als Dach zu suchen und Blätter oder Tannennadeln zu einem Bett aufzuhäufen, hoben sie mitten auf der Lichtung einen quadratisch angelegten Graben aus und häuften das Erdreich nach innen als niedrigen Wall auf. In den Wall steckten sie angespitzte Pflöcke. In der Mitte des Lagerplatzes standen Packpferde und Wagen. Auf einem der Wagen lagen ihre Schilde, sorgfältig in lederne Hüllen verpackt. Der Graben war erst zwei Spatenstiche tief und stellte für die angreifenden Reiter kein Hindernis dar. Die Römer kämpften ohne ihre geliebten Schilde, aber jeder hatte sein Schwert zur Hand. Kein einziger hatte seinen Gladius zum Arbeiten abgelegt. Nicht einmal die Männer, die mit dem Spaten den Graben aushoben. Und selbst wenn ihr Schwert kurz war, so störte es bei dieser Arbeit doch enorm, weil es einem ständig im Weg hing. Ich ritt im Galopp an dem Bauplatz des Nachtlagers vorbei und das einzige, womit ich kämpfte, war mein Pferd. Das sture Tier rannte unbeirrt von meinen Bemühungen, die Kontrolle zurückzugewinnen, zum gegenüberliegenden Waldrand. In diesem Augenblick sah ich Metall aus eben jener Richtung aufblitzen und rote Röcke leuchten.

Unmittelbar vor mir brachen fünfzig Römer, die im Wald Holz geschlagen hatten, mit gezogenen Schwertern aus dem Unterholz hervor, um ihren bedrängten Kameraden auf der Lichtung zu helfen. Einige schwangen ihre langen Pionieräxte und sahen damit auch nicht harmlos aus. Ich ritt mit höchster Geschwindigkeit genau auf diese Gruppe zu. Bestürzt sah ich mich um. Aber ich war allein. Ein schrecklicher Gedanke kam mir. Ich sah vor meinem geistigen Auge, wie sich die Römer meinem Pferd in den Weg warfen und mich mit unzähligen Stichen töteten. Ich verscheuchte dieses Bild aus meinen Gedanken, packte meine lange Reiterlanze und meinen Schild fester und schrie meinen schrecklichsten Kriegsschrei.

Dem ersten Römer, den ich erreichte, trieb ich meine Lanze durch sein Kettenhemd in die Brust. Dabei verkantete sie sich und wurde mir aus der Hand gerissen. Ich hatte viele Stunden damit verbracht, das Ziehen der langen Spatha auf dem Rücken des Pferdes zu üben. Dies kam mir jetzt zugute und rettete mir wahrscheinlich das Leben. Ich preschte durch die Römer und schlug mit meinem langen Schwert um mich. Zu meiner Überraschung sprangen sie mich nicht an und rissen mich vom Pferd, sondern wichen entsetzt zurück. Tatsächlich bildete sich eine Art Gasse, durch die ich in den Wald entkam.

In der Deckung der Bäume beruhigte sich mein Pferd und ließ sich wieder kontrollieren. Ich wendete es und lauschte. Der Kampflärm war so nahe, dass inzwischen sicher auch andere Krieger die Römer angegriffen hatten, die aus dem Wald aufgetaucht waren. Ich ritt näher und sah die Römer, die eben noch Holz geschlagen hatten, tatsächlich im Kampf, wobei sie mir den Rücken zuwandten. Diese günstige Gelegenheit nutzte ich und griff mit lautem Kriegsgeschrei an. Zwei von ihnen erwischte ich mit meinem Schwert. Einer stach nach meinem Bein, das ich aber wegziehen konnte. Er traf gerade noch mein eigenwilliges Pferd, welches dadurch ausgesprochen wütend wurde und den Römer mit den Hinterläufen so hart trat, dass er durch die Luft flog. Die Römer erkannten, dass sie zwar zahlenmäßig überlegen waren, aber durch die ungünstige Situation keine Chance hatten. Ohne Formation und ohne ihre Schilde, überrascht und noch dazu in zwei Gruppen aufgespalten, kamen sie gegen die wilden Reiter nicht an. Die kleine Gruppe, die eben noch Holz holen wollte, suchte ihr Heil in der Flucht und versuchte, ins Unterholz zu entkommen. Doch das wussten wir zu verhindern. Zum einen hatten wir schnelle Pferde und zum anderen war der Wald unser Zuhause. In kürzester Zeit wurden sie alle eingeholt und erschlagen.

Die Römer, die am Bauplatz des Lagers kämpften, hielten länger durch, doch schließlich streckten sie die Waffen. Segimer verschonte die Überlebenden. Er ließ sie von unseren Kriegern ausplündern und an die umliegenden Bäume binden, damit sie uns zumindest in dieser Nacht nicht mehr gefährlich werden konnten. Ihren Lagerplatz fanden wir durchaus für uns geeignet, zumal am Waldrand das gesammelte Feuerholz lag. Deshalb holten wir die Hauptmacht unseres Heeres heran, um hier zu übernachten. Den Graben hoben unsere Krieger natürlich nicht weiter aus. Aber die römischen Zelte, die wirklich stabil und praktisch waren, bauten wir fertig auf. Ich hatte vier kleine Beutel mit Münzen erbeutet und war mit diesem Fang sehr zufrieden.

Den vorhandenen Graben nutzten wir, um die zahlreichen Leichen der getöteten Römer beizusetzen und die Pferdekadaver zu verscharren. Ein Teil des Feuerholzes diente dazu, die wenigen unserer Krieger, die gefallen waren, würdig einzuäschern. Um die Verletzten kümmerten sich unterdessen die Heilerinnen. Nach dem Abendessen, das zu einer kleinen Siegesfeier wurde, kam Eginhard auf mich zu und setzte sich neben mich auf einen der von uns erbeuteten, genialen Klappstühle der Römer. „Ein Sitz für einen König! Was die Römer so für einen Krempel mit sich herumschleppen!", sagte er und grinste breit. Dann kam er zur Sache: „Die Männer nennen dich ab jetzt ‚Volker der Furchtlose'. Weder ich, der ich schon fünfundzwanzig Jahre alt und wahrlich kein Schlappschwanz bin, noch der edle Segimer, der auch keine Rauferei auslässt, konnten bisher die Ehre eines allgemein akzeptierten Namenszusatzes erlangen. Aber diese Nummer, die du heute abgezogen hast, war tatsächlich einmalig. Ganz allein gegen fünfzig Römer anzurennen, ist unglaublich furchtlos. Ich kenne dich als humorvollen, aber auch ernsthaften jungen Mann mit festen Plänen für sein Leben und seine Zukunft. Du bist nicht lebensmüde oder gar durchgeknallt. Deshalb beschäftigt mich die Frage, wann du die Römer am Waldrand entdeckt hast. Das interessiert mich sehr. Hast du die zahlreichen Feinde dort gesehen, bevor du wie ein Verrückter an der Schlacht vorbei zum Wald geritten bist, oder vielleicht erst, nachdem du bereits in dieser vermeintlich sicheren Richtung unterwegs warst?“

Ich lächelte vielsagend. „Aber eine unglaubliche Tat war es schon!“, sagte ich zweideutig. Eginhard nickte wissend und gab sich mit meiner Antwort zufrieden. Erst viel später, als ich diese Heldentat für meinen Ruf nicht mehr benötigte, erzählte ich die wahre Geschichte von dem störrischen Pferd und wie es mir zu dem ehrenvollen Namenszusatz verholfen hatte. Nun war ich Volker der Furchtlose; und irgendwie stimmte das ja auch. Und mein Namenszusatz klang allemal besser als der meines Vaters.

Kapitel 11

Zwei Tage später erreichten wir unser Ziel, die gallische Stadt Toutiouagna. Die Bürger hatten unser Nahen ganz offensichtlich bereits vor längerer Zeit bemerkt. Die Felder waren verwaist. Das Vieh war von den Einwohnern von den Weiden in die Stadt getrieben worden. Die Stadt selbst lag in einem weiten Tal. Sie war von einer hölzernen Mauer umgeben, besaß hölzerne Torbauten und einige Türme. Die Kelten oder – wie sie jetzt auch genannt wurden – Gallier standen auf Wehrgängen hinter der Holzwand und auf ihren Türmen. Toutiouagna war eine große Stadt, die mit Abstand größte Stadt, die ich je gesehen hatte. Tatsächlich sahen alle Städte unserer Stämme im Vergleich mit Toutiouagna eher wie bessere Dörfer aus. Diese Stadt der Gallier war allein von ihrer Befestigung mächtiger und gewaltiger als alles, was unsere Städte zu bieten hatten. Und es wirkte nicht so, als ob ihre Einwohner sie kampflos aufgeben wollten. Dennoch ritt Friedhelm unbewaffnet vor das Haupttor, um den Bewohnern die Kapitulation anzubieten. „Man nennt mich Friedhelm, Gode der Cherusker. Ich biete euch an, eure Stadt zu übergeben. Wenn ihr euch ergebt, wird euch allen kein Haar gekrümmt. Falls ihr aber Widerstand leisten wollt, werden wir euch überrennen, jeden Mann töten und die Stadt samt der Weiber und Kinder niederbrennen."

Auf dem Turm links von dem hölzernen Tor erschien ein bärtiges Gesicht. Der blonde, ältere Mann trug Zöpfe, eine bei uns eher ungewöhnliche Haartracht. „Ich bin Agedorenix, der Häuptling der Stadt Toutiouagna. Schert euch dahin zurück, woher ihr gekommen seid, Germanen-Pack! Wir werden unsere Stadt verteidigen. Unsere Späher haben euch schon vor Tagen entdeckt. Wir haben sofort Boten zu unseren Verbündeten, den Römern, geschickt. Noch bevor die Sonne heute sinkt, wird eine ganze Legion hier sein und euch vernichten. Ihr werdet für eure Schandtaten bestraft werden!" Friedhelm wendete sein Pferd und ritt schnell zu uns zurück. Dabei trug er wie üblich einen besonders dicken Schild auf dem Rücken. Tatsächlich schickten ihm die Gallier einige Pfeile hinterher, um die Antwort ihres Häuptlings zu bestärken.

Wie so oft hielt ich mich in Segimers Nähe auf, deshalb konnte ich die Unterredung von Friedhelm und den anderen Goden mithören. Friedhelm zog wutschnaubend einen Pfeil aus seinem Schild. „Dieser Häuptling ist ein Narr. Er hat uns verraten, dass eine römische Schutztruppe unterwegs ist. Wir schicken den Römern ein paar Späher entgegen. Sie dürfen uns keinesfalls überraschen. Wir wissen jetzt, dass wir uns sehr beeilen müssen." Ein Gode zog sein Schwert. „Lasst uns sofort angreifen! Dann brennt die Stadt noch heute Nachmittag!" Friedhelm war mir als bedachter Mann bekannt, der nie leichtfertig übereilte Entscheidungen traf. Doch dieses Mal leuchteten seine Augen auf. „Ja, wir greifen auf der Stelle an! Die Römer dürfen uns davon keinesfalls abhalten!"

Offenbar war dies der ganze Angriffsplan. Die Goden liefen zu ihren Kriegern. Ich war ein wenig verwirrt. Keine Tricks oder Listen, einfach hinrennen, auf die Mauer klettern und die Gallier töten. Und genau so lief der Angriff kurze Zeit später auch ab. Unsere Hauptmacht stürmte in breiter Front auf die Holzmauer zu. Die vorderen Krieger trugen schwere Schilde und teils sogar Brustpanzer aus Leder oder Metallschuppen, um den Pfeilhagel abzuhalten. Einige Reihen dahinter trugen die Männer Fackeln, die sie über oder gegen die Holzwand warfen, jedoch ohne großen Schaden anzurichten. Andere waren so schlau gewesen, einige Bäume zu fällen, die man als Leitern nutzen konnte. Diese Bäume stellten sie gegen die Palisade und gelangten so rasch auf den Wehrgang. Dreißig Männer, die einen riesigen Baumstamm trugen, versuchten, das Tor damit aufzusprengen. Diesen Baum hatten die Krieger schon gestern Abend ausgesucht und gefällt. Auf dem Anmarsch heute hatten sie sich beim Tragen häufig abgewechselt und dabei ständig geschimpft und gemurrt.

Die Sonne stand schon hoch am Zenit. Unsere Reiter hielten sich vorerst zurück. Die Tore und Mauern zu erobern, war Arbeit für die unberittenen Krieger. Unser Einsatz folgte erst, wenn das Tor offen stand oder die Mauer eingerissen war. Doch ich konnte mich kaum zurückhalten, als ich die heftigen Kämpfe sah. Die Gallier verteidigten sich tapfer. Links vom Tor schienen unsere Männer große Schwierigkeiten bei der Eroberung der Holzmauer zu haben. Hin und wieder sah ich Krieger, die unsicher zu uns herüberblickten. Das war ein erstes Anzeichen dafür, dass einige an einen Rückzug dachten, und deshalb nachschauten, ob die Goden in ihrem Rücken aufpassten. Der Angriff stockte auf der linken Flanke, während die Gallier umso erbitterter Widerstand leisteten.

Friedhelm machte ein Handzeichen. Ich drehte meinen Kopf, um trotz meines Helmes erkennen zu können, wen er zu sich rief. Bothilde, die steinalte Seherin, näherte sich wie immer in ihrem merkwürdig gleichförmigen Gang, der wirkte, als ob sie über die Erde schwebte. Ihr langes Gewand verhüllte ihre Beine, was den Effekt noch gruseliger machte. „Seherin, schicke deine Frauen. Die Männer dort links brauchen Ansporn. Einige denken bereits an Flucht!“ Bothilde entfernte sich. Kurze Zeit später ging ein Lärm los, der mir in die Glieder fuhr. Schrill kreischend rannten die fünfzig Frauen, die mit uns gezogen waren, zu der linken Flanke. Sie stellten sich hinter unseren Kriegern auf, beschimpften sie als elende Feiglinge und schrien gellend. Einige rissen ihre Gewänder auseinander und zeigten den Galliern ihre nackten Brüste. Dabei brüllten sie: „Schießt doch, ihr Schlappschwänze. Schießt auf die Frauen, deren Männer sich vor euch hinter ihren Schilden verstecken! Gebt uns eure Pfeile! Zu mehr taugt ihr ja sowieso nicht. Keine Frau, die eine cheruskische Lanze gewöhnt ist, fürchtet einen gallischen Pfeil!“ Die Gallier zögerten, auf die kreischenden Frauen zu schießen. Wurde dennoch eine von ihnen getroffen, brüllten und schimpften die Verbliebenen umso lauter und wilder.

Manche der Frauen drängelten an unseren Kriegern vorbei, kletterten behände an der Holzwand empor, teils über die Körper unserer Krieger hinweg, und griffen die Gallier mit ihren Messern an. Auch wenn es nur fünfzig Frauen waren, die unsere

Krieger anfeuerten, war das Ergebnis enorm. Die Krieger auf der linken Flanke stimmten erneut ihr Kriegsgeschrei an und hangelten sich alle zugleich über die angelehnten Bäume oder auch nur mit Äxten und Messern an der Wand hoch. Die Gallier versuchten, sie mit ihren Speeren abzuwehren, aber unsere Männer waren zu flink und zu zahlreich. Immer mehr unserer Krieger erreichten den Wehrgang und eroberten Abschnitte der Befestigung. Die Gallier kämpften tapfer Mann gegen Mann, aber es nützte nichts mehr. Der Wall fiel, das Tor wurde von unseren Kriegern erobert und geöffnet. Nun gab es allgemein kein Halten mehr. Wer noch nicht auf der Holzwand stand, rannte zur Toröffnung. Auch die starke Reiterei stieß jetzt vor. Am Tor gab es ein regelrechtes Gedränge, doch längst gab es dort keinen lebenden Gallier mehr, der den Durchlass verteidigen konnte.

Die endgültige Eroberung der Stadt war für uns Reiter ganz und gar nicht so ruhmreich und ehrenhaft, wie ich es mir ausgemalt hatte. Alle Gallier waren in Panik und flohen Hals über Kopf. Die wenigen verbliebenen Männer versuchten nur noch, ihre eigenen Frauen und Kinder zu beschützen. Unsere Krieger befanden sich in einer Art Rausch und begingen Grausamkeiten, die sie bei klarem Verstand nie getan hätten. Die Häuser standen viel enger als in unseren Siedlungen, oft dicht nebeneinander. Ich musste mich mit der Suche nach Wertsachen beeilen, da unsere Krieger einige Häuser angesteckt hatten und der Brand rasch um sich griff. Überall rannten verängstigte gallische Frauen herum, ihre weinenden Kinder tragend oder hinter sich herziehend. Grausige Bilder brannten sich mir ein, die ich nie wieder aus dem Gedächtnis löschen konnte. Ich hatte nichts übrig für Vergewaltiger, aber es gab sie in unerwartet hoher Zahl unter uns. Mir blieb wirklich keine Chance, auch nur die schlimmsten Übeltäter unter unseren Männern aufzuhalten.

Unsere Krieger mordeten und plünderten stundenlang. Gegen Abend meldeten die zurückkehrenden Späher, dass sich tatsächlich Römer näherten, die aber die Stadt nicht vor dem Morgengrauen erreichen konnten, wenn sie wie üblich die Nacht in einem befestigten Lager verbringen wollten. Friedhelm sah das anders. Er rechnete damit, dass die Römer entgegen ihrer Gewohnheit in der Nacht weiter marschieren würden und gegen Mitternacht eintreffen könnten. Dementsprechend befahl er den Abzug. Es dauerte Stunden, bis die Goden ihre Krieger außerhalb der Stadt gesammelt hatten. Keiner wollte die Stadt verlassen. Viele hatten erbeutetes Bier getrunken und ein anderes Getränk, das die Gallier Wein nannten. Es schmeckte so scheußlich wie das gallische Bier, aber dieser Wein erzeugte eine starke Trunkenheit. Die Männer, die noch nicht betrunken waren, beschwerten sich, dass unsere Gefallenen nicht mehr würdig bestattet werden konnten. Und die Schwerverletzten verlangten, vor dem Abzug versorgt zu werden. Alle zusammen waren sie völlig erschöpft. So kurz nach einem derartigen Sieg stand niemandem der Sinn nach einer Flucht. Doch Friedhelm schaffte es irgendwie, diesen unwilligen Haufen mitsamt der reichen Beute in Bewegung zu setzen. Kurz nach Einbruch der Dunkelheit bewegten wir uns langsam, aber stetig in Richtung Heimat.

Friedhelm ließ einige Späher zurück, die die Stadt aus sicherer Entfernung beobachten sollten. Tatsächlich erreichten die römischen Legionäre im Eilmarsch die brennende Stadt in dem Augenblick, als unser Heerzug gerade aus dem Sichtfeld von Toutiouagna entschwunden war. Wir waren haarscharf einer Katastrophe entgangen. Die Späher berichteten, dass es sich augenscheinlich um eine ganze Legion handelte. Sie hatten noch nie so viele Römer gesehen. Allerdings hatten sie die Römer auch nicht gezählt, da sie nicht soweit zählen konnten. Und sie hatten auch nur eine recht vage Vorstellung davon, wie viele Soldaten zu einer Legion gehörten. Jedenfalls waren es viele Römer, die uns da auf den Fersen waren. Zunächst jedoch sicherten die Römer die Reste der Stadt, rissen die brennenden Häuser ein, um die Feuersbrunst einzudämmen, und reparierten die Holzwand. Über Nacht würden sie sicher in der Stadt bleiben, vermuteten unsere Späher. Diese Einschätzung teilte Friedhelm. Er ließ die Männer an Ort und Stelle lagern, da der Heerzug kaum noch vorankam. Der Ort lag zwar ganz und gar nicht in sicherer Entfernung zu der Stadt, aber es half nichts, die Männer konnten nicht mehr. Schon vor dem Morgengrauen trieb

Friedhelm uns von Neuem an. Wir brachen verkatert und missgelaunt auf.

Im Laufe des Tages meldeten die Reiter unserer Nachhut, dass sie vier gallische Späher gefangen und verhört hatten. Die Gallier arbeiteten für die Römer. Die Römer waren ausgesprochen erbost über unseren Vorstoß auf das von ihnen befriedete Gebiet. Sie empfanden die niedergebrannte und geplünderte Stadt als eigene Schmach und wollten uns nicht nur vertreiben, sondern völlig vernichten. Unsere Krieger hatten die gallischen Aufklärer im Anschluss an das Verhör hingerichtet, wie es oft mit Spähern geschah. Und ganz besonders dann, wenn diese selbst zu viel in Erfahrung gebracht hatten.

Friedhelm spornte uns an, alle Kräfte zu mobilisieren. Er wurde nicht müde, die Verletzten aufzumuntern, die Erschöpften anzusprechen und allen ein Ziel zu geben, das besser nicht sein konnte: die Rückkehr in die Heimat. Doch unsere Wagen, Packpferde, Träger und Krieger waren schwer beladen mit Beute, weshalb wir nur mühsam und schleppend vorankamen. Eine Woche lang quälten wir uns durch das Gelände. Danach zogen wir durch ein schmales, stark bewaldetes Tal. Der Weg war kaum mehr als ein Trampelpfad und für unsere Wagen schwer passierbar. Ausgerechnet da kamen unsere Späher, die vorausgeritten waren, zurück und brachten eine erschütternde Nachricht. Die Römer standen vor uns.

Die Goden diskutierten, ob es sich bei diesen Römern um dieselben handelte, die wir in unserem Rücken wähnten, oder ob es eine andere römische Einheit sein konnte, die uns jetzt den Weg abschnitt. Letzteres wäre eine Katastrophe gewesen. Unsere Späher gingen aber davon aus, dass es sich um dieselbe Truppe handelte, die sie in der brennenden Stadt gesehen hatten. Problematisch war, dass alle Römer für uns gleich aussahen. Friedhelm kam zu dem Schluss, dass die römische Legion unseren Heerzug mithilfe ihrer ortskundigen gallischen Verbündeten überholt hatte und nun gut vorbereitet auf unsere Ankunft wartete. Wir konnten weder zu den Seiten ausweichen, da die Abhänge des Tals für den Tross zu steil waren, noch konnten wir umkehren. Unser einziger Vorteil war, dass dieser Teil des Tals dicht bewaldet war. Die Römer mieden den Wald, weil sie ihre Formation im Wald nicht so leicht halten konnten wie auf dem freien Feld. Außerdem setzten diese römischen Feiglinge gerne aus sicherer Entfernung Pfeil und Bogen, Speere und Katapulte ein, anstatt tapfer Mann gegen Mann zu kämpfen. Sie wussten, dass ihre Geschosse im Wald schon auf kurze Distanz wirkungslos wurden.

Unsere Späher berichteten, dass sich das Tal vor uns zu einer weiten Ebene öffnete, die nahezu unbewaldet sei. Die Römer hätten dort auf einem flachen Hügel ein befestigtes Lager errichtet. Sie konnten einfach abwarten, bis wir aus dem Wald kamen, und uns dann auf dem für sie günstigen Gelände angreifen. Ihr Lager bot ihnen noch dazu Rückendeckung. Friedhelm ließ uns bis in die Nähe des Waldrandes vorrücken. Als die Späher der Römer uns sichteten, stellten sich die römischen Soldaten auf freiem Feld zur Schlacht auf. Der Anblick dieser Armee war imposant. Vorne standen zwei Abteilungen mit Bogenschützen, dahinter in ordentlichen Rechtecken die einheitlich in rotem Stoff, Leder und Metall gekleideten Krieger der Römer mit ihren großen, viereckigen Schilden. An den Flanken standen Reiter, die allerdings nicht sehr zahlreich und schon gar nicht beeindruckend waren. Die Reiter trugen wie wir unterschiedliche Kleidung, die unserer ähnelte, und waren ganz offensichtlich keine Legionäre. Hinter den Römern standen vier Katapulte, die große Steine schleudern konnten, und vier gefährlich aussehende Speerschleudern. Auf dem Hügel, ein Stück hinter dem Schlachtfeld, erhob sich das Lager, das die Römer mit einem Graben und einem Wall umgeben hatten. Offenbar war ihnen genug Zeit vor unserer Ankunft geblieben, um zusätzlich einen Palisadenzaun oberhalb des Walls zu errichten. Insgesamt fanden wir diesen Anblick – wie auch unsere aktuelle Lage – recht unerfreulich.

Friedhelm ordnete an, dass sich unsere Krieger im Wald verbergen sollten. Wir durften den Rest des Tages rasten, um nach dem langen Marsch wieder zu Kräften zu kommen. Am nächsten Morgen würden wir angreifen. Ich war dankbar, dass ich jetzt nicht in Friedhelms Haut steckte. Die römischen Truppen waren in jeder Hinsicht im Vorteil. Die Goden brachten Tiu, dem Kriegsgott, und Wodan, dem Göttervater und Gott des

Todes, ein paar Ochsen als Opfer dar und gelobten den Göttern, nach der Schlacht jeden Römer zu ihren Ehren zu opfern, wenn sie uns den Sieg schenken würden. Tief im Wald versteckt wagten unsere Männer es, Feuer zu entzünden und die Opfertiere zu braten, damit die Krieger wenigstens eine Portion Fleisch zur Stärkung bekamen.

Am späten Abend rief Friedhelm den Rat der Goden zusammen und diskutierte den Schlachtplan. Die einfache Taktik „Losrennen und Zuschlagen“ würde diesmal nicht reichen. Der Plan musste ausgefeilter sein, wenn man gegen die Römer antreten wollte. Segimer erzählte uns, dass Friedhelm mit den anderen Goden das bestmögliche Vorgehen geplant hatte. Die Reiterei sollte sich in zwei gleich große Gruppen teilen und an der rechten und linken Flanke im Wald lauern. Sobald die römische Legion morgens ihr Lager vollständig verlassen hatte, würde unsere überlegene Reiterei den noch in der Aufstellung befindlichen Gegner rechts und links so schnell wie möglich umgehen und die Geschütze, die hinten standen, und auch den Feldherren der Römer, der auf einem Pferd saß und ein kurzes, rotes Cape trug, vernichten. In dem Augenblick, in dem wir Reiter auf die Besatzungen der Geschütze und die Leibwache des römischen Feldherren trafen, sollten unsere Krieger aus dem Wald vorstoßen und wie üblich einen mächtigen Frontalangriff gegen die Legionäre führen. Die Römer hätten im besten Fall zu diesem Zeitpunkt bereits ihre Geschütze und ihren Feldherren verloren und wurden von vorne durch unsere Krieger und von hinten durch die Reiterei bedrängt, wodurch auch der Vorteil des rettenden Lagers in ihrem Rücken aufgehoben würde. Der Dreh- und Angelpunkt des Plans war unsere starke Reiterei. Wir mussten Erfolg haben und den Römern den Rückweg in ihr Lager abschneiden, denn das würde ihre Moral entscheidend schwächen.

Die Nacht war ungewöhnlich kühl und es nieselte ununterbrochen. Ich fand in meinem Zelt dennoch etwas Schlaf. Aber draußen ungeschützt wie die meisten unserer Krieger zu übernachten, war sicherlich sehr ungemütlich. Vor Sonnenaufgang begab ich mich mit meinen Freunden und den cheruskischen Reitern auf unsere linke Flanke. Wir stellten uns im Schutz des stockdunklen Waldes auf. Doch irgendetwas stimmte nicht. Wir waren zu viele Reiter. Segimer nahm meinen beunruhigten Blick wahr und zuckte die Schultern. „Was soll ich machen? Kein Cherusker wollte zur Reiterei der Hohnen wechseln. Die Reiter der Hohnen müssen selbst klarkommen.“

Das bedeutete, dass auf der linken Flanke 700 Reiter der Cherusker standen und auf der rechten nur 300 der Hohnen. Insoweit hatte die von Friedhelm geplante Aufstellung schon vor Beginn der Schlacht eine unerwartete Schwachstelle. Ich wusste allerdings, dass die Reiter der Hohnen fünfzig geübte Doppelkrieger bei sich hatte. Die Doppelkrieger bestanden aus einem Reiter und einem besonders schnellen Läufer, der trainiert darin war, sich an der Mähne des Pferdes oder einem ledernen Halsriemen festzuhalten und sich mehr oder minder mitreißen zu lassen. Die Doppelkrieger waren fast so schnell wie normale Reiter, besaßen aber die Kampfkraft von zwei Männern. Dennoch war die Stärke der Reiterei auf der rechten Seite bei weitem nicht ausreichend.

Ich hörte den Lärm, mit dem das römische Heer ausrückte und sich zum Kampfplatz begab. Im Morgenrot war die Legion gut zu erkennen, die sich wie ein roter Lindwurm von dem Hügel herunterwand. Den Offizieren der Römer war bewusst, dass diese Phase kritisch war. Die leichtbewaffneten Bogenschützen und die wenigen römischen Reiter gingen sichernd weit voraus in Stellung, während sich das Gros der Legion bemühte, möglichst rasch die Kampfformation einzunehmen. Ein Bote erreichte Segimer und rief mit verhaltener Stimme: „Los! Greift an!“ Segimer hob sofort seinen Arm zum Zeichen des Angriffs und ritt voran. Die Hufe dröhnten dumpf über den weichen Waldboden. Kaum hatten wir den Wald verlassen, nahmen die Römer unsere Attacke wahr. Der Klang ihrer blechernen Hörner schallte über die Ebene, wurde von der Wand aus Bäumen zurückgeworfen und warnte vor uns. Ich blickte nach rechts. Auf der rechten Flanke preschten die berittenen Hohnen ebenfalls aus dem Wald. Wenigstens hatte die Koordinierung für einen gemeinsamen Kavallerieangriff funktioniert.

Ich nahm ein Zischen über mir wahr und schon klirrte ein verschwommener, länglicher Schatten mit starkem Schlag gegen meinen metallenen Schuppenpanzer. Der Pfeil, den mein Panzer abgefangen hatte, lag auf meinen Schenkeln. Ich griff ihn mit der Hand, in der ich die Lanze trug, und warf in weg. Gleichzeitig hob ich meinen runden Schild in die Richtung, aus der ich den Angriff vermutete. Segimer führte uns an den feindlichen Bogenschützen vorbei. Unser Ziel war es, zunächst die Römer zu umgehen und ihre gefährlichen Katapulte anzugreifen. Die Bogenschützen konnten wir uns später vornehmen. Im Nachhinein erwies sich diese Entscheidung als fataler Fehler. Wenn eine Reiterei auf Bogenschützen traf, musste sie sich immer zuerst die gefährlichen Fernkämpfer vornehmen. Dafür war die Reiterei da. Zumindest einen Teil von uns hätte Segimer auf die Bogenschützen ansetzen müssen.

Aus dem Augenwinkel sah ich eine größere Gruppe von Männern in kurzen, weißen Hemden, die allesamt gelocktes, schwarzes Haar hatten. Sie ließen Lederriemen über ihren Köpfen kreisen. Beinahe hätte ich über diesen ungewohnten Anblick gelacht. Die kleinen Männlein wirkten eher komisch mit ihren Lederriemen, doch sie waren ganz und gar nicht lächerlich. Ein Hagel aus fünfzig gut gezielten Steinen ging auf uns nieder. Das Pferd neben mir wurde am Kopf getroffen, schnaubte vor Schmerz und galoppierte dennoch weiter. Die Steinschleuderer schossen nun Steine in rascher Folge auf uns ab. Segimer reagierte auf diesen neuen Fernangriff sensibler und schrie einem seiner Unterführer zu, dass er sich die Männlein vornehmen solle.

Einen Augenblick später hörte ich ein metallisches Geräusch und spürte gleichzeitig einen harten Schlag am Kopf. Ich fühlte mich irgendwie abwesend, ganz leicht, wie im freien Fall, dann wurde mir schwarz vor Augen. Als ich erwachte, wurde um mich herum gekämpft. Es sah allerdings aus, als würden Cherusker gegen Cherusker kämpfen. Das Gesicht eines Kriegers blickte auf mich herab. „Du verschläfst noch die ganze Schlacht, Volker der Furchtlose!“ Ich spuckte Gras und Erde aus, die bei meiner unsanften Landung irgendwie in meinen

Mund geraten sein mussten. Nur langsam kam ich zu mir. Dieser Krieger, ich kannte ihn. Er war mir vertraut, aber irgendwie auch in unangenehmer Erinnerung. Plötzlich setzten mein Verstand und mein Gedächtnis wieder voll ein. „Kunolf! Ausgerechnet du hast mir geholfen?“ Er nickte. „Die Gallier hier wollten unseren Volker den Furchtlosen umbringen. Das konnte ich doch nicht zulassen.“

„Wie lange war ich ohnmächtig? Wo ist mein Pferd?“

„Du warst nicht lange bewusstlos. Deine Reiterfreunde sind von Legionären gestoppt worden, bevor sie die Katapulte erreichen konnten. Sie kämpfen jetzt auf dieser Flanke.“ Er wies mit dem Arm nach links und berichtete weiter: „Die andere Seite kann ich nicht einsehen, aber da die Katapulte unbehelligt auf dem Hang des Hügels stehen, wird auch die Reiterei der Hohnen versagt haben und abgefangen worden sein. Nach den Reitern stürmten wir alle los. Wir rannten so schnell, dass die Steine und Speere der römischen Katapulte wirkungslos in den Wald flogen und lediglich einige Äste von den Bäumen rissen. Ich bemerkte, wie sich einige Gallier von dieser Seite aus anpirschten und uns angreifen wollten. Und die machen wir gerade fertig. Es sind aber nur noch ein paar übrig, du musst dich beeilen.“

Mir schien es, als ob irgendetwas an Kunolfs Schilderung nicht stimmen konnte. Was hatten die Männer hier weit hinter der Front zu suchen? Es wirkte so, als wenn er mit seinen Kumpanen in die falsche Richtung gelaufen war, nämlich weg vom Schlachtfeld. Vielleicht war er auf seiner schändlichen Flucht zufällig mit den heimtückischen Galliern zusammengestoßen. Wie auch immer, wahrscheinlich hatte mir dieser Umstand das Leben gerettet.

Vorsichtig erhob ich mich. Mein Helm lag am Boden. Er hatte eine dicke Beule, die tief nach innen gedrückt war. Mein Kopf hatte an der entsprechenden Stelle ebenfalls eine dicke Beule, die aber nach außen quoll. Durch den Schaden war der Helm unbrauchbar für mich geworden. Ein Stein dieser kleinen, gelockten Männer hatte meinen Kopf getroffen. Unglaublich. Der Helm war wieder einmal zu meinem Lebensretter geworden. Ich massierte mein Gesicht, um die letzten Reste der Benommenheit zu vertreiben. Die leichtbewaffneten Gallier, die in den Diensten der Römer standen, stellten für Kunolfs kampferprobte Bande keine ernstzunehmenden Gegner dar.

Mein Pferd stand nicht weitab und graste, als würde es das ganze Kämpfen, Schreien und Sterben nichts angehen. Ich nahm meine Lanze und meinen Schild vom Boden auf. Als mein Pferd mich sah, legte es die Ohren an und schien tatsächlich gespannt darauf zu sein, was jetzt wohl geschehen würde. Ich stieg auf und ritt so schnell ich konnte zu meiner Reitergruppe. Es dauerte nicht lange, da sah ich Friedhelm und seine Krieger. Die Römer hatten ihnen offenbar mit einem schnellen Schwenk den Weg zu den Katapulten abgeschnitten und sie in einen wilden Kampf verwickelt. Die Front der Römer war an der Flanke ausgedünnt, selten mehr als einen Mann stark, doch sie standen Schulter an Schulter. Und jeder dieser kleinen Rockträger kämpfte aufrecht und mit bewundernswertem Mut. Mir schien es dennoch sicher, dass Friedhelms Männer in Kürze durchbrechen würden. Die Legionäre konnten die Front nicht gegen die Überzahl der cheruskischen Reiter halten. Hinter der Kampfreihe, kaum zwanzig Meter von den Kämpfenden entfernt, befand sich der römische Feldherr, der an seinem eleganten Brustpanzer, den edlen Beinschienen, dem wertvollen Helm und seinem roten Umhang leicht zu erkennen war. Hoch erhoben saß er auf seinem Pferd, einem vor Energie nur so strotzendem Schimmel, der viel größer und muskulöser war als mein Pferd. Der Feldherr brüllte seine Männer an, um sie anzuspornen. Ich verstand die hart klingende Sprache der Römer nicht, aber offensichtlich zeigten seine Ermahnungen Wirkung. Die Römer hielten weiter stand.

Gleichzeitig blickte sich der Feldherr um. Die Hauptmacht unserer Krieger hatte im schnellen Lauf in einer lang auseinandergezogenen Formation auf breiter Front angegriffen, um den Katapulten kein leichtes Ziel zu bieten. Das hatte die Römer gezwungen, ihre rechteckigen Gruppen ebenfalls über die lange Front auseinander zu ziehen. Zahlenmäßig befanden sich beide Armeen etwa im Gleichstand. Doch wir hatten effektive Reiter auf unserer Seite. Die Katapulte der Römer hatten ihnen keinen

Erfolg gebracht. Der Feldherr suchte weitere Reserven, um seine zusammenbrechende Flanke zu verstärken, die wir bedrängten. Doch es gab keine Reserven mehr. Er rief etwas zu den Besatzungen der Katapulte und winkte sie mit ausladender Geste herbei. Die Sprache der Römer ähnelte unserer, fand ich. Sie war kraftvoll und fest. Auf jeden Fall unterschied sie sich sehr vom säuselnden Tonfall der Gallier. Die Besatzungen der Katapulte folgten sofort dem Befehl ihres Feldherrn und rannten, nur mit ihren Kurzschwertern bewaffnet, zu der geschwächten Flanke, um ihre Kameraden zu unterstützen.

Ich bemerkte vor mir eine Lücke zwischen Friedhelms Kriegern, die längst stecken geblieben waren und ihren Schwung verloren hatten, und raste in vollem Galopp hindurch. Mein Pferd rannte einen Römer um, der samt Schild nach hinten flog. Ich erwischte einen anderen Legionär mit meiner Lanze, die ich diesmal mit einer eleganten Bewegung wieder freibekam. Dann stach ich nach links, von wo ein Römer mein Pferd mit dem Schwert bedrohte. Und plötzlich war ich durchgebrochen. Ich konnte es nicht fassen, ich befand mich im Rücken der Römer, die nur mühsam die entstandene Lücke verteidigen und wieder schließen konnten.

Einer inneren Eingebung folgend trieb ich mein Pferd erneut an, hob meine Lanze und holte aus. Meine Reiterlanze war nicht zum Werfen konstruiert. Dennoch musste ich die Gelegenheit, die sich mir durch meinen erfolgreichen Durchbruch bot, nutzen. Ich holte weit aus, zielte und warf meine Lanze mit einer mächtigen Bewegung nach vorne. Sie flog über die Köpfe von zwei berittenen Leibwächtern des Feldherrn hinweg, stieg höher, neigte sich in einem weiten Bogen – und traf den römischen Anführer. Die Spitze und ein Teil des dicken Holzschaftes durchschlugen seinen nackten Oberschenkel und drangen weiter tief in den schönen Schimmel ein, der sich wiehernd aufbäumte und in einer Wolke aus Blutspritzern auf die verletzte Seite zu Boden stürzte. Die Leibwächter wendeten ihre Pferde und ritten zu ihrem Feldherren. Ich wusste nicht, ob der Strom von Blut, der unter dem weißen Fell des toten Schimmels hervortrat, von dem Pferd oder dem Feldherren stammte. Jedenfalls bewegte sich der Römer nicht mehr.

Ich drehte ab und ritt an der Front im Rücken der Römer entlang, da mir kaum ein anderer Weg übrig blieb. Zwei der berittenen Leibwächter hatten meine Verfolgung aufgenommen. Ein paar Männer der Katapultbesatzungen änderten ihre Richtung und versuchten, mir den Weg abzuschneiden. Zusätzlich lösten sich ebenfalls mehrere Männer von der Front, um mich abzufangen. Diese Römer trugen besonders auffällige Helme mit quer stehenden, roten Federbüschen. Ich versuchte, im Zickzack an ihnen vorbeizureiten und keinem zu nahezukommen.

Mir war durchaus bewusst, dass meine Lage ausgesprochen lebensgefährlich war. Aber wenn ich mich schon in Lebensgefahr gebracht hatte, wollte ich meine Situation bestmöglich auskosten. In vollem Galopp hinter der feindlichen Linie rief ich unseren Kriegern, die ich gut sehen und hören konnte, Schmähungen zu, was sie für Feiglinge und Schlappschwänze seien. Das stachelte meine stolzen Gefährten zur Weißglut an, zumal sie außerordentlich neidisch darauf waren, dass ich durchgebrochen war und dadurch mit den Römern Katz und Maus spielen konnte. Noch bevor ich die andere Flanke, auf der die Reiter der Hohnen kämpften, erreichte, klangen metallische Hörner auf, die den Römern offenbar ein vorher vereinbartes Signal gaben. Die römischen Soldaten reagierten alle gemeinsam darauf und zeigten dabei eine Disziplin, die ich nur bewundern konnte. Erst jetzt fiel mir auf, dass ihre Gruppen trotz der weit auseinander gezogenen Linie immer noch eine gewisse innere Ordnung hatten. Die Legionäre orientierten sich an langen Stäben. Diese Stangen trugen oben eine metallene Hand, die von einem Kranz aus metallenen Blättern umschlossen war. Diese seltsame Hand schien gerade nach oben in den Himmel gestreckt zu sein. Darunter war ein Brett mit Schriftzeichen, die in nicht kannte, angebracht. Ein Stück tiefer hatten die Römer eine Art silbernen Teller an die Stange genagelt. So sah es jedenfalls für mich aus. Manche der Stangen trugen noch weitere Teller und andere Dekorationen. Jedenfalls richteten sich die Römer nach diesen Stangen. Sie gaben auf das Hornsignal hin die Frontlinie auf und sammelten sich nun kämpfend um diese Zeichen. Dabei wurden die Römer zwar weiter von allen Seiten von unseren Kriegern hart bedrängt, doch konnten sie sich eng formiert, Schulter an Schulter stehend, weitaus besser verteidigen. Die Gruppen setzten sich in Bewegung. In geschlossener Formation, ringsherum wie eine Wand aus Schilden, Speeren und Schwertern wirkend, liefen sie in kleinen, gleichmäßigen Schritten auf den Hügel zu.

Die Römer zogen sich zurück! Es war kaum zu glauben, aber wir hatten gewonnen. Die Legionäre flohen nicht Hals über Kopf, nein, sie kämpften tapfer weiter und vermieden dadurch die hohen Verluste, die eine panische Flucht oft nach sich zog. Aber alle strebten auf ihr befestigtes Lager zu. Friedhelm fiel gerade mit seinen siegreichen Reitern über die verlassenen Katapulte her, was allerdings eher sinnlos war. Offenbar erkannte er das auch. Er bemerkte, dass die formierten Gruppen der Römer immer näher kamen und sich irgendwann zu einem undurchdringlichen Ring vereinen würden, in dem er mit seinen Reitern gefangen sein würde. Deshalb ließ er seine Männer zwischen den römischen Formationen hindurchtraben und griff die Legionäre von äußeren Positionen aus an, die ihm jederzeit den Rückzug erlaubten.

Ich stieß endlich auf meine Stammesgenossen. Doch die Hohnen hatte es übel erwischt. Die Römer hatten fast alle erschlagen. Nur ein trauriger Haufen, dem überhaupt nicht mehr nach Kämpfen zumute war, blieb von den stolzen Reitern übrig. Die Krieger, die alle verwundet waren, verschnauften kurz, ließen die Legionäre abziehen und begannen, die gefallenen Römer auszuplündern. Das schien mir eine gute Idee zu sein.

Es war noch nicht einmal Mittag und die Schlacht war bereits vorbei. Der äußerst intensive Kampf hatte zu vielen Opfern auf beiden Seiten geführt. Etwa jeder zehnte Teilnehmer der Schlacht, ob Römer oder Germane, war gefallen. Auch die Cherusker stellten die Kampfhandlungen ein und plünderten die toten Römer aus, während sich deren überlebende Kameraden noch in ihr Lager zurückzogen. Selbst unsere gefallenen Stammesgenossen wurden um ihre Schätze und Waffen erleichtert, da sie diese jetzt nicht mehr brauchten. Bei der Gelegenheit wurden Schwerverletzte beider Seiten, die auf dem Schlachtfeld zurückgeblieben waren, von ihren Qualen erlöst.

Friedhelm ritt zu unserem Tross zurück und spornte die Wagenführer an, den Wald zügig zu verlassen und das Tal zu durchqueren. Er wollte möglichst schnell an dem Römerlager vorbei sein und eine gewisse Distanz zu den Legionären gewinnen. An einen Ansturm auf das befestigte Lager der Römer auf dem Hügel dachte er gar nicht erst, da dieser offensichtlich nicht zu gewinnen war. Da ich ein Pferd besaß, war ich auf dem schrecklichen Schlachtfeld mobiler und suchte gezielt Leichen von Römern mit besonders aufwendigen Helmen. Mir war aufgefallen, dass die Legionäre mit dem imposanten Helmschmuck meist wertvollere Münzen bei sich trugen. Unsere eigenen Leute durchsuchte ich nicht, da jeder ein anderes Versteck am Körper für seine Wertsachen hatte, während die Römer einheitlich gekleidet und ausgestattet waren. Außerdem verstanden meine Gefährten unter „wertvoll" zum Teil recht merkwürdige Gegenstände. Ich wollte Münzen und keine Bärenkrallen. Allerdings hatte ich mir inzwischen wieder einen passenden Helm und eine lange Reiterlanze von einem Gefallenen besorgt, um vollständig gerüstet zu sein. Mein zweischneidiges Spatha-Schwert steckte in seiner Scheide, meine Axt und die Frame hatte ich am Pferd befestigt. Während ich gefallene Römer durchsuchte, hörte ich aus der Ferne meinen Namen. Ich richtete mich auf und sah Segimer, der neben seinem Pferd stand und mir hektisch zuwinkte. Ich ließ sofort von meiner Beute ab, sprang auf mein Pferd und ritt in seine Richtung.

Beim Näherkommen erkannte ich, dass Segimer sich um einen verwundeten Kameraden kümmerte. Es war Eginhard, der schwer verletzt am Boden saß. Sein Pferd lag unweit tot im grünen Gras. „Volker, wir brauchen deine Hilfe. Bleib du bei Eginhard. Ich hole einen Wagen her, damit wir ihn mitnehmen können."

Eginhard bäumte sich auf. „Auf gar keinen Fall! Ich lasse mich nicht auf einen Wagen legen und wie ein Weib herumfahren. Ich laufe jetzt in den Wald zurück und verstecke mich. Entweder schenken mir die Götter mein Leben und ich werde gesund oder ich sterbe in Würde als siegreicher Krieger." Mir war klar, dass er über diesen Vorschlag nicht verhandeln würde. Für Eginhard gab es eine würdevolle Rettung oder keine. Ich sah, dass er eine klaffende Wunde im linken Oberschenkel hatte, die aber nur wenig blutete. Und außerdem noch eine kleine in der Taille, deren Tiefe sich allerdings nicht abschätzen ließ und die dunkel aussah.

Ich hatte einen Einfall. „Eginhard, wir setzen dich jetzt auf mein Pferd, und dann reiten wir beide gemeinsam in den Wald. Ich werde dich nicht verlassen, bis deine Wunden verheilt sind oder du nach Asgard gegangen bist.“ Segimers Blick hellte sich auf. Meine Lösung bot seinem Freund eine würdevolle Rückzugsmöglichkeit und zudem noch eine kleine Chance auf Genesung. Er nickte und berührte mit aufmunternder Geste Eginhards Schulter. „Genau so machen wir es. Aber wir setzen dich auf mein Pferd. Ich besorge mir ein anderes. Ihr werdet stolz als siegreiche Krieger in den Wald reiten. Bis zum Winter dauert es noch etliche Wochen, bis dahin geht es dir wieder gut und ihr könnt gemeinsam heimkehren. Zu zweit schafft ihr das leicht.“

Eginhard richtete sich mühsam auf. Wir hoben ihn gemeinsam auf Segimers Pferd, auf dem er sich kaum halten konnte. Der Abschied von Segimer fiel kurz aus, da es Eginhard sichtlich anstrengte, nicht vom Pferd zu fallen. Langsam ritten wir zurück. Von einem Karren, der uns entgegenkam, nahm ich zwei große Säcke Getreide herunter. Der Händler zeterte und tobte, doch ich zog nur kurz an meinem Schwertgriff und ließ die Klinge blitzen, da beruhigte er sich wieder. Die Waren gehörten ehedem Friedhelm und waren für die Versorgung des Heeres bestimmt.

Wir drangen so tief in den Wald vor, wie mein Freund es gerade schaffte. Für ihn musste es eine schier übermenschliche Anstrengung und unvorstellbare Qual gewesen sein, denn zu einem späteren Zeitpunkt entschied er sich in einer ähnlichen Situation doch lieber für den Wagen. Ich lehnte ihn an einen Baum und begutachtete seine Wunden. „Ob du überlebst oder nicht, hängt von diesem Einstich in deiner Seite ab. Ist er tief und hat er Eingeweide verletzt, wirst du sterben. Die Fleischwunde am Oberschenkel kann ich dagegen versorgen. Die kommende Nacht wird nicht kalt werden, sodass es nicht schlimm ist, wenn ich erst morgen eine Hütte baue. Zunächst aber muss ich einige Dinge suchen, die ich für die Wundversorgung benötige. Ich bin bald zurück.“ Er nickte tapfer.

Ich erinnerte mich gut daran, wie die Alte vom Teich die Wunden meines Bruders Arnulf versorgt hatte. Doch wie es immer ist, wenn man eine Sache dringend benötigte, so war es auch diesmal. Ich suchte ewig, bis ich geeignete lange Dornen fand. Dafür entdeckte ich einen Bienenstock und räucherte die Bienen aus, um an ihre beachtlichen Honigvorräte zu gelangen. Ich stieß auch auf einen Bach und füllte unsere Feldflaschen. Am Bach entdeckte ich Weiden und schälte zwei Hände voll Rinde von ihren Ästen ab.

Es war noch hell, als ich zu Eginhard zurückkehrte. Ich gab ihm von dem Wasser zu trinken. Danach schlug ich mit einem Stahlstück Funken aus meinem Feuerstein, die ich mit trockenem Moos auffing. Im Nu brannte ein munteres Feuer. Ich stellte einen kleinen Eisentopf mit Wasser ins Feuer und warf die Weidenrinde in den Topf. Sobald das Wasser leicht kochte, nahm ich es vom Feuer und ließ den Sud abkühlen. Inzwischen war es dunkel geworden. Im Schein der Flammen spülte ich Eginhards Wunden mit dem Sud aus und gab ihm den Rest davon zu trinken. Von den Dornen schabte ich die äußere Rinde ab. Dann träufelte ich Honig in die Wunden und verschloss sie, so gut ich konnte, mit den Dornen. Dabei erkannte ich, wie geschickt die Alte gewesen war. Für Eginhard war mein Erstlingswerk eine üble Tortur. Das Ergebnis war leider nur begrenzt überzeugend. Immer wieder brachen mir die Dornen ab, als ich versuchte, sie durch die Wundränder zu stechen. Aber irgendwann hatte ich alle Wunden verschlossen. Ich verfügte nicht über geeignetes Verbandsmaterial und bedeckte die Verletzungen deshalb mit Honig und großen Blättern.

Am nächsten Tag fühlte sich Eginhard recht gut. Die Wunden rochen nicht widerlich, auch wenn die Wundränder stark gerötet und dick angeschwollen waren. Wir verlegten unser Lager in die Nähe des Baches. Ich baute aus dünnen Holzstämmen, die ich mit Efeuranken festband und mit Tannenzweigen abdeckte, einen behelfsmäßigen Unterschlupf, in dem wir beide schlafen konnten und auch bei Regen nicht nass wurden. Den Boden legte ich dick mit trockenem Gras aus, das ich in der Nähe auf einer Wiese fand.

Doch am nächsten Morgen ging es Eginhard schlecht. Sein Körper glühte. Ich reinigte seine Beinverletzung, die akzeptabel aussah. Doch seine Bauchwunde stank und machte mir ernsthafte Sorgen. Über dem Einstich hatte sich eine dunkle Kruste gebildet. Die Wunde tat Eginhard sehr weh. Und wenn ich dagegen drückte, spritzte rötlich-weiße Flüssigkeit heraus. Ich gab Eginhard viel Weidenrinden-Sud zu trinken, doch da er inzwischen zu schwach war, um aufzustehen, urinierte er unter sich. Das belastete ihn fast noch schlimmer als die Schmerzen. Danach trank er nur noch so wenig wie möglich. Einen Tag später ging es ihm noch schlechter. Ich entschied mich, die eitrige Kruste von der Stichwunde zu entfernen, um sie zu reinigen. Die Schmerzen müssen höllisch gewesen sein, als ich die Wunde aufriss. Aber es gelang mir, viel von dem widerlichen Zeug zu entfernen, das sich darin gebildet hatte. Danach füllte ich das Loch mit Honig. Ich packte Eginhards Unterschenkel in nassen Schlamm vom Bachufer, um das Fieber zu senken. Das schien ihm gut zu tun. Wie oft ich die Schlammpackungen erneuerte, weiß ich heute nicht mehr. Jedenfalls rang Eginhard tagelang im Fieber um sein Leben und der Schlamm erwärmte sich immer wieder rasch.

Nach einer Ewigkeit ging das Fieber zurück. Die Hitze verließ seinen Körper. Er begann, langsam wieder zu essen und zu trinken. Wir konnten es beide nicht fassen, aber Eginhard hatte überlebt. Er war noch schwach, aber er erholte sich zusehends. Ich ging auf die Jagd. Das Fleisch gab ihm neue Kräfte. Die Gegend war wildreich, da hier keine Menschen wohnten. Ich erlegte Rehe, Biber, Enten und Schwäne und fing Kaninchen und Hasen mit Fallen. Unser Speiseplan war abwechslungsreich und sogar schmackhaft. Forellen gab es in den Bächen, fette Karpfen in den Teichen, überhaupt war das Land hier sehr fruchtbar. Für Waldbeeren war es schon zu spät im Jahr, auch andere Früchte waren längst von den Tieren abgefressen worden. Es gab viele Pilzarten, aber Pilze mochte ich nicht gern und kannte mich mit ihnen auch nicht aus. Pilze konnten giftig sein. Beim Grünzeug war das einfacher. Fast alles Grünzeug des Waldes war essbar. Ich kochte Eintöpfe aus Kaninchenfleisch und Brennnesseln, Wild mit Sauerampfer, Biber mit Löwenzahn und Knöterich. Uns konnte es kaum besser gehen. Störend war nur, dass meine Waffen in dem zunehmend feuchten Wetter Rost ansetzten und aufwendig gepflegt werden mussten. Besonders der metallene Schuppenpanzer nervte mich gehörig. Jede einzelne Eisenschuppe musste mühsam poliert und mit Wildschwein-Speck oder Schmalz eingerieben werden.

Da unser Lager und vor allem unsere Hinterlassenschaften in der näheren Umgebung langsam zum Himmel stanken und dadurch Ungeziefer angelockt wurde, verlegten wir den Schlafplatz ein Stück weiter zur Talmitte. Ein neuer Unterstand war schnell aufgebaut.

Zu Beginn des Nebelung (November) war Eginhard wieder so gut hergestellt, dass wir zusammen auf die Jagd gehen konnten. Die Nächte wurden kalt und unsere provisorische Überdachung reichte nicht mehr aus, um uns zu schützen. Nun stellte sich die Frage, wie es weitergehen sollte. Ich hatte absolut keine Lust, in meine Heimat zurückzukehren, auch wenn ich reiche Beute und herrliche Waffen mit mir führte. Mich dürstete nach weiteren Abenteuern. Eginhard fühlte sich mir verpflichtet. Vielleicht trieb ihn aber auch die Abenteuerlust. Jedenfalls entschieden wir uns, weiter ins Land der Gallier vorzustoßen. Natürlich mussten wir zunächst dieses Tal verlassen. Der geplünderten Stadt durften wir dabei nicht zu nahe kommen.

Ohne Ziel ritten wir nach Süden quer durch das Tal, passierten den Weg, den wir mit dem Heerzug nach unserem Überfall auf Toutiouagna genommen hatten, und überwanden den Bergrücken auf der anderen Seite. Von nun an hielten wir uns in ungefähr südlicher Richtung, versuchten aber, möglichst leichte Wege zu finden. Oft ritten wir an Bachläufen entlang oder nutzten Trampelpfade von Tieren. Menschen begegneten wir kaum. Auch hier lebten Gallier, die zum Stamm der Treverer gehörten. Sie wohnten, wie es ihre Art war, zumeist in gepflegten, ordentlich angelegten Dörfern. Nur selten stießen wir auf einzelne Gehöfte. Das Gebirge wurde immer steiler und schroffer. Wir ritten bergauf und bergab und überquerten so manchen breiten Wildbach. Als wir weit genug von Toutiouagna entfernt waren, trauten wir uns, auch durch die gallischen Dörfer zu reiten. In den Siedlungen stießen wir überraschend oft auf Gasthäuser, die uns eine warme Unterkunft boten. Draußen war es besonders in den Bergen bereits bitterkalt, erst recht nachts.

Wir sahen ganz und gar nicht wie die germanischen Händler aus, an die man hier gewöhnt war. Als bestens gerüstete, berittene Krieger löste unser Anblick vielmehr unmittelbar Angst und Schrecken aus. Die Männer in den Dörfern holten ihre Waffen und stellten uns zur Rede, was wir wohl im Sinn hätten. Eginhard konnte Gallisch und erklärte, dass wir Hohnen seien und eine Botschaft unseres Goden zu den Römern bringen sollten. Diese Erklärung war durchaus plausibel, da wir mit unserer Ausrüstung wie Boten eines germanischen Fürsten aussahen. Zudem kannte niemand den kleinen Stamm der Hohnen, weshalb es auch keine Feindseligkeit – über die übliche Abneigung hinaus – geben konnte. Und dass wir gar nicht genau wussten, wo wir die Römer treffen sollten, für die unsere Nachricht bestimmt war, nahmen die Gallier uns aufgrund unserer Herkunft aus dem tiefsten Germanien ebenfalls ab. Spätestens, wenn wir großzügig und im Voraus mit römischen Münzen für Übernachtung, Speise und Trank zahlten, zerstreuten sich jegliche Bedenken der Dorfbewohner.

Eginhard brachte mir, so gut es eben ging, Gallisch bei. Ich lauschte aufmerksam den Gesprächen der Einheimischen, um die fremden Worte zu verstehen. Zeit hatten wir an den langen Abenden genug. Offenbar hatte ich ein Ohr für Sprachen, denn ich lernte das Gallische schnell und vergaß keine einzige Wortbedeutung, wenn ich sie erst einmal erfasst hatte. Meine Lernerfolge motivierten Eginhard, mir auch die paar Brocken der Römersprache beizubringen, die er kannte. Die Sprache der Römer hieß Latina, wir nannten sie Latein, und sie war recht merkwürdig. Die handelnde Person in einem Satz drückten die Römer durch die Endung des Tätigkeitswortes aus. So hieß „Habeo“ übersetzt „Ich habe.“ Das „Ich“ war also quasi eingebaut in das Tätigkeitswort, was ich schwierig fand. Die Römer mühten sich mit dieser seltsamen Konstruktion ab, obwohl sie ein vernünftiges, leicht zu merkendes Wort für „Ich" hatten: „Ego". Um das Verständnis, wer eigentlich handelt, noch zu erschweren, setzten sie die Tätigkeitsworte gerne ans Ende des Satzes. So hieß „Ich habe kein Geld!", was ja glücklicherweise nicht auf Eginhard und mich zutraf, „Pekunia non habeo!". Das blieb mir nur deshalb in Erinnerung, weil ich ja erst vor kurzem die römischen Münzen kennengelernt hatte und der Begriff „Geld" für mich noch etwas Besonderes war. Eginhard prägte mir einen Satz ein: „Mihi linguam latinam non est." Das hieß wohl so viel wie „Ich kann kein Latein." Und außerdem sollte ich bei einem freundlichen Kontakt mit Römern sagen: „Germanus sum!", also „Ich bin Germane!"

Bei Problemen und Auseinandersetzungen mit Römern hingegen empfahl er mir „Gallicus sum!" zu rufen, „Ich bin Gallier!", weil die Gallier mit den Römern verbündet waren und besser behandelt wurden als Germanen. Römern fiel es offenbar schwer, Gallier und Germanen äußerlich zu unterscheiden, was ich kaum verstehen konnte. Germanen und Gallier waren an der Sprache und ihren Namen leicht zu unterscheiden. Zudem war die Kleidung der Gallier eleganter und feiner als die einfache, zweckmäßige Kleidung der Germanen. Und die Krieger ließen sich leicht daran unterscheiden, dass die Lieblingswaffe unserer Männer die Frame war, während dieser praktische Wurfspieß bei den Galliern überhaupt nicht verbreitet war.

Auf unserem Ritt stießen wir auf einen großen Fluss, der von Süden nach Norden floss und uns daran hinderte, weiter nach Westen vorzustoßen. Der Fluss hieß auf Lateinisch Saravus, auf Gallisch klang er bis auf die Endsilbe „-us" so ähnlich. Eginhard nannte ihn Saar, da er sich vage an einen Fluss dieses Namens auf gallischem Gebiet zu erinnern meinte. Offenbar hatten wir das Stammesgebiet der Treverer verlassen, denn hier bezeichneten die Gallier ihren Stamm als Mediomatriker. Die Gallier hatten ganz offenkundig eine Vorliebe für komplizierte Namen. Die Gegend an der Saar schien fruchtbar und angenehm, jedenfalls stießen wir auf zahlreiche Dörfer und fanden immer einen Unterschlupf vor den inzwischen bitterkalten Nächten.

Kapitel 12

So zogen wir südlich an dem Fluss Saar entlang, bis Schneefall einsetzte und wir uns ein großes Dorf mit einer bequemen Schenke suchen mussten, um zu überwintern. Diese Sache mit dem Geld war für mich immer wieder faszinierend. Als wir einen einladend aussehenden Gasthof in einem weitläufigen Dorf betraten, verstummten zunächst die Gespräche der anwesenden Gallier und der Wirt musterte uns eindringlich. Eginhard fragte ihn, ob er einen warmen Platz für uns hätte, um auf die Schneeschmelze zu warten. Als Antwort wurde sein Gesichtsausdruck noch ablehnender. Dann geschah das Wunder. Eginhard zog sechs Goldmünzen aus seinem Beutel, auf deren Rückseiten das Gesicht eines Römers glänzte, und hielt sie dem Wirt hin. Dessen Minenspiel klarte sich urplötzlich auf. Eginhard ergänzte, dass wir dafür Speise, Trank und einen warmen Schlafplatz bis zur Schneeschmelze wünschten. Der Wirt willigte sofort ein und nahm die Münzen an sich. Gold schien unglaublich begehrenswert zu sein. Ich erlebte später noch oft, wie gierig die Menschen danach sein konnten.

Mit dem Gasthof hatten wir eine gute Wahl getroffen. Der Wirt, der Troucetes hieß, ließ uns im Schankraum schlafen, der vom Feuer und den Leibern der tagsüber und abends anwesenden Gäste gut beheizt war. Bei den Galliern, die in die Wirtschaft kamen, handelte es sich um normale Bauern, wie ich selbst einer war. Im Winter hatten sie nicht viel zu tun. Das Vieh wurde versorgt, Gerätschaften ausgebessert, danach ging man ins Wirtshaus. Nicht alle verzehrten Speisen, viele kamen nur zum Reden oder zum Würfelspiel, das auch Eginhard und ich liebten. Von denen, die Bier tranken, bezahlten einige mit Münzen, andere mit Naturalien. Eine Kiepe Feuerholz brachte einen Humpen Bier, ein Huhn gleich drei.

Der Wirt hatte auch einfache Speisen im Angebot, die jedoch von den einheimischen Gästen kaum nachgefragt wurden. Außer Bier– und kostenloses Wasser für die Ärmeren – führte Troucetes ein Getränk, das Wein genannt wurde. Ich hatte davon schon bei der Plünderung von Toutiouagna gehört und einen Schluck gekostet. Mir schmeckte er nicht. Wein war viel teurer als Bier. Ein großer Humpen Wein kostete zwei kleine römische Kupfermünzen, die As genannt wurden, ein Bier die Hälfte. Troucetes erklärte, dass er den Wein von anderen gallischen Stämmen kaufen müsse, da das Getränk von den Mediomatrikern bisher noch nicht hergestellt werde. Der hiesige Boden und die sonnige Lage am Fluss eigneten sich jedoch gut zum Anbau der Beeren, aus denen das Getränk vergoren wurde. Einige Bauern hatten bereits Weinstöcke an den Hängen angepflanzt. Ich unterhielt mich lange mit den Bauern, die neuerdings Wein anbauten, über Pflanzung, Pflege und Ernte. Da sie begeistert von ihrer Neuerung waren, freuten sie sich, einem interessierten Germanen detailliert von der neuen Pflanze zu berichten. Auf theoretischem Gebiet wurde ich zu einem richtigen Weinbauern, der über Südhänge, Untergründe, Weinstöcke, Weinlese und Farbe wie Qualität der verschiedenen Trauben bestens mitreden konnte. Nur gesehen hatte ich noch keine. Und der scheußliche Geschmack des Weins trieb mich eher zur Flucht als ein gallisches Schwert.

Eines Abends setzte sich Eporedorix, der Häuptling des Dorfes, zu uns. Wir hatten uns ihm bereits vorgestellt, doch bisher hatte er unsere Nähe immer gemieden. „Ihr seid Germanen vom Stamm der Hohnen, wie ihr sagt?“

„So ist es!“, antwortete Eginhard, „Darf ich dir, geehrter Häuptling, ein Bier ausgeben? Beim Bier redet es sich leichter.“

Er nickte. „Sehr gern. Wann seid ihr denn über den Rhein gekommen?“

Eginhard schien zu überlegen. „Das ist eine ganze Weile her. Wir waren erst bei den Ubiern, doch dort haben wir keine hochrangigen Anführer der Römer gefunden.“

Das Gesicht des Häuptlings hellte sich auf, nicht nur, weil der Wirt drei Krüge brachte. „Euer Weg führte euch also nicht von den Treverern im Norden hierher?“

Eginhard schüttelte den Kopf. Eporedorix atmete sichtlich erleichtert auf. Wir stießen mit unseren Krügen an und tranken. Er erklärte: „Ich habe erfahren, dass die Treverer mit den Germanen neuerdings in Fehde liegen. Die Treverer haben ihre Bündnisse mit den Römern erneuert und vertieft. Grund dafür war ein Überfall der Cherusker auf eine Stadt der Treverer, die Toutiouagna heißt. Die Cherusker haben ganze Landstriche der Treverer geplündert und verheert. Alle Dörfer und Felder wurden verbrannt, einschließlich der Stadt Toutiouagna. Die Frauen wurden brutal vergewaltigt, die Kinder sinnlos abgeschlachtet. Und das, obwohl zwischen den Treverern und den germanischen Stämmen bisher eine enge Verbundenheit herrschte."

Zwischendurch hätte ich beinahe heftig widersprochen, aber es gelang mir, äußerlich ebenso unbeteiligt zu lauschen wie Eginhard. Eporedorix verschnaufte kurz, so hatte er sich in Rage geredet. Dabei musterte er uns aufmerksam. „Euer Glück ist, dass ihr damit nichts zu tun haben könnt. Die Römer verfolgten die Cherusker in Eilmärschen mit einer ganzen Legion und holten sie ein. Die blutige Schlacht soll drei Tage und drei Nächte ohne Pause gedauert haben, wie gallische Krieger aus den römischen Hilfstruppen mir persönlich berichteten. Dann seien die Cherusker in einem letzten, gewaltigen Aufbäumen durch die Linien der Römer gebrochen. Ihre ganze Reiterei hat sich auf den römischen Feldherrn gestürzt, der sich tapfer an vorderster Front wehrte und die Hälfte der Angreifer niedermachte, aber schließlich doch unterlag und von zehn Speeren durchbohrt niedersank."

Bei dieser weitgehend erlogenen Geschichte schoss mir vor Erregung die Röte ins Gesicht, doch ich hielt mich mannhaft zurück. Zumindest stimmten ja ein paar Teile der Erzählung. Doch es kam noch dicker: „Der letzte Überlebende der germanischen Reiterei ritt hinter der römischen Kampfreihe entlang und verhöhnte die Römer. Durch den schmerzlichen Verlust ihres Feldherren und durch diese Demütigung wurden die Legionäre so angespornt, dass sie alle Cherusker bis auf den letzten Mann erschlugen. Kein einziger Cherusker soll überlebt haben. Das war ihre gerechte Strafe, so wahr ich hier sitze."

Eginhard lächelte. „Wenn das die tapferen gallischen Krieger, die selbst an der Schlacht teilgenommen haben, so erzählen, wird es schon stimmen. Dann sind ja alle Verbrecher tot."

Eporedorix nahm noch einen tiefen Zug Bier. Er kam näher an uns herangerückt und fuhr beinahe im Flüsterton fort: „Eure Brüder, die Ubier, sehen die Sache mit den Römern ja ganz ähnlich wie wir. Hier sind wir doch am Ende der Welt, jedenfalls aus römischer Sicht. Was sollen wir Mediomatriker denn machen? Wir lieben es bequem. Verteidigen können wir uns nicht gegen die unzähligen römischen Soldaten. Die marschieren durch unser Gebiet, wie es ihnen gefällt. Und so ist es auch bei den Ubiern. Die mächtigen Treverer haben sich ja bisher eher an eure germanischen Landsleute gehalten, aber die Römer sitzen inzwischen überall. Sie sind übermächtig. Wenn eure Goden den Römern irgendwann Frieden anbieten, werden die Römer das Angebot sicher annehmen. Und danach kommen ihre Händler in euer Land, mit ihren schönen Waren. Und irgendwann badet ihr in einer römischen Badewanne, trinkt aus römischen Pokalen und baut eure Häuser aus Steinen. Ihr imitiert sie, prägt Münzen, kämpft um Edelmetall statt um Stahl und Vieh. Dann haben sie euch. Eure Goden nennen sich bald Könige, weil es modern ist und besser klingt, buhlen um das römische Bürgerrecht und euer Land wird eine Provinz. Erledigt."

Die Rede des Eporedorix erinnerte mich an das, was mir die Alte vom Teich vor etwa einem Jahr erzählt hatte. Diese Römer, ihr Ehrgeiz und selbst ihr Lebensstil waren gefährlich für uns. Jene lächerlich kleinen Rockträger, die so tapfer und verbissen kämpfen konnten, sie hatten etwas Besonderes an sich. Die schwarzhaarigen Kerle besaßen den Willen, die Welt zu erobern. Dabei passten sie in unsere Welt gar nicht hinein.

Wir saßen in diesem Winter noch oft mit Eporedorix und den anderen Männern des Dorfes zusammen und tauschten unsere Erfahrungen und Erlebnisse aus. Der Winter war mild und quälte uns nicht mit allzu viel Frost. Hin und wieder schneite es, aber meist taute der Schnee rasch wieder weg. Die Dorfbewohner nutzten das günstige Wetter, um allerlei Reparaturen vorzunehmen. Wir hatten Langeweile und halfen nach Kräften, was dankbar von ihnen angenommen wurde. Nach und nach gewöhnten sich die Gallier an uns, einige fassten regelrecht Vertrauen, welches wir nicht enttäuschten. Je enger der Kontakt wurde, desto öfter hatten wir auch Gelegenheit, mit der einen oder anderen jungen Frau zu sprechen. Auf die unverheirateten Frauen des Dorfs schienen wir eine gewisse Anziehungskraft auszuüben, besonders wohl ich. Wir waren fremd und unheimlich, sicher auch ein wenig bedrohlich, doch gerade das schien uns interessant zu machen. Die Väter begeisterte unsere Attraktivität für ihre Töchter allerdings nicht gerade. Eginhard und ich beschlossen, keinesfalls irgendetwas Unschickliches anzustellen. So begnügte ich mich mit den Erinnerungen an Astrid.

Der Lenzing (März) näherte sich und wir mussten an unsere Weiterreise denken. Der Wirt erklärte uns, dass der hiesige Fluss Saar in die Mosel mündete, die wiederum zum Rhein fließe. Mit einem leichten Fischerboot könnten wir über die Flüsse schnell und bequem wieder in germanisches Gebiet gelangen. Wir merkten uns das für die Rückreise.

Wenn man die Mosel flussaufwärts fuhr, erreichte man die Stadt Divodurum *(Metz)*, die Hauptstadt des hiesigen Stammes. Dort würden wir auf jeden Fall auf eine römische Besatzungstruppe und römische Handelsniederlassungen stoßen. Der Verlauf der Flüsse Saar und Mosel war allerdings für einen Kahn, der zwei Pferde, Vorräte, Waffen und Männer tragen konnte, nicht durchgängig schiffbar. Die Idee, uns mit einem schwankenden Kahn dem eiskalten Wasser anzuvertrauen, schien uns nicht überzeugend. Zumal wir den Kahn streckenweise auch noch über Land ziehen mussten. Der übliche Landweg nach Divodurum führte zwar über mehrere Gebirgsrücken, war dafür aber sehr viel kürzer als der Weg entlang der Flussläufe.

Als ich erzählte, dass ich am fünften Tag des Lenzing meinen siebzehnten Geburtstag begehen würde, freute sich Eginhard und nahm dieses Datum zum Anlass, unsere gallischen Freunde zu einer Geburtstagsfeier einzuladen. Danach wollten wir aufbrechen. Die Feier verlief feucht-fröhlich. Unsere gallischen Gäste verlangten im Alkoholrausch von uns, dass wir bis zum Vogelfest bei ihnen bleiben sollten. Das Vogelfest war ein Frühlingsfest, das unserem Frühlingsfest zu Ehren von Baldur sehr ähnlich war. Da es knapp zwei Wochen später gefeiert werden sollte, willigten wir gerne ein. Wirklich eilig hatten wir es ja nicht.

Das Vogelfest, Alwan Eiier, begann mit einer Vogelschau. Der Druide des Dorfes und alle anderen Bewohner hielten nach Zugvögeln Ausschau, die aus ihren südlichen Quartieren zurückkehrten. Sichtete man diese Zugvögel, wurde das als gutes Omen ausgiebig gefeiert. Zu diesem Anlass bekam ich zum ersten Mal den Druiden des Dorfes zu Gesicht, dessen einzige Aufgabe der Kontakt zu den Göttern war. Ich kannte keinen germanischen Stamm, der Druiden als eigene, herausgehobene Gruppe hatte. Die Gottesdienste wurden bei uns von den Goden abgehalten.

Der Druide war eine durchaus imposante Erscheinung. Er hatte lange, weißgraue Haare, ein vom Alter faltiges, aber glatt rasiertes Gesicht und dürre Arme und Beine, die ihn noch größer wirken ließen, als er ohnehin schon war. Seine weiße Kleidung wallte um seinen hageren Körper. In seinem Gürtel steckte eine goldene Sichel, die mir besonders ins Auge fiel. Eine rasch anwachsende Menschenmenge versammelte sich am Tag des Vogelfestes auf dem Dorfplatz, um nach Zugvögeln Ausschau zu halten. Seit Tagen flogen riesige Vogelschwärme über das Dorf, sodass kein Zweifel am Erfolg bestehen konnte. Aber wie es die Götter manchmal mit den Menschen treiben wollten, wohl um sie zu necken oder um einen Schabernack mit ihnen zu machen, ließ sich am Festtag kein einziger Zugvogel erblicken. Am frühen Nachmittag war die Stimmung auf dem Tiefpunkt. Alle hatten inzwischen einen knurrenden Magen. Einige Dörfler kehrten schon in ihre Häuser zurück. Da riss der Druide seinen knochigen Arm hoch. „Dort über dem Bergkamm. Gänse. Es müssen Hunderte sein." Alle blickten erleichtert mit einem lauten „Ah!" in den Himmel über dem bezeichneten Bergrücken, doch da waren nur dunkle Wolken. Ein Dorfbewohner sagte: „Ich sehe nichts. Man hört auch gar kein Geschnatter." Darauf hatte der Druide nur gewartet. Mit überraschend donnernder Stimme wies er den Zweifler zurecht: „Schäme dich! So ein junger Kerl und schon blind und taub! Mögen die Götter dir irgendwann scharfe Sinne schenken und dich aus deinem Dunkel herausholen. Ich alter Druide sehe die Gänse ganz deutlich, – so, wie es die Götter wollen. Ihr anderen seht sie doch auch?“ Niemand traute sich zu widersprechen. Ich konnte mir ein Grinsen nicht ganz verkneifen. Danach eröffnete der Druide zur Freude aller das Fest, das noch sehr schön wurde.

Am nächsten Tag packten wir unsere Sachen und brachen vormittags auf. Das halbe Dorf war da, um uns zu verabschieden. Zwei Fischer setzten uns mit einem Kahn über den Fluss und wir ritten bergan in den dunklen Wald. Der Weg nach Divodurum hatte einige steile Passagen, aber da er grundsätzlich für die Karren der Händler geeignet war, konnten wir ihn problemlos bewältigen. Händler begegneten uns unterwegs nicht, da der Weg für ihre Wagen zu Beginn des Frühlings noch zu matschig war. Die Berge waren dünn besiedelt, sodass wir oft nur provisorische Lager aufschlagen konnten und uns die Kälte über Nacht bis zu den Knochen durchfrieren ließ. Eginhard schimpfte, dass wir bei den Galliern verweichlicht seien. Die anstrengende Reise, die Kälte und unser karger Reiseproviant härteten uns rasch wieder ab. Auch der Winterspeck, den wir durch die gute Versorgung bei den Galliern angesetzt hatten, schmolz von unseren Körpern.

Als wir uns Divodurum schon so weit genähert hatten, dass wir die Stadt binnen eines Tages erreichen konnten, hatten wir ein merkwürdiges Erlebnis mit den Römern. Schon von weitem hörten wir Axtschläge und Rodungsgeräusche. Bald sahen wir eine große Gruppe fremdartig gekleideter Männer, die eine schnurgerade Schneise in den Wald schlugen. Die Schneise mochte an die sechzig Schritte breit sein. Die Männer trugen kurzärmlige Hemden, die für das Wetter unpassend waren, dazu die Hosen der Gallier, die irgendwie fremdartig an ihnen aussahen, und Sandalen. Ihre einfache Kleidung wirkte unbeholfen zusammengestellt und sollte die Männer wohl gerade so warm halten, damit sie arbeiten konnten. Diese Männer wurden von einer Handvoll römischer Soldaten bewacht, jedenfalls hielt ich sie dafür. Die schwerbewaffneten Römer hatten sich frierend in dicke Umhänge gehüllt. Diese Aufpasser trugen teils die plumpen Wurflanzen der Römer mit der langen, dünnen Eisenspitze, teils Pfeil und Bogen oder Keulen. Jeder trug einen Gladius. Mehrere hatten auch Peitschen in den Händen oder in den Gürteln stecken. Schilde sah ich keine. Zwei Wächter beobachteten die Arbeiten vom Pferd aus.

Die Arbeiter fällten Bäume, entfernten Unterholz, gruben die Wurzelstöcke aus und transportierten das Holz und Geäst zur Stadt. Ich überlegte, ob die Römer wohl die Mosel ins Gebirge umleiten wollten, aber dazu hätte das Wasser bergauf fließen müssen, was auch den Römern unmöglich war. Ich hatte keine Idee, warum man eine solche Schneise in den Wald hauen sollte. Denkbar wäre solch eine Schneise als Grenze zwischen Stammesgebieten, aber wir befanden uns im Kernland der Mediomatriker. Eine Grenze machte hier keinen Sinn.

Die Wächter musterten uns, als wir näher kamen, hielten uns aber nicht auf. Wir ritten entlang der Schneise. Eginhard erklärte mir: „Die Arbeiter sind Unfreie. Die Römer nennen sie Sklaven." Dass die Männer Unfreie sein mussten, hatte ich mir selbst auch schon gedacht. Auch Eginhard wusste nicht, was es mit der mühsamen Baumrodung auf sich hatte. Doch wir mussten nicht weit reiten, um das Geheimnis zu lüften. In der Mitte der Schneise hoben Sklaven einen tiefen Graben aus, der breit genug war, dass mindestens sechs Bewaffnete darin nebeneinander marschieren konnten. Oder zwei kleine Händlerkarren nebeneinander in ihm fahren konnten, ohne sogleich zusammenzustoßen. Wir gafften offenbar so ungläubig auf diesen Graben, dass die Wächter uns mit Handzeichen signalisierten, endlich weiterzureiten. Doch es wurde noch merkwürdiger. Ein Stück weiter füllten andere Sklaven den gerade ausgehobenen Graben wieder auf. Erst mit feinem, weißen Kies, dann mit Steinchen. Jede Schicht stampften sie sorgfältig fest. Das so entstandene Fundament bedeckten sie mit lehmartiger Erde, in die sie kunstvoll große Feldsteine setzten, die oben geglättet waren.

Jetzt verstand ich, was die Römer bauten. Sie legten einen mit Steinen gedeckten Weg an. Äußerst aufwändig, aber sicher auch enorm haltbar. Und dieser Steinweg war schnurgerade. Das fand ich beeindruckend. Ich sah zwei besser gekleidete, unbewaffnete Römer, die mit einem Gestell, von dem vier Fäden mit Loten herabhingen, den Verlauf des Weges festlegten. Sie wurden von einem älteren Römer beaufsichtigt, dessen Frau offenbar keine gute Näherin war. Er hatte sich eine lange Stoffbahn ohne jeden Schnitt oder irgendwelche Nähte so um den Körper gerollt, dass eine Schulter nackt der Natur ausgesetzt blieb und ein Arm kaum zu gebrauchen war, da er die Stoffbahn halten musste. Ein primitives und unpraktisches Kleidungsstück. Bald sollte ich erfahren, dass die Römer dieses Kleidungsstück Toga nannten und sie es keinesfalls primitiv oder minderwertig fanden.

Hinter der Baustelle führten wir unsere Pferde auf das fertige Pflaster. Die Pferde zögerten kurz, traten dann aber auf den harten Untergrund und liefen problemlos weiter. Tatsächlich stellten wir bald fest, dass nicht nur Krieger zu Fuß, sondern auch Reiter und Wagen auf dem gepflasterten Weg viel schneller vorankamen. Und durch die schnurgerade Ausrichtung der Straße war sie sehr übersichtlich. Hinterhalte und Überfälle konnten dadurch verhindert werden.

Wir ritten durch schön angelegte Felder. In der Ferne sahen wir bereits die Rauchsäulen von den zahlreichen Feuerstellen in der Stadt. Einige Bauern kamen uns entgegen, die nach ihrem Wintergetreide schauen wollten. Ebenfalls in unsere Richtung fuhren Karren mit dem Holz, das die Sklaven geschlagen hatten. Rechts und links tauchten erste Hütten auf und Stände von Händlern, die innerhalb der Stadt keinen Platz gefunden hatten. Divodurum hatte von dieser Seite, soweit wir sehen konnten, keine Palisade oder sonstige Befestigung. Vielleicht reichte der – von uns aus hinter der Stadt liegende – Fluss als Schutz aus. Wir hörten einen Tumult aus Geschrei und Waffengeklirr. Als wir näher an die Quelle des Lärms heranritten, sahen wir zwei Männer, die sich gegen sechs Berittene wehrten. Offenbar beschützten die beiden Verteidiger eine Art mannshohe, aufrecht stehende Kiste, die an den Seiten Vorhänge hatte und vorne und hinten Stangen zum Tragen. An den Stangen knieten vier junge Männer, die gegürtete lange Hemden trugen, wodurch ihre Glieder nackt waren und sie sicher frieren mussten. Die unbewaffneten Jünglinge griffen nicht in den Kampf ein. Vielmehr hatten alle schicksalsergeben ihr Haupt gebeugt. Offensichtlich handelte es sich bei ihnen um Unfreie, die keine Waffen tragen durften. Ich ahnte, dass in der Kiste eine wichtige Persönlichkeit saß, die aufgrund ihres Alters oder eines Gebrechens nicht mehr selbst gehen konnte und getragen werden musste. Dieser Mensch musste allerdings ganz schön fett sein, wenn er vier Träger benötigte.

Die unbeteiligten Händler, die sich in der Nähe befanden, rafften ihre Habe zusammen und brachten ihr Gut und sich selbst so rasch wie möglich in Sicherheit. Ein paar Stadtbewohner hatten angehalten und begafften aus sicherer Entfernung die Szene. Nur eine Frau rannte um Hilfe schreiend in Richtung Stadt. Die Gallier machten keinerlei Anstalten, den beiden bedrängten Kriegern zu helfen, die offensichtlich gerade überfallen wurden.

Wir zügelten kurz unsere Pferde. Eginhard sah mich auffordernd an. Mir blieb nur der Bruchteil einer Sekunde für eine Entscheidung. Mein Bauch sagte, dass uns der Überfall nichts anging und wir uns besser zurückziehen sollten. Mein Herz jedoch war mutig und wollte meinem Ruf als Volker dem Furchtlosen gerecht werden. Ich ließ mir meinen inneren Konflikt nicht anmerken und zuckte mit der rechten Schulter. Dabei sagte ich: „Es sind nur sechs!“ Eginhard grinste kurz und nickte mir wohlwollend zu. Gleichzeitig trieben wir unsere Pferde an und ließen unser Kriegsgeschrei hören. Durch unser schrilles Gebrüll wurden die Kämpfer wie die Gaffer aufgeschreckt und starrten zu uns herüber. Wir mussten ein beängstigendes Bild abgegeben haben. Zwei bis an die Zähne bewaffnete Germanen, die auf schnellen Pferden heranstürmten, die Lanzen und Schilde zum Kampf erhoben.

Vor einem Kampf durchflutete stets eine merkwürdige Kraft meine Glieder, die direkt von Tiu geschickt wurde, wie ich vermutete. Andere Krieger verspürten ebenfalls diesen Rausch, diesen göttlichen Hauch, der die Glieder stärkte und den Geist ungemein wach und klar werden ließ, wie ich aus Gesprächen wusste. Auch diesmal spürte ich diesen Schub, diesen Zustrom von Energie. Ohne Mühe streckte ich die lange Reiterlanze mit einem Arm noch weiter vor und hielt den hölzernen Schild eisern mit dem anderen Arm fest.

Der links stehende Reiter, auf den ich zu galoppierte, riss sein Pferd herum und streckte mir ebenfalls seine Lanze entgegen. Er trug weder Schild noch Brustpanzer. Ich sah das Erstaunen in seinen Augen, als er aufgrund des Aufpralls auf seiner Brust feststellte, dass seine Lanze eine Armlänge kürzer war als meine. Der Aufprall dauerte nur einen Augenblick. Dann sah ich die Panik und die Angst vor dem Tod in seinen verzerrten Gesichtszügen.

Die stählerne Spitze meiner Lanze drang durch sein ledernes Hemd in seinen Körper ein. Mit einem Ruck blieb sie stecken. Vermutlich hatte ich die Lanze durch seinen Brustkorb direkt in sein Rückgrat getrieben. Seine Lanze, die nun kraftlos auf mich zukam, stieß ich mit einer kurzen Bewegung meines Schildes weg. Es kommt eben doch auf die Länge an, dachte ich bei mir.

Ein anderer Reiter schlug mit einer eisenbeschlagenen Keule nach meinem Kopf. Ich ließ meine feststeckende Lanze los und wich aus. Wuterfüllt drängte sich der Keulenschwinger näher an mich heran und ließ einen mächtigen Schlag auf mich niedersausen. Ich fing den Schlag mit meinem Schild ab, der dabei zerbrach. Mir wurde bewusst, dass ich trotz meiner Schnelligkeit nicht rasch genug meine Spatha ziehen konnte, um den Angreifer abzuwehren. Schon hob er die Keule erneut. Ich signalisierte meinem Pferd mit dem Druck meiner Schenkel, dass es seitlich an den Gegner herantreten sollte. Mit einer nicht sehr eleganten Bewegung packte ich seinen rechten Arm und drückte ihn samt Keule nach hinten und nach unten. Die Keule streifte dabei die Flanke meines Pferdes, ohne Schaden anzurichten. Mein Gegner brüllte wütend und schlug mit seiner freien Linken nach mir. Es kam zu einem wüsten Gerangel hoch zu Pferde zwischen uns.

Ich warf die Reste meines Schildes, die mich behinderten, weg. Die Schläge meines Gegners gegen mich blieben wirkungslos, da ich den inzwischen leicht rostigen Schuppenpanzer und meinen Helm trug. Nur halbherzig wehrte ich ihn ab, da ich mit der linken Hand den kurzen Dolch erreichen wollte, der in meinem linken Stiefel verborgen war. Den Dolch hatte mir mein Vater zum Abschied geschenkt und mir versichert, dass ich ihn noch brauchen würde. Jetzt war die Stunde der kleinen Klinge gekommen. Ich spürte die hölzernen Griffschalen an meinen Fingern und zog den Dolch aus seinem Versteck. Ohne groß zu zielen stach ich zu. Mein erster Treffer schlitzte die linke Wange meines Gegners auf, sodass man in einem Schwall von Blut durch das geöffnete Fleisch hindurch seine Zähne sehen konnte. Er riss die Arme zur Abwehr hoch. Mein nächster Stich fuhr in einen seiner Unterarme. Ich wechselte die Klinge in die rechte Hand und grub sie seitlich bis zum Heft in seinen Brustkorb. Er bäumte sich schmerzerfüllt auf, aber ich stach ohne Gnade erneut zu. Wieder und wieder. Schließlich sank er stöhnend vom Pferd.

Endlich konnte ich mein Schwert ziehen. Mit Gebrüll wollte ich mich auf die verbliebenen Kämpfer stürzen, doch nur noch zwei Feinde saßen auf ihren Pferden, und die wandten sich gerade aus mehreren Wunden blutend zur Flucht. Eginhard schien unverletzt zu sein. Einer von den beiden Verteidigern lag regungslos am Boden, der andere saß verwundet neben der Tragekiste. Wir stiegen von unseren Pferden. Eginhard beugte sich zu dem Verletzten herunter. „Mein Name ist Eginhard. Der Kampf ist zu Ende."

„Habt Dank!", erwiderte der Mann, ebenfalls auf Gallisch, „Ich bin Opedix, der Leibwächter von Marcus Cornelius. In der Sänfte sitzt seine Tochter. Schaut bitte nach, ob es ihr gut geht!"

Ohne viel nachzudenken zog ich den Vorhang zurück und blickte in den Kasten. Der Anblick, der sich mir bot, verschlug mir den Atem. In der Kiste, die innen elegant mit Stoffen ausgeschlagen und gepolstert war, saß das schönste Mädchen, das ich je gesehen hatte. Zuerst erschrak sie vor mir und zuckte zurück, da ich nach dem Kampf sicher nicht mehr ansehnlich war. Doch dann erforschte sie mit einem unergründlichen Blick ihrer braunen, herrlichen, tiefen Augen die meinen. Ein Lächeln spielte um ihre wunderbar vollen, roten Lippen. Ich sah ganz kurz ihre hell weißen, perfekten Zähne aufblitzen. Das Mädchen trug ein wallendes Gewand, das fast so schneeweiß war wie ihre Zähne. Sie musste eine Römerin sein. Kein Zweifel. Die Tochter von Marcus Cornelius, hatte der gallische Leibwächter gesagt. Eine Römerin, nein, wohl eher eine Göttin der

Römer. Das Mädchen war ungefähr so alt wie ich. Ihre Haut war makellos und hatte einen samtenen Schimmer, der mich verleiten wollte, sie zu berühren. Doch ich hielt mich zurück. Nur nicht wie ein Barbar wirken. Latina, schoss es mir in den Kopf, du musst Latein reden. Ich überlegte mir eine Formulierung, aber meine Lateinkenntnisse waren noch viel zu schlecht. Ich fasste mir ein Herz und sagte: „Esne bonum, bella?“, was so viel heißen sollte wie „Geht es dir gut?“.

Sie lachte glockenhell, aber ohne dabei beleidigend oder arrogant zu wirken. So empfand ich es jedenfalls. Das Mädchen schüttelte den Kopf, um eine milde Form von Unverständnis zu signalisieren. Dann deutete sie mehrmals auf mich. „Salve amica! Ut vales hodie?“, sagte sie betont langsam und ließ mich die Worte wiederholen. Darauf nickte sie mir lächelnd zu und antwortete auf meine nun korrekte Anrede und Frage: „Heia! Bene me habeo.“

Ich zog meinen Kopf aus der Sänfte und sagte zu Opedix: „Es geht ihr gut, alles ist in Ordnung!“ Danach wandte ich mich wieder der Schönen zu. „Mi Nomen Volker der Furchtlose est!“ Ihr Lächeln war einfach umwerfend. Ich war verloren. Sie zeigte auf sich, als ob ich sie sonst nicht verstehen würde, und sagte: „Tuana!“

Tuana. Was für ein Name. So römisch. So stolz. So wohlklingend. Und so passend für dieses liebliche Wesen. Ein starker Männerarm zog mich zurück. Eginhard deutete auf Opedix. „Komm, hilf mir mal.“ Wir zogen Opedix hoch auf seine Beine. Er blutete aus verschiedenen Wunden, doch schwerwiegend war nur ein Schnitt, der seine linke Schulter geöffnet hatte. „Das kann ich versorgen!“, bot ich fachmännisch an. Opedix hob abwehrend den unverletzten rechten Arm. „Ich gehe lieber zum Leibarzt meines Herren. Aber nichts für Ungut. Ihr beide habt mir sehr geholfen. Wir hätten die Räuber nicht ohne eure Unterstützung abwehren können. Tuana wäre entführt worden. Oh, nicht auszudenken. Und ich wäre jetzt so tot wie mein Mitstreiter, der dort am Boden liegt. Vielen Dank euch beiden!“

Wie wir es gewohnt waren, durchsuchten wir die gefallenen Gegner nach Wertsachen. Opedix beobachtete unser Tun mit offensichtlichem Missfallen, wies uns aber nicht zurecht. Vielmehr fragte er: „Habt ihr Arbeit? Ich könnte Hilfe gebrauchen. Der andere Leibwächter ist tot und ich bin verletzt. Wenn ihr mich begleitet, werde ich meinen Herren fragen, ob er euch anstellt. Zumindest, bis ich wieder bei Kräften bin."

Ich war natürlich sofort begeistert. Die Aussicht, Tuana beschützen zu dürfen, brachte mein Blut in Wallung. Diese Wallung war ein unerklärliches Gefühl der Aufregung, ähnlich der Aufregung vor einem Kampf. Interessanterweise klärte die spezielle Erregung, die ich vor einem Kampf spürte, meinen Körper und Geist aufs Beste, während der Effekt genau umgekehrt war, wenn ich auf eine schöne junge Frau traf. Dann schien sich mein Geist zu vernebeln und meine Bewegungen wurden ungelenk. Sehr merkwürdig. Ich vermutete, dass der Ursprung dieser körperlichen Veränderungen mit den unterschiedlichen Göttern zusammenhing, die jeweils ihren göttlichen Hauch zu mir schickten. Vor der Schlacht stärkten Tiu und Donar meinen Körper, während vermutlich Freya und ihre Walküren mich in Gegenwart junger Mädchen verwirrten und benebelten. Vielleicht sollte ich Freya gelegentlich ein kleines Opfer bringen. Könnte nicht schaden.

Kapitel 13

Divodurum (Metz), Hauptstadt der Mediomatriker (Gallier)
April 39 vor Christi Geburt

Eginhard stützte den humpelnden Opedix, der keinesfalls auf Eginhards Pferd steigen wollte. Hinter den beiden folgten die Träger mit der Sänfte. Zum Schluss ritt ich sichernd hinterher. Den gefallenen Leibwächter wuchtete ich auf das freie Pferd, was Eginhard nicht ganz so gut gefiel, da die Leiche den schönen Sattel mit Blut besudelte.

So zogen wir in Divodurum ein. Diese Stadt war einfach nur schön. Die Häuser standen zwar dichter als bei uns zu Hause, waren aber ordentlich und fest gebaut. Die Gallier hatten einen anderen Baustil. Sie verwendeten mehr Holz und Bretter, während unsere Häuser praktisch alle in Fachwerkbauweise errichtet waren. Wir bevorzugten Konstruktionen aus Holzbalken mit Stroh- oder Reetdach, deren Zwischenräume mit dünnen Ästen verflochten und mit Lehm abgedichtet wurden. Die Häuser hier waren ebenfalls zumeist mit Schilf, Reet oder Stroh gedeckt. Die Wände bestanden allerdings aus Brettern, die geschickt gezimmert waren. Einige Häuser waren von ihren Bewohnern farbenfroh angemalt worden. Natürlich sahen wir auch Fachwerkhäuser mit Lehmwänden, aber Holz schien hier billig zu sein und wurde vielleicht deshalb gegenüber Lehm als Baumaterial bevorzugt. Die Hauptstraße war nach Römerart mit Steinen gepflastert, wobei man an den beiden Seiten ganz geschickt erhöhte Gehwege angelegt hatte. Schmutz und auch der Unrat aus den Häusern wurden in die vertiefte Gasse geworfen, wo sie der Regen wegwaschen konnte, sofern der Dreck nicht von Sklaven entfernt wurden. Wagen mit großen Holzrädern, die von Pferden, Eseln oder Ochsen gezogen wurden, rumpelten über die Straße. Hin und wieder kamen wir an Latrinen und auch Misthaufen vorbei, die jedoch offensichtlich regelmäßig ausgeschöpft und abgetragen wurden.

Der Grundwasserspiegel schien durch die nahe Mosel und einen weiteren Fluss, der hier in die Mosel mündete, hoch zu sein, da der Wasserstand in den Brunnen dicht an die Oberfläche heranreichte. Die Versorgung mit frischem Trinkwasser war also bestens sichergestellt. Außer den Handwerkern, die ihre Dienste und Produkte in offenen Läden an der Hauptstraße anboten, gab es zwei große Marktplätze, von denen einer sogar überdachte Stände für die Händler hatte. Da der Winter gerade erst vorbei war, hielt sich das Angebot an Lebensmitteln in Grenzen, aber hungern musste hier wohl niemand, soweit wir das wahrnehmen konnten. Zu jedem Wohnhaus gehörte ein Stall, aus dem so manches Blöken und Geschnatter zu hören war. Nach hinten hinaus hatten die meisten Häuser einen Garten, der für germanische Verhältnisse geradezu lächerlich klein war. Aber immerhin liefen und pickten ein paar Hühner darin herum und den einen oder anderen Apfelbaum sah ich auch.

Wir erreichten das Haus von Marcus Cornelius. Es war auffallend groß und hatte nicht nur das Erdgeschoss, sondern noch ein weiteres Stockwerk und darauf sogar noch ein hohes Dach, das mit Reet gedeckt war. Das Dach stand nicht so weit über, wie das bei uns üblich war. Das Haus wirkte wuchtig und war eines Goden würdig. Es bestand bis auf das Dach vollständig aus Holz, welches noch einen hellen Farbton ohne Spuren der Verwitterung hatte. Plötzlich fiel mir auf, dass das Haus Löcher hatte. Besonders im oberen Stockwerk befanden sich rechteckige, große Löcher, die sich mit Holzläden, welche tagsüber rechts und links zurückgeklappt waren, verschließen ließen. Die Löcher und diese Holzklappen fand ich ungewöhnlich. Vielleicht besaß das Haus viele Feuerstellen, weshalb man so große Rauchabzüge benötigte, dachte ich. Aber eigentlich war es äußerst unpraktisch, mehr als ein kleines Windauge als Rauchabzug oben am Dachfirst zu haben. Selbst damit hatten wir im Winter immer unsere liebe Not, wenn der kalte Wind durch das Windauge ins Haus zog. Und hier gab es gleich mehrere, noch dazu recht große. Warum man die Öffnungen seitlich in die sonst soliden Wände geschnitten hatte, blieb mir schleierhaft, da Rauch bekanntlich nach oben abzieht.

Die Bediensteten des Hauses entdeckten uns und verfielen in wüstes Geschrei. Man konnte ihnen das nicht verdenken angesichts der drei blutverschmierten Gestalten neben der Sänfte der Tochter ihres Herren. Zwei bewaffnete Wächter, die ähnlich gekleidet waren wie die Träger der Sänfte, rannten auf uns zu. Offensichtlich wollten sie Tuana verteidigen. Dabei wirkten die beiden Sklaven zwar stürmisch und furchtlos, aber insgesamt eher unbeholfen. Uns verängstigten sie nicht im Mindesten. Ich nahm dem Angreifer, der auf mich zu rannte, mit einer schnellen Bewegung seine kurze Stoßlanze weg, drehte sie um und verabreichte ihm mit dem Lanzenschaft eine ordentliche Tracht Prügel. Währenddessen hatte Eginhard seinem Gegner das Kurzschwert aus der Hand getreten und brachte ihn mit ein paar schallenden Ohrfeigen wieder zur Vernunft.

Laut brüllte Opedix Befehle. Ruhe trat allerdings erst ein, als Marcus Cornelius in der Tür erschien. Der Römer war nicht sehr groß, strahlte aber eine Autorität aus, die man geradezu körperlich spürte. Er blickte sich kurz um und erfasste die Szene, wobei ich mich regelrecht von den schwarzen Augen durchbohrt fühlte. Seine Hakennase kräuselte sich leicht, als er die Sänfte fixierte. „Tuana?“ Die schöne, junge Frau stieg aus der Sänfte und lächelte ihn an, wodurch er sich sichtlich entspannte. Er blickte uns an und machte eine auffordernde Handbewegung. „Kommt in den Wachraum!“ Ich war überrascht, dass der Römer Gallisch sprechen konnte.

Die Tür des Hauses führte in einen Flur, von dem links ein Raum für die Wachtposten abging. Rechts sah ich durch eine offene Tür in einen Lagerraum, in dem Fellballen und verschiedene Säcke und Kisten standen. Wir setzten uns in dem Wachraum um einen Tisch. Marcus Cornelius gab einem Sklaven einen Wink, der sofort aufsprang und frisches Wasser in eleganten Zinnbechern servierte. Opedix schilderte die Ereignisse. Cornelius nickte mehrmals und musterte uns während des Berichts immer wieder eingehend. Als Opedix mit seinen Ausführungen fertig war, dankte Cornelius uns für die Rettung seiner Tochter. Dann wandte er sich an seinen Leibwächter: „Du brauchst Verstärkung. Tuana ist eine aktive junge Frau und ich will sie nicht im Haus einsperren. Ich werde Tullius von der Baustelle abrufen. Er ist der Zuverlässigste von den Aufsehern.“ Opedix verdrehte die Augen. „Der Tullius, der neulich eine Sklavin vergewaltigt und danach ihren Mann zu Tode gepeitscht hat?“

Cornelius überlegte. „Ja. Aber er hat mir den Schaden ersetzt. Doch du hast recht. Der ist nicht geeignet. Wie sieht es mit den leibeigenen Hauswachen aus?“

„Schlecht. Die beiden Mutigsten hast du gerade draußen im Kampf erlebt. Die zwei Germanen haben keine Minute gebraucht, um diese Wachen abzuwehren und zu verprügeln.“ Marcus Cornelius atmete tief durch. „Ihr drei geht euch jetzt erst einmal waschen und lasst euch von meinem Arzt untersuchen. Wenn es nötig ist, wird er eure Wunden nähen und verbinden. Danach reden wir weiter.“

Opedix führte uns durch den Wachraum in das Haus. Dabei zog er eine Spur von kleinen Blutspritzern hinter sich her, die auf den sauberen Holzdielen unschöne Flecken verursachten. Der linke Flügel des Hauses war offenbar den Sklaven und freien Bediensteten vorbehalten. Aus unserer Sicht waren die Räume aller Bediensteten geradezu luxuriös mit Möbeln ausgestattet, aber was wirklicher Luxus war, sollte ich erst später erleben. In einem Waschraum halfen uns Sklavinnen beim Auskleiden. Sie erwärmten Wasser über einem Feuer, das in einem gemauerten Kamin brannte. Der Kamin hatte einen ebenfalls gemauerten Rauchabzug, der Schornstein genannt wurde. Die Idee, das Feuer in einer kleinen, zum Zimmer hin offenen Steinkammer und nicht mitten im Raum brennen zu lassen, war genial. Ich prägte mir die Bauweise ein, um später zu Hause einen eigenen Kamin nachbauen zu können. Da hätten wir oder unsere Vorfahren auch selbst drauf kommen können. So manches versehentlich abgebrannte Haus würde dann vielleicht noch stehen.

Für Eginhard und mich war es ungewohnt, uns von Sklavinnen waschen zu lassen. Wir nahmen ihnen die Lappen ab und schrubbten uns selbst das getrocknete Blut unserer Gegner von der Haut. Ein wenig genierten wir uns auch, was den jungen

Frauen auffiel, die sich darüber amüsierten. Opedix grinste uns an. „Das sind nur Sklavinnen. Wenn euch ihr Gekicher stört, lass ich sie verprügeln.“

„Nein, nein, die sind niedlich!“, wandte ich ein, „Aber für mich ist es seltsam, nackt vor den angezogenen Frauen zu stehen. Bei meinen Schwestern ist das etwas anderes, aber diese Mädchen sind mir fremd.“

„Das ist kein Problem!“, erklärte Opedix und wies die Mädchen an: „Zieht euch aus, sofort.“

Jetzt wurde es eher noch schwieriger für mich. Zum Glück kam bald der Arzt und untersuchte uns gründlich. Eginhard und ich waren unverletzt und gesund, doch Opedix musste wie erwartet dem Arzt in das Behandlungszimmer folgen, da mehrere Wunden versorgt werden mussten. Der römische Arzt klammerte die Wunden jedoch nicht mit Dornen, sondern nähte sie mit Nadel und Faden zusammen. Das fand ich ausgesprochen demütigend. Ein Mensch war doch kein zerrissenes Kleidungsstück! Aber die Wunden heilten danach gut, das musste man den Römern lassen.

Ein Sklave brachte uns in den rechten Flügel des Hauses, der im Erdgeschoss und ersten Stockwerk Lager- und Büroräume enthielt. Marcus Cornelius saß in einem Büro und schrieb Buchstaben auf eine ganz dünne Tierhaut. Er erklärte freundlich: „Ich berichte dem Senat von Rom, dass die Straßenbaustelle bald das Gebirge erreichen wird und ich mehr Mittel für den weiteren Bau benötige. Ich bin für den Straßenbau hier zuständig. Gleichzeitig habe ich das exklusive Recht, mit den Mediomatrikern und einigen anderen Stämmen Handel zu treiben.“ Das war eine sinnvolle Kombination, dachte ich. „Du baust dir also selbst die Straßen, auf denen deine eigenen Händler umso rascher mit deinen Waren vorankommen.“

Der Römer lächelte. „Ich habe in der Tat einige Vorteile davon. Zum Wohl des Imperiums, versteht sich. Mein Handelsunternehmen erstreckt sich von Italien bis in diese entlegenen Regionen Galliens. Ich habe Handelsposten in Nordafrika, bei den Iberern und in fast jedem Land, das an das Römische Imperium grenzt. Ihr könnt bei mir griechischen Wein kaufen, Felle aus Gallien, Elefanten und Löwen aus Afrika, Lehrer aus

Griechenland. Alles, was ihr euch vorstellen könnt. Auch mit den Germanen möchte ich gerne ins Geschäft kommen. Vier Dinge gibt es bei euch, die ich in Rom gut verkaufen kann. Das wichtigste Gut ist das hier."

Er nahm einen dunkelbraunen Stein, der auf seinem Tisch lag, hoch und warf ihn mir zu. Der Stein war leicht und fühlte sich warm an. Ich kannte diese Art von Stein. „Das ist Brennstein."

Cornelius zuckte zusammen. „Oh, Brennstein, nein, das hört sich viel zu vulgär an! Es ist doch keine Kohle. Ich nenne es Bernstein, das Gold der Germanen, die Tränen der nördlichen Meere, herrlichstes Amber."

Darauf musste man erst mal kommen. „Diese Steine gibt es massenhaft an den Stränden der Nord- und Ostsee!", erläuterte ich, „Die Stämme dort nutzen sie als Brennmaterial, wenn das Holz in strengen Wintern knapp wird. Viel wert ist es nicht. Für ein paar Äxte und Lanzenspitzen bekommt man im Norden sicher eine Wagenladung davon. Oder man sammelt die Klumpen einfach selbst am Strand auf."

„Das ist ja mein Konzept. Ich kaufe meine Ware dort, wo es sie im Überfluss gibt. Dann verkaufe ich sie in einer Stadt, in der dieses Gut zwar bekannt und gewünscht, aber selten und teuer ist. Bernstein ist in Rom noch nicht weit verbreitet, das Geschäft läuft erst an. Aber der Verkauf entwickelt sich. Der Stein ist leicht zu verarbeiten und sieht – poliert und in Gold oder Silber gefasst – einfach herrlich aus. Die römischen Frauen werden mir den germanischen Bernstein in Gold aufwiegen. Außerdem stellen die Germanen eine vorzügliche Seife her. Seife ist in Rom zwar nicht gebräuchlich, aber sie hat für die Körperreinigung Vorteile. Besonders die Haare werden mit ein paar Tropfen germanischer Seife ganz locker und weich. Jede Lieferung Seife aus Germanien kann ich verkaufen, noch bevor sie in Rom eintrifft. Und das für jeden Preis, den ich verlange."

Der Handel mit der Seife leuchtete mir ein. Aber dass die Römer keine eigene Seife herstellten, das fand ich doch ziemlich merkwürdig.

„Und das dritte Handelsgut?", fragte Eginhard.

Marcus Cornelius antwortete: „Blei. Rom verbraucht Unmengen an Blei. Und bei euch ist es reichlich vorhanden und billig zu bekommen."

Ich kannte Blei. Es war ein graues, weiches Metall, das eigentlich zu nichts taugte. Die Römer waren schon merkwürdig. Aber es kam noch seltsamer.

Marcus Cornelius fuhr fort: „Das vierte Handelsgut von euren Stämmen ist blondes Frauenhaar! Die Römerinnen machen daraus Perücken und tragen sie bei Festen."

Eginhard lachte. „Das wird kein großes Geschäft. Ich kenne keine Frau, die ihre Haare abschneiden und verkaufen würde."

Cornelius lachte. „Du irrst dich. Wenn du dem Ehemann eine neue Axt für die Haare seiner Frau, die ja von allein wieder nachwachsen, anbietest und der Ehefrau eine schöne Kette aus Silber mit bunten Glasperlen, bist du sofort im Geschäft. Die Haare bleiben nur vorübergehend kurz, aber das Schmuckstück, das mich in Italien kaum etwas kostet, und die Axt haben für das Paar einen bleibenden Wert."

Ich war beeindruckt. Auf so etwas musste man erst mal kommen. Ich hatte zwar nicht alles verstanden, aber das Prinzip des Handels war mir durchaus klar geworden. Und dafür brauchten die Römer diese gepflasterten Straßen, dachte ich. Dass sie die Straßen vor allem für die schnelle Verlegung ihrer Legionen benötigten, wusste ich damals noch nicht.

Marcus Cornelius musterte uns eingehend. Wir sagten nichts und hielten seinen Blicken stand. „Opedix hat mir vorgeschlagen, euch als Leibwächter einzustellen. Er hat gesagt, dass ihr ihm selbstlos geholfen habt, obwohl ihr ohne Gefahr für euch hättet weiterreiten können. Opedix hält euch für germanische Abenteurer, die jedoch redlich und von der hohen Moral der Germanen sind. Habt ihr überhaupt Interesse daran, mich und meine Familie zu beschützen? Ich muss mich blind auf euch verlassen können. Mehr noch, ich vertraue euch das Leben meiner Liebsten an. Dementsprechend gut werdet ihr bezahlt. Auch für eine bequeme Unterkunft und genug Essen wird gesorgt sein."

Ich bejahte die Frage schnell. Wahrscheinlich zu schnell, denn Cornelius runzelte überrascht die Stirn. „Von welchem Stamm seid ihr?“

Bevor ich etwas sagen konnte, antwortete Eginhard: „Wir sind Ubier.“ Das fand ich eine gute Idee, da die Ubier mit den Römern ja freundschaftlich verkehrten.

Kaum hatte Eginhard „Ubier“ gesagt, da kippte die Stimmung des Römers. Zornesfalten erschienen auf seiner Stirn. Unerwartet schrie er Eginhard an: „Ubier? Du lügst! Wenn ihr meine Familie beschützen wollt, müsst ihr mir gegenüber offen und ehrlich sein. Das ist meine Bedingung. Dann werde ich euch immer gerecht behandeln. Nun noch einmal: Wie lautet der Name deines Stammes, Eginhard?“

„Ich bin Cherusker. Und ich bin stolz darauf.“

Cornelius grinste. „Ja, das seid ihr alle. Du hast „Ubier“ unbetont, vielleicht sogar ein wenig verächtlich ausgesprochen. Ich kenne mehrere Ubier. Sie betonen ihren Stammesnamen mit Stolz. So, wie du eben „Cherusker“ gesagt hast. Meine Güte, ihr Germanen! Und du Volker, wo stammst du her?“

„Mein Stamm ist den Cheruskern benachbart. Wir nennen uns Hohnen. Ich hoffe, das habe ich deutlich ausgesprochen. Und mit genug Stolz!“

Marcus Cornelius lachte. „Ich glaube dir. Und eine Lüge erkenne ich nicht nur an der Betonung einzelner Worte. Wenn man lügt, dann lügt der ganze Körper. Das Gesicht, die Augen, die Schultern, die Arme und Hände. Manchmal sträubt sich ein Körperteil gegen die Lüge. Dadurch kommt es blitzartig zu einer verzerrter Mimik. Oder die linke Schulter zuckt ganz kurz. Wenn man auf diese winzigen, aber unstimmigen Signale des Körpers achtet, kann man Lügen fast immer erkennen.“

Ich muss zugeben, dass ich beeindruckt war. Der Römer schien noch zu überlegen, ob er uns trauen konnte. Dann fuhr er fort: „Die Cherusker haben unter ihrem Häuptling Friedhelm ihren guten Ruf gründlich verdorben. Sie fielen bei den Galliern ein und plünderten deren Gehöfte. Neulich haben Cherusker sogar eine Stadt der Treverer überfallen, Toutiouagna. Und sie haben auf dem Rückzug eine römische Legion geschlagen, die ihnen den Weg abgeschnitten hatte. Der unglückliche römische

Feldherr wurde getötet. Ich kannte ihn persönlich. Er war arrogant wie alle Scipionen. Nun hat er die Strafe für seinen Hochmut erhalten. Und die Cherusker entkamen mit ihrer Beute über den Rhein. Mit dem Überfall auf Toutiouagna hattet ihr beide hoffentlich nichts zu tun?“ Er sah in unsere Gesichter und hob abwehrend die Hände. „Oh, nein, ich will gar keine Antwort von euch!“ Der Römer erhob sich. Mir fiel erst jetzt auf, dass er Kleidung trug, die wie eine Kombination aus römischer und gallischer Tracht wirkte. Leder und Stoff waren geschickt kombiniert, wodurch seine Glieder vor der Kälte geschützt waren, aber dennoch der römische Stil erkennbar blieb. Die Kleidung schien praktisch und edel zugleich.

Marcus Cornelius führte uns durch sein Warenlager, das beide Etagen des rechten Flügels seines sehr großen Hauses einnahm. Wie er behauptet hatte, lagerten hier Güter, die zum Tauschen gedacht waren. Und alles, was er bereits bei seinem Handel erworben hatte, wie feste gallische und weiche germanische Seife, Bernstein, herrliche Felle und tatsächlich blondes Frauenhaar. Die Tauschobjekte, die er im Gegenzug anbot, waren ohne Frage für Gallier und Germanen begehrenswert. Der Schmuck, den er gegen das Frauenhaar eintauschte, war schöner als alles, was ich aus unserer oder der hiesigen gallischen Produktion kannte. Ich sah kistenweise hochwertige Messer und Kurzschwerter aus römischer Herstellung. Besonders interessant fand ich die stählernen Pflugscharen, die nach römischem Vorbild von gallischen Schmieden angefertigt worden waren. Diese Pflugscharen waren unseren von der Konstruktion und der Qualität her erkennbar überlegen. Ich hätte gerne einen Ochsen angespannt und mit solch einem Pflug ein Feld bearbeitet, nur um diese Geräte auszuprobieren. Von diesen Pflugscharen würde ich so viele mit nach Hause nehmen, wie mein Pferd tragen konnte. Selbst wenn ich nebenher laufen musste. Cornelius würde mir sicher einige verkaufen.

Nach dem Rundgang durch das Lager führte uns Cornelius wieder in den Wohnbereich der Sklaven und Bediensteten. Gleich links neben der Eingangstür befand sich der Raum für die Wachtposten, den wir schon kannten. Man musste diesen Raum durchqueren, um in den linken Flügel zu gelangen, in dem das Personal wohnte. Uns wurde ein schönes Zimmer im oberen Stockwerk mit zwei bequemen Betten, zwei Hockern, einem Regal und einer Wäschetruhe zugewiesen. Da der Flur, von dem die Zimmer abgingen, zum Hof hin offen und unverbaut war, fiel genug Licht durch die geöffnete Tür. Von diesem Gang aus konnte ich erkennen, dass das rechteckige, längliche Haus einen Garten als Innenhof hatte. Mitten in dem Garten befand sich sogar ein kleiner, gemauerter Teich. Sogar die Bediensteten lebten in diesem Haus sehr bequem. Ehepaare hatten eigene kleine Kammern. Sonst wohnten meist je acht Personen in einem Zimmer zusammen, das zum Wohnen fast so viel Platz bot wie das ganze Haus meiner Familie. Interessant waren die Stock-Betten. Die Schlafplätze waren auf einem flächigen Holzgestell so übereinander aufgebaut, dass unten vier und oben vier Sklaven schlafen konnten. Das sparte enorm Platz in dem engen Raum. Immerhin hatte jeder Sklave seine eigene Matratze und Decke.

Es gab eine Küche, einen Aufenthaltsraum mit Kamin und einen Waschraum. Ich hatte noch nie so extrem saubere Wohnräume gesehen, die noch dazu angenehm rochen. Nun verstand ich auch den Sinn der großen Windaugen. Sie dienten nicht dem Rauchabzug, sondern sollten Licht und frische Luft in die Räume lassen. Unten im Erdgeschoss gab es nur wenige dieser Öffnungen und die waren mit eisernen Gittern gesichert.

„Das sind Fenestra oder, wie ihr sie leicht abgewandelt in eurer Mundart nennt, Fenster", erklärte Marcus Cornelius, „Das Haus ähnelt im Aufbau einer römischen Villa, ist allerdings überwiegend aus Holz gebaut. Steine gibt es hier zwar viele auf den Feldern, wo sie nur stören, aber die Gallier haben kaum Steinbrüche. Wegen des Straßenbaus ist Stein für mich kostbar. Alle Steine, die wir sammeln oder erwerben können, verbauen wir in der Straße. Zur Baustelle der Straße werden wir morgen gehen."

Danach führte er uns in den Innenhof, der wirklich schön als lieblicher Garten gestaltet war. „Der Garten ist meiner Familie vorbehalten. Wenn meine Tochter im Haus ist, braucht ihr sie nicht zu begleiten. Ihr bleibt innerhalb des Hauses im linken Flügel, von außen gesehen. Aber für den Notfall solltet ihr alle Räume kennen. Deshalb zeige ich euch jetzt meine Familienwohnung." Wir betraten das Hinterhaus durch einen eigenen Eingang, den man vom Hof über einen seitlichen, überdachten Gang erreichte. Der Hof wurde ringsherum von diesem überdachten Gang umschlossen. Die Zimmertüren des Personalflügels öffneten sich zu diesem Flur hin. Im oberen Stockwerk war er ebenfalls zum Innenhof hin offen.

Als ich das Herrenhaus betrat, schritt ich in eine andere Welt. Die Wände waren glatt verputzt und farbenfroh bemalt. Ich sah fremdartige Szenen mit muskulösen Männern, mit unbekannten Göttern und mit Frauen, die in unschicklicher oder gar keiner Kleidung musizierten. An den Eingängen standen Säulen, die aber nur aus kunstvoll verputzten Holzbalken bestanden. Auf den holzgetäfelten Böden lagen Teppiche oder Felle. Gleich zwei Räume im Erdgeschoss ließen sich mit großen Kaminen heizen. An den Wänden standen steinerne Standbilder von nackten Menschen, die so kunstvoll aus dem ungewöhnlich glatten Stein gehauen und bemalt worden waren, dass sie absolut lebendig wirkten. Und sie waren alle wirklich splitternackt.

Ich konnte mir nicht vorstellen, wofür die zahlreichen Möbel gebraucht wurden. Mir reichte eigentlich ein Hocker oder eine Bank zum Sitzen und eine Schütte Stroh zum Schlafen. Aber hier gab es zahlreiche Liegen und Sessel aus feinstem Holz, die mit Stoff gepolstert waren. Ich sah kleine Tische, die so zierlich gearbeitet waren, dass sie wohl kaum einen Humpen Met tragen konnten. In den Frauengemächern standen Truhen, die vor Kleidungsstücken und Stoffen überquollen. Ich hatte noch nie eine ähnliche Pracht gesehen. In einem Regal fielen mir Becher und Krüge auf, die aus purem Gold waren.

„Diese Schätze darfst du niemandem zeigen, Marcus Cornelius!", mahnte ich und deutete auf das Gold, „Dadurch werden Diebe und Gesindel magisch angezogen."

Cornelius nickte. „Ihr seid dafür da, dieses Gesindel davon abzuhalten, meine Familie und mich zu belästigen. Aber könnt ihr selbst der Verlockung des Goldes widerstehen?"

Ich nickte. „Wir sind wohlhabend genug. Da würde mich solch eine neue Pflugschar schon mehr reizen."

Cornelius lachte laut. „Das ist gut! Eine Pflugschar ist interessanter als Gold. Das ist wirklich gut!"

Wir verließen das Herrenhaus, ohne dass ich Tuana zu Gesicht bekommen hatte, was mich ein wenig betrübte.

Cornelius führte uns um das Haus herum. Der Abstand zu den Nachbarhäusern betrug sechs Schritte, doch die Nachbarn hatten die seitlichen Außenwände des römischen Anwesens genutzt, um Unterstände zu bauen oder Schuppen, die sich einfach an die benachbarte Außenwand von Cornelius Haus anlehnten. Hinter dem Haus befanden sich die Latrine, eine Scheune, in der neben Heu und Stroh auch eine riesige Menge Brennholz lagerte, und ein Pferdestall. Um dorthin zu gelangen, musste man sich durch die Hütten, die die Nachbarn in dem Durchgang erbaut hatten, regelrecht durchschlängeln. Das war besonders mit einem Pferd unangenehm und auch nachts, wenn man kurz zur Latrine wollte. „Und, wie findet ihr mein Landhaus hier in der fernen Provinz? Es ist prächtig und sicher, oder?"

Ich nickte. „Prächtig ist es ohne Frage. Aber sicher ist es nicht. Die Fenster im oberen Stockwerk sind nicht vergittert. Die Anbauten der Nachbarn rechts und links vom Haus machen es nicht nur schwer, zur Latrine zu kommen, sie verringern auch die Sicherheit deines Hauses. Zum einen geben die Schuppen und Unterstände Dieben Deckung. Zum anderen würden sie im Falle eines Feuers in einem der Nachbarhäuser diesem Nahrung geben. Bei uns brennen durch die offenen Feuerstellen öfter Häuser ab, da wir keine Kamine haben. Ohne Abstand zum Nachbarn gibt es keine Chance, dein Haus im Brandfall zu retten."

Cornelius musterte mich aufgrund der Kritik ein wenig verstimmt. Er entgegnete: „Die Fenster oben sind sicher. Wir haben es ausprobiert. Kein Dieb schafft es, in das obere Stockwerk zu klettern."

Ich grinste ihn herausfordernd an. Vielleicht hatten das Männer ausprobiert, die nicht von Kindesbeinen an auf jeden Baum klettern können mussten, um nicht vom Wolf gefressen zu werden. Ich für meinen Teil konnte jedenfalls hervorragend klettern. Ohne weiteres Zögern trat ich an die Hauswand und war Augenblicke später oben am Fenster. Ich zog mich hoch, trat auf das Fensterbrett und sprang in das obere Stockwerk des Herrenhauses. Und da stand sie vor mir. Erst dachte ich, eine der herrlichen Statuen vor mir zu sehen, aber Tuana war lebensecht und weitaus schöner. Offenbar kleidete sie sich gerade um, denn sie trug nur ein wallendes, weißes Kleidungsstück, das ihre schlanke Figur umspielte wie die schäumende Gischt eines Wasserfalls. Unter diesem zarten Tuch zeichnete sich die Silhouette ihres nackten Körpers deutlich ab. Im ersten Augenblick erschrak Tuana, dann erkannte sie mich. Sie lächelte mir zu. Ihr Lächeln wurde geradezu anzüglich. Langsam ließ sie das Kleidungsstück von ihren Schultern herab auf den Boden fallen.

Mein Herz schlug mir bis in den Kopf. Bumm, bumm, bumm. Das Dröhnen raubte mir den Verstand. Nie hatte ich einen schöneren Anblick genossen. Nie hatte mich ein Anblick so tief berührt und wahrhaftig bewegt. Ich entschuldigte mich hastig – und dazu, wie mir später auffiel, in meiner Muttersprache – und sprang wieder auf das Fensterbrett, um rasch herabzusteigen. Ihr Vater hatte von alledem nicht das Geringste mitbekommen und schob die Röte meines Kopfes auf die Anstrengung durch das Klettern.

„Die Fenster werden vergittert!“, stellte Cornelius lakonisch fest, doch das schien mir plötzlich gar keine so gute Idee mehr zu sein. Doch es war entschieden. Der leichte Zugang zu Tuana wurde vergittert. Cornelius fügte hinzu: „Ich werde die Nachbarn auffordern, ihre Schuppen von meiner Hauswand zu entfernen. Wir lassen das alles abreißen. Du hast recht mit der Feuerschneise zu den anderen Häusern. Hier besteht alles aus Holz. Das brennt wie Zunder, wenn es trocken ist. Daran habe ich nicht gedacht. Ich habe mein Leben bisher in Häusern aus Stein verbracht.“

„Eine Anmerkung hätte ich noch. Mitten in dem Garten, also auf dem Innenhof des Hauses, befindet sich ein kleiner, künstlich angelegter Teich. Leider ist der Teich nur eine Handbreit tief. Wenn ihr ihn, sagen wir, mindestens zwei bis drei Schritte tief ausschachten lassen würdet, hätten wir nicht nur einen Wasservorrat, sondern auch gleich noch einen Löschteich."

„Auch das soll geschehen. Ihr steckt voller Ideen und Überraschungen. Ich werde euch gut brauchen können", lobte Marcus Cornelius, „Ich treffe mich jetzt mit wichtigen Handelspartnern, die extra vom Fluss Saravus zu mir gekommen sind. Richtet euch inzwischen nach euren Wünschen ein oder seht euch Divodurum an, wie es euch beliebt. Morgen früh reiten wir gemeinsam zur Baustelle der Straße."

Eginhard und ich gingen zum Pferdestall, um nach unseren Pferden zu sehen. Der Stallbursche hatte den Tieren die Sattel, Pferdedecken und Satteltaschen bereits abgenommen und sie abgerieben und versorgt. Wir nahmen unsere Waffen und das Gepäck an uns und gingen ins Haus. Als wir den Wachraum betraten, durch den jeder gehen mussten, um in den Personalflügel zu gelangen, hielten uns die beiden bewaffneten Sklaven dort auf und riefen hektisch nach hinten. Da sie Latein sprachen, verstand ich sie nicht. Nach kurzer Zeit betrat ein älterer Mann den Raum, dem die bewaffneten Wächter respektvoll Platz machten. Er trug einen sandfarbenen Überwurf, der von einem breiten Gürtel gehalten wurde. Aus seiner Kleidung schlossen wir, dass dieser kräftige Mann zwar ein Sklave, aber offenbar von höherem Rang war. Ihn begleiteten zwei weitere Wachen. „Ich bin Gaius, der Hausverwalter. Alle Bediensteten unterstehen mir. Legt bitte eure Waffen ab. Sie werden in der Waffenkammer verschlossen." Eginhard runzelte die Stirn. Ich ahnte, was jetzt kommen würde. Er legte seine Satteltaschen, den Schild und die Reiterlanze auf den Tisch. Dann schlug er Gaius mit einer mächtigen Geraden direkt ins Gesicht. Der Obersklave taumelte rückwärts und brach an der Wand zusammen. „Kein Unfreier befiehlt mir irgendetwas!", erklärte Eginhard ruhig.

Augenblicklich stürzten sich alle vier anwesenden Wächter auf uns. Doch ihre Bewegungen waren langsam, ihre Schläge ungezielt und das Gegenteil von hart. Es fiel uns nicht schwer, diese vier erbärmlichen Gegner zu verprügeln. Offensichtlich waren die Wächter überhaupt nicht im Kampf geübt. Sich mit uns anzulegen, war zwar mutig von ihnen, aber auch schmerzhaft dumm. Zwei verloren wie Gaius rasch das Bewusstsein, die beiden anderen hatten nicht das Glück. Nun hatten wir schon sechs unserer eigenen Wächter verprügelt und dazu noch den Obersklaven. Kein schlechter Schnitt für den ersten Tag.

Mit unseren Waffen und dem Gepäck gingen wir in unser Zimmer. Nachdem wir uns eingerichtet hatten, baten wir in der Küche um Essen. Die Köchin schlug sechs Eier in die Pfanne, dazu gab es geräucherten Speck und ein so weißes Brot, wie ich es noch nie gesehen hatte. Es war köstlich. „Ich habe in meinem Leben kein so weiches und weißes Brot gegessen. Es schmeckt göttlich", lobte ich die Köchin, eine korpulente Sklavin, die deswegen breit grinste. Sie erklärte: „Das Brot backe ich nach Art der Römer nur aus feinstem gesiebten Weizenmehl. Es enthält weder die Schalen der Körner noch Sauerteig." Ich nickte anerkennend. „Wahrlich ein Brot, das auch den Göttern schmecken würde." Ein junges Mädchen betrat die Küche und erstarrte kurz, als sie uns am Tisch sitzen sah. Doch rasch fasste sie sich und lächelte uns zu. Die Köchin sagte: „Das ist Morag, meine Tochter." Morag mochte etwa mein Alter haben, schätzte ich zutreffend, auch wenn ihre knabenhaft schlanke Figur und ihre zarte Haut sie jünger wirken ließen. Die Tochter der Köchin war recht hübsch. Und wenn sie genauso gut kochen konnte wie ihre Mutter, war sie für jeden Mann eine gute Partie.

„Morag ist im heiratsfähigen Alter", erläuterte die Köchin ungefragt und recht direkt.

„Mutter!", stieß Morag peinlich berührt hervor. Doch die Köchin war nicht zu bremsen. „Ich suche einen freien Mann für sie, der sie von unserem Herren freikaufen und gut für sie sorgen kann. Für einen Sklaven ist mein Kind als Ehefrau zu gut!"

Darauf wussten wir keine Antwort. Aber das hinderte uns nicht daran, ausgiebig das leckere Essen zu genießen. Offensichtlich trauten sich die anderen Bediensteten nicht in die Küche, solange wir uns dort aufhielten. Da es jetzt im Frühling früh dunkel wurde und wir müde waren, zogen wir uns bald in unser Zimmer zurück und legten uns schlafen. Ich hatte noch nie in einem derart luxuriösen Bett geschlafen. Es bestand aus einem kreuzweise mit Seilen bespannten Rahmen, der auf vier Beinen ruhte. Auf den Seilen lag eine stoffbezogene Matratze, die mit Rosshaaren ausgepolstert war. Auf der Matratze wiederum lagen eine feine Decke und weiche Kissen. Zum Zudecken gab es eine dicke, schwere Decke. Ich genoss dieses Bett, konnte aber nicht einschlafen, da ich immer wieder Tuanas nackten Körper vor meinem geistigen Auge sah. Ihr Bild raubte mir den Schlaf. Das war furchtbar, aber auch furchtbar schön.

Am Morgen nahmen wir im Gemeinschaftsraum der Bediensteten ein nahrhaftes Frühstück zu uns. Allerdings wollte sich niemand zu uns setzen. Die Köchin und ihre Tochter arbeiteten in der Küche und waren nicht zu sehen. Danach warteten wir am Stall auf Marcus Cornelius. Cornelius ritt mit uns zur Baustelle der Straße, stellte uns dem Ingenieur und seinen Vermessern vor und erklärte uns den Aufbau der römischen Straße. Vor allem sollte die Straße haltbar sein. Regenwasser sollte schnell ablaufen und versickern. Und Baumwurzeln durfte es nicht gelingen, die Straße von unten anzuheben oder zu durchbohren. Die Vermesser erklärten uns ihr Messgerät, das im Wesentlichen aus einem Holzkreuz bestand, von dem vier Lote herabhingen. Warum die exakten Messungen erforderlich waren, erschloss sich mir nicht so ganz. Es interessierte mich auch nicht.

Viel interessanter war die Zeltstadt, in der die Techniker, die zahlreichen Sklaven und deren Aufseher untergebracht waren. Die Zelte waren von hervorragender Qualität. Es gab sogar ein Küchenzelt und eine Krankenstation. Die Bauarbeiter wurden von einem eigenen Arzt versorgt, der zu meiner Überraschung selbst Sklave war und wohl aus Griechenland stammte. Wo dieses Griechenland lag, wusste ich allerdings nicht. Nie gehört. Aber es sollte ein besonders zivilisiertes Land sein. Der Arzt hatte häufig mit Handverletzungen zu tun, aber auch Erkältungskrankheiten mit Fieber waren an der Tagesordnung. Wenn ein Sklave überhaupt nicht mehr auf der Baustelle eingesetzt werden konnte, wurde er weit weggebracht. Cornelius erklärte, dass er über siebzehn große Handelsschiffe verfügte, darunter drei Galeeren, die gerudert wurden. Rudern konnten auch Männer, die nur drei Finger an einer Hand hatten. Die Arbeit auf diesen Galeeren war unter den Sklaven nicht beliebt, weshalb alle schnell wieder gesund werden wollten. Wir lernten auch den Sklavenaufseher der Baustelle kennen, der Tullius hieß und uns recht unsympathisch war. Er sprach nur Latein und betrachtete die Sklaven als Vieh. Cornelius erklärte, dass Tullius aus einem verarmten Zweig einer alten Römerfamilie stammte. Daher hielt er sich für etwas Besseres.

Abends bekamen wir wieder gutes Essen und gingen früh in unser Zimmer. Ich war hundemüde und freute mich auf mein Bett. Doch bevor ich einschlafen konnte, knarrte die Tür. Eginhard und ich griffen zu unseren Schwertern, da hörten wir einen kurzen Schrei. „Halt, ich bin es nur!“, rief Morag uns zu.

Wir waren verwirrt, das junge Mädchen hier allein in unserem Zimmer zu sehen. Sie erklärte: „Die anderen haben große Angst vor euch. Sie schicken mich, um euch besser gelaunt zu stimmen. Ich werde diese Nacht bei euch verbringen, wenn ihr versprecht, keine Bediensteten mehr zu verprügeln.“ Sie löste den Knoten, der ihr einfaches Kleid über ihrer Schulter festhielt, und der Stoff fiel zu Boden. Eginhard stöhnte: „Oh, Danke, liebe Götter! Mädchen, du kommst zur rechten Zeit! Ich verspreche dir alles, wenn du nur zu mir in meine Arme kommst!“

Ich verdrehte die Augen. Das konnte ja wohl nicht wahr sein. Während sich Eginhard und Morag vergnügten – und ich hatte den deutlichen Eindruck, dass auch Morag Spaß hatte –, konnte ich wieder kein Auge schließen. Offenbar kannten die beiden keine Rücksichtnahme mir gegenüber. Endlose Zeit später lagen sie endlich ruhig da und blickten zu mir herüber.

„Äh, Volker, schläfst du?“

„Witzig, Eginhard, sehr witzig. Bei dem Lärm?“

„Sei nicht sauer! Soll Morag jetzt zu dir kommen?“

„Hast du einen Knall? Ich will doch nicht der Zweite in ihr sein!“

Morag und Eginhard flüsterten, dann sagte Eginhard: „Sie macht es dir anders! Mit dem Mund. So wärst du nicht der Zweite.“

Oh, gute Götter, ich wollte nichts mehr davon hören, drehte mich zur Wand und zog die dicke Decke über meinen Kopf.

Wirklichen Schlaf fand ich so aber auch nicht. Leise verließ Morag unser Zimmer. Sie hatte ihren Auftrag, uns zu besänftigen, zumindest bei einem von uns äußerst erfolgreich erledigt.

Am nächsten Tag hatte Cornelius keine Aufgaben für uns. Daher erkundeten wir ausgiebig die Stadt. Divodurum war wirklich sehr schön gelegen. Doch die Befestigungen der Stadt waren jämmerlich. Die Römer hatten vor kurzem eine neue Holzbrücke über die Mosella gebaut und dort eine steinerne Burg errichtet. Diese hatte feste Mauern, einen imposanten Torbau und einen umlaufenden Graben. Diese Burg, die von den Römern Castrum genannt wurde, war von fünfzig Legionären besetzt. Offenbar hielt man diese kleine Mannschaft und die strategisch günstige Lage der Stadt zwischen zwei Flüssen, Sümpfen und dem Gebirge für einen ausreichenden Schutz.

Da wir auch die nächsten Tage nicht ausgelastet waren, überlegten wir uns, dass die Wachmannschaft des Hauses unbedingt trainiert werden musste. Eginhard befahl Gaius, jeden Morgen vier der Wachmänner hinter das Haus zum Üben zu schicken. Am ersten Tag hatten die Sklaven höllische Angst vor uns. Die Kerle waren schlaff und kraftlos. Wir mussten mit Grundübungen beginnen, bevor überhaupt an Kampfspiele zu denken war. Wettrennen und Dauerläufe, auf Bäume klettern, Schuppen als Hindernisse überwinden, Baumstämme heben, Rollen vorwärts und rückwärts, Handstand, Liegestütze. Am nächsten Tag konnten sie sich kaum bewegen. Sofort nahmen wir uns die nächsten vier vor. Keiner wurde von uns geschlagen. Vielmehr lobten wir die Besten und feuerten die Schwächeren an.

So trainierten wir die acht Wachmänner reihum. Es dauerte nicht lange, da spürten die Sklaven erste Erfolge. Wir ließen kleine Kampfspiele in die Übungen einfließen. Erst begannen wir mit Ringkämpfen. Danach übten wir Tritte und Faustschläge. Die Männer lernten zu fallen und blitzschnell wieder aufzuspringen. Bald bezogen wir die vier Sklaven, die üblicherweise die Sänfte tragen mussten, in unsere Übungen ein. Auch sie sollten Kämpfen können.

Da mein Schild zerbrochen war, bat ich Cornelius um die Erlaubnis, mir Holz für einen neuen Schild aus der Scheune nehmen zu dürfen. Doch das fand er zu provisorisch. „Geh in die Waffenkammer und suche dir einen Schild aus. Dort sind alle Arten vorhanden, es wird schon einer für dich dabei sein. Wenn du aber den schwarzen Schild nimmst, musst du ihn mir später unbedingt zurückgeben." Ich stimmte ihm zu. Wer wollte schon einen schwarzen Schild? Danach suchte ich Gaius, der mir die Waffenkammer aufsperren sollte. Dies tat er widerwillig. In dem Raum lagerten alle möglichen Waffen. Keulen, Speere, Lanzen, Schwerter, Schilde, Dolche und Rüstungen. Die riesigen Legionärsschilde waren für Reiter ungeeignet, aber es gab auch runde und ovale Reiterschilde, die mir gefielen. Plötzlich sah ich im hinteren Teil des Raumes einen schwarzen Schild, halb verborgen unter anderen Waffen. Ich wühlte ihn hervor.

„Den nicht!", stieß Gaius hervor. Ich beachtete ihn gar nicht. Der Schild war seltsam. Sehr leicht, aber offensichtlich aus Metall. Ich schlug dagegen und versuchte ihn zu biegen. Der Schild war stahlhart, aber gleichzeitig elastisch genug, um einen Stoß zurück federn zu lassen. Die Metallplatte schmiegte sich regelrecht an meinen Körper, als wäre sie genau für meine Maße gemacht. Der Griff war rutschfest und lag gut in der Hand. Ich trat ins Licht und betrachtete den Schild eingehend. Ich hatte nicht viel Ahnung von Eisen und Stahl, aber dieser Schild schien aus mehreren dünnen Lagen verschiedener Stähle geschmiedet zu sein. Sehr merkwürdig.

„Dieser Schild gehörte einem Arkaner!", mahnte Gaius geradezu ehrfürchtig, „Nimm die Finger von ihm! Wenn du den Schild an dich nimmst, werde ich Cornelius darüber unterrichten. Das wird viel Unheil über dich bringen!" Ich überlegte, welche Antwort wohl passend sein könnte. Da fiel mir wieder ein, dass Gaius ja ein Unfreier war. Mein Faustschlag brach seine fast verheilte Nase erneut. Der Hieb brach mehr als das. Diesmal begriff Gaius endgültig, wer von uns die Befehle gab oder Drohungen ausstoßen durfte.

Tuana bekam ich in den nächsten Wochen nicht zu Gesicht. Dafür lernte ich ihre Mutter Helvia, die Frau des Marcus Cornelius, kennen. Ich bewachte sie, wenn sie sich mit der Sänfte in die Stadt tragen ließ. Dort traf sie sich mit befreundeten Familien oder besorgte Kleinigkeiten auf einem der Märkte. Ich war immer in ihrer Nähe, doch sie schenkte mir keine Beachtung.

Wir beschafften für unsere Truppe kurze Stöcke, um ihnen den Umgang mit Messern beizubringen. Sobald die Sklaven damit kämpfen konnten, rüstete ich die vier Träger der Sänfte mit großen Dolchen aus, die sie zur Abschreckung offen im Gürtel trugen. Ich schärfte ihnen ein, bei einem Zwischenfall jeweils zu zweit an den Seiten der Sänfte Aufstellung zu nehmen und die edle Insassin mit ihrem Leben zu verteidigen. Letzteren Befehl nahmen sie erst richtig ernst, als ich ihnen erklärte, dass alle vier sofort hingerichtet würden, wenn Helvia oder Tuana entführt oder verletzt würden. Ihre einzige Chance, bei einem Überfall zu überleben, war der Kampf bis zum Sieg. Niederknien und Wegducken gab es nicht mehr. Sie schluckten und übten nun noch eifriger den Messerkampf.

Morag nervte mich immer mehr, da sie Eginhard jeden Abend besuchte. Es war ganz offensichtlich, dass sie niemand dazu zwang. Wir erfuhren später, dass sie den anderen Sklaven erzählte, unsere Bedingung für den Verzicht auf Prügelstrafen war, dass sie jeden Abend zu uns kommen musste. Die anderen Sklavinnen bemitleideten sie, einige beneideten sie wohl auch. Auf jeden Fall wurde sie für ihr Opfer von allen bevorzugt behandelt, bekam das Beste vom Essen und das eine oder andere kleine Geschenk.

Zwischendurch wäre ich gerne aus der besonderen Not, die ein junger Mann aufgrund aufschäumender innerer Säfte hin und wieder empfand, auf Eginhards und Morags ursprüngliches Angebot zurückgekommen. Doch sie wiederholten es nie mehr.

Interessant war allerdings, dass Morag nach ein paar Tagen erklärte, Eginhard müsse sich nun bis zu ihrer nächsten Blutung eine eng genähte Schweineblase überstülpen, damit sie kein Kind empfangen konnte. Das merkte ich mir. Offenbar brauchte der weibliche Körper nach der Blutung einige Tage, bis die Frau wieder ein Kind empfangen konnte. Danach musste das Paar eine Schweineblase benutzen, um das zu verhindern. Das gefiel Eginhard aber nicht sehr.

Kapitel 14

Gelegentlich unternahm Helvia einen Ausflug zu einem Landgut, das dem Mann einer Bekannten von ihr gehörte. Außerhalb der Stadt mussten Eginhard, Opedix und ich die Sänfte immer zu Dritt als Leibwächter begleiten. Diese Besuche verliefen völlig ereignislos. Ich lernte, dass mein neuer Beruf überwiegend langweilig war.

Die Frühlingssonne wärmte inzwischen schon kräftig. Das Wetter war angenehm in dieser Gegend. Es regnete nicht so viel wie bei mir zuhause. Auch sank die Lufttemperatur in den Nächten nicht ganz so tief ab. Endlich bekam ich den Auftrag, Tuana bei einem Ausflug zu beschützen. Sie wollte auf einen Markt gehen und danach am Ufer der Mosel frische Luft schnappen. Aber nur innerhalb der Stadt. Dennoch entschied Cornelius, dass Eginhard und ich sie gemeinsam begleiten sollten. Opedix benötigte er selbst als Leibwächter für einen Ausflug zu einem Kunden. Tuana wollte eigentlich auf die Sänfte verzichten, doch das akzeptierte ihr Vater nicht. Da der Weg nur kurz war, liefen Eginhard und ich einfach neben der Sänfte her. Der Tag war herrlich. Am Marktplatz angekommen, stieg Tuana natürlich aus der Sänfte, um sich die angebotenen Waren von Nahem anzusehen und zu prüfen. Sie schlenderte über den Markt und kaufte süße Beeren, die unglaublich teuer waren. Diese besonderen Beeren ließ der Händler von einem schnellen Reiter von weit her nach Divodurum bringen. Ich kaufte ebenfalls ein Holzkörbchen mit dieser Köstlichkeit. Die Beeren wogen kaum ein Pfund, kosteten aber zwanzig Denare. Zum Vergleich muss man wissen, dass Cornelius uns einen Denar, also eine römische Silbermünze, pro Tag zahlte. Das war immerhin mehr, als ein römischer Legionär verdiente, aber weniger, als zum Beispiel ein geschickter römischer Tischler erzielen konnte. Zusätzlich genossen wir freie Kost und Logis. Für die meisten Gallier war der Preis dieser Beeren dementsprechend unerschwinglich hoch.

Tuana aß ihre Beeren gleich und auch ein wenig gierig, vergaß aber nicht, mir, Eginhard und sogar den Trägern der Sänfte welche anzubieten. Ganz bescheiden nahmen wir jeder nur eine einzige. Dann stieg sie wieder in die Sänfte und ließ sich zur Mosel tragen. Die Mosel war hier nicht breit. Am Ufer lagen einige Fischerboote, Fähren und Lastkähne. Tuana griff sanft nach meiner Hand und rief Eginhard beruhigend zu: „Warte bitte hier mit den Trägern. Du brauchst keine Angst zu haben, egal, was passiert!" Eginhard nickte überrumpelt. Ich spürte ihre zarte Hand in meiner und fühlte regelrechte Hitzewellen durch meinen Körper fließen.

Wir schlenderten an der Mosel entlang. Ich genoss dabei jeden Augenblick. Doch einen bloßen Spaziergang hatte sie gar nicht vorgehabt. Plötzlich schob sie mich auf eines der Boote. „Los, rauf da!" Und sprang hinterher. Der Fischer, der gerade seine Netze ordnete, bekam einen furchtbaren Schreck. „Leg sofort ab!", befahl Tuana ihm. Ohne Zögern gehorchte er. Eginhard kam angerannt und schimpfte uns hinterher. Tuana drückte dem Fischer zwei Denare in die Hand. „Fahr uns irgendwo hin, wo es schön ist."

Zum Glück war der Fischer nicht dumm. Er ruderte ein ganzes Stück flussabwärts, bis er an einer kleinen Insel, die mitten im Fluss lag, anlegte. „Hier seid ihr sicher. Ein schönes Fleckchen Erde." Und das war es. Die schmale Insel war mit dichtem Grün bewachsen und hatte eine geschützte Bucht mit einem weißen Sandstrand. Die ganze Insel maß vielleicht fünfzig Schritte in der Länge, aber sie war unser Reich. Wir erkundeten unser Eiland eingehend, dann setzten wir uns in den Sand und unterhielten uns. Mein Latein war nur wenig besser geworden, deshalb war es wohl mehr eine Übungsstunde als eine Unterhaltung. Aber ich genoss das Gespräch mit Tuana und ihre Nähe. Sie roch so gut und war so schön und zart. Ich holte meine Beeren hervor. So hatten wir sogar etwas zum Naschen. Noch vor der Mittagsstunde baten wir den Fischer, uns zurückzubringen. Er setzte das kleine Segel und ruderte zur Unterstützung, um uns möglichst schnell wieder zu der Anlegestelle in der Stadt zu bringen. Wir bedankten uns bei ihm.

Eginhard schimpfte nicht mehr. Er schüttelte nur den Kopf, war aber erleichtert, Tuana wohlbehalten wieder in die Sänfte steigen zu sehen. Er sagte zu mir: „Unsere Träger hatten vor Angst schon Halsschmerzen!" Dazu machte er mit der Hand das Zeichen für Halsabschneiden.

Offenbar hatten wir, als wir Tuana um die Mittagsstunde wohlbehalten zurückbrachten, unseren letzten Test vor Cornelius bestanden, denn ab diesem Zeitpunkt durfte Tuana ungefähr alle drei Tage einen Ausflug unter unserem Schutz unternehmen. Und nicht selten führte der Weg auf unsere kleine Flussinsel. Jedenfalls konnte der Fischer für sich und seine Familie im Spätsommer eine Kuh kaufen, um mit der Milch besser über den Winter zu kommen.

Ja, der Spätsommer. Ich kann nur sagen, dass der Sommer regelrecht verflog. Ich hatte noch nie einen so schönen Sommer erlebt. Die von uns trainierten Wächter waren inzwischen in körperlich viel besserer Verfassung und konnten gut mit ihren Waffen umgehen. Cornelius freute sich sehr darüber und sagte, die Sklaven seien vor dem Training 200 Denare pro Mann wert gewesen. Jetzt hätte sich ihr Preis mindestens verdoppelt. Abends rechneten wir in unserem Zimmer nach. Wir hatten zusammen bisher 300 Denare verdient. Der Wert von zwölf Sklaven war nach Cornelius Aussagen durch unsere Ausbildung von 200 auf 400 Denare gestiegen, also ein Wertzuwachs von 2400 Denaren. Da passte doch etwas nicht zusammen. Daraufhin baten wir Cornelius um eine Gehaltserhöhung. Er verkaufte vier unserer ausgebildeten Wächter an anständige, römerfreundliche Familien und kaufte vier neue junge Männer. Diese sollten wir trainieren. Dafür verdoppelte er unseren Lohn und gab jedem von uns ein eigenes Zimmer. Außerdem durften wir uns von den Bediensteten im Herrenhaus jeden Abend einen Krug Wein oder Bier geben lassen. Das feierten wir natürlich ordentlich.

Langsam näherte sich der Sommer seinem Ende. Der Antrag von Cornelius an den römischen Senat, die Straße über das

Gebirge bis zum Fluss Saravus weiterbauen zu dürfen und entsprechende Mittel dafür zu erhalten, war endgültig abgelehnt worden. Damit war der Straßenbau hier vorerst zu Ende. Dafür sollte Cornelius die Mosella bis zum Rhein schiffbar machen, aber ohne zusätzliche Mittel. Ob das überhaupt möglich war, mussten der Ingenieur und die Vermesser erst einmal erkunden. Cornelius fand das Projekt „Mosella“ zwar geschäftlich auch interessant, doch störte ihn die Planänderung sehr bei der Umsetzung der neuen Handelsbeziehungen zu den Dörfern an dem Saravus-Fluss, die er in der letzten Zeit vertieft hatte. Und er befürchtete, dass er schon zu lange und zu weit außerhalb Roms weilte. Seine Angst war, dass er in Rom bereits an Einfluss eingebüßt haben könnte. Letztlich informierte uns Cornelius, dass er sein Haus in Divodurum verkaufen würde und mit seiner Familie nach Rom zurückkehren wollte. Die gallischen Bediensteten wurden bis auf Opedix entlassen, die gallischen Sklaven verkauft. Nur der römische Hausstand sollte mit nach Rom zurückziehen. Und die beiden Germanen.

Eginhard erschrak nicht wenig, da Morag und ihre Mutter aus Gallien stammten und deshalb ihr Verkauf beschlossene Sache war. Er sprach mit Cornelius, der das Ganze rein geschäftlich betrachtete. „Lieber Eginhard, Morag ist eine bildhübsche junge Frau. Ihr Wert liegt hier bei 500 Denaren. Ihre Mutter ist nicht mehr ganz jung, aber eine vorzügliche Köchin. Die Köchin würde ich dir für 350 Denare überlassen, aber das wäre ein reiner Freundschaftspreis. Wenn du mir beide abkaufst, kannst du sie mit nach Rom nehmen. Oder du kaufst mir nur Morag ab, aber das wäre wohl herzlos.“ Eginhard überlegte nicht lange. Zum Glück konnte er – anders als ich – sehr gut rechnen. „Ich gebe dir für beide zusammen 30 Aureus-Goldstücke.“ Cornelius überlegte. „Das entspricht aber nur 750 Denaren. Du verhandelst hart. Dabei bin ich doch der ausgebuffte Händler. In Rom würde die hübsche Morag allein 60 Aurei einbringen; und du willst für Mutter und Tochter zusammen nur 30 zahlen. Nun gut, da du mir treu dienst, komme ich dir soweit entgegen. Vergiss das aber nicht! Ich lasse die Eigentumspapiere schreiben.“

Eginhard drückte dem Römer zur Bestätigung des Kaufs fest die Hand und zog seinen Geldbeutel hervor. Rasch waren

30 Goldstücke abgezählt, die nur einen kleinen Teil des Inhalts ausmachten. Cornelius bekam große Augen. „Also, nur wegen des Geldes arbeitet ihr beide sicher nicht für mich! Du hättest mir leicht 60 Aurei zahlen können! Und das passiert mir, dem erfahrenen Händler." Er lachte und fuhr fort: „Volker hat sicher auch so einen prall gefüllten Beutel. Ich will gar nicht wissen, wie ihr an diese römischen Münzen gekommen seid. Solange ihr mir treu dient, will ich Gnade vor Recht ergehen lassen."

„Ich habe eine Bitte", ergänzte Eginhard, „Ich kann nicht schreiben. Wäre es möglich, dass du in die Urkunden nicht mich als neuen Eigentümer eintragen lässt, sondern die Freiheit der beiden Frauen bestätigst?"

Cornelius lachte schallend. „Wie bitte? Du zahlst 30 Goldstücke und willst die Sklavinnen gleich freilassen?" Eginhard nickte.

„Überhaupt kein Problem, Eginhard. Du solltest den beiden Frauen bald bessere Kleidung kaufen, damit man sie nicht mehr für Sklavinnen hält, was sie ab sofort ja auch nicht mehr sind."

Abends gab Eginhard ein großes Fest für alle Bediensteten, die seine spektakuläre Neuigkeit begeistert aufnahmen. Jeder der Sklaven hoffte darauf, eines Tages freigelassen zu werden. Naturgemäß mischte sich in ihre Anerkennung für Eginhards Großzügigkeit auch ein bisschen Neid. Doch mit dem einen Fest war des Feierns nicht genug. Noch in Divodurum heiratete Eginhard seine geliebte Morag.

Cornelius verkaufte nur die Sklaven der Baumannschaft, die aus seiner Sicht nichts mehr taugten. Das Lager ließ er abbrechen und verlegte den übrigen Bautrupp zu einem anderen Bauprojekt, das sich weit entfernt befand. Die zehn zuverlässigsten Aufseher, darunter den uns bekannten Tullius, behielt er jedoch in seiner Nähe. Inzwischen hatte er eine solide Scheune am Fluss als Handelsniederlassung erworben. Dorthin ließ er alle Waren aus dem Haus bringen, die er jetzt nicht mit nach Rom nehmen konnte. Das herrliche Haus und die Sklaven, die aus Gallien stammten, veräußerte er, wie er es angekündigt hatte. Dadurch gingen uns auch drei unserer ausgebildeten Wächter und die vier ausgebildeten Träger der Sänfte verloren. Die

Sänfte blieb im Haus zurück. Abgesehen von dem Mangel an ausgebildeten Kämpfern machte uns die Gruppe der Aufseher Sorge. Eginhard und mir war klar, dass es mit den zehn rohen Sklaventreibern noch Probleme geben könnte. Eine gebrochene Nase würde nicht reichen, um diese Männer unter Kontrolle zu bekommen.

Wir brachen am Anfang des Ernting (August) nach Rom auf. Zunächst sollte unsere Reise quer durch Gallien nach Massilia führen. Massilia war eine Hafenstadt am Mittelmeer, von der wir mit Schiffen weiter nach Rom fahren wollten. Außer Cornelius, seiner Frau und seiner Tochter gehörten noch rund sechzig Sklaven, ein paar freie Bedienstete, die zehn Aufseher, Opedix und wir zu dem Tross. Auf zwei mit Lederplanen verschlossenen Wagen fuhren Helvia, Tuana und ihre Sklavinnen. Ein Küchenwagen mit Vorräten und fünf große Wagen, auf denen die Güter verladen waren, die mit nach Rom genommen werden sollten, begleiteten uns. Jeder Wagen wurde von zwei bis vier Pferden gezogen. Cornelius, Opedix, Eginhard, die zehn Aufseher und ich ritten neben den Wagen her. Unsere fünf leibeigenen Wächter blieben immer in der Nähe der beiden Wagen mit den Frauen. Die zehn Aufseher verteilten sich auf die fünf Wagen mit den wertvollen Gütern. Opedix wich Cornelius nicht von der Seite. Und wir, ja, wir versuchten, nicht sofort Streit mit den Aufsehern anzufangen. Tullius war es nicht entgangen, dass wir nach dem Leibwächter Opedix an der Spitze der Bediensteten standen. Das konnte er natürlich nicht hinnehmen. Doch wir hielten uns mustergültig zurück und ließen uns nicht von ihm provozieren. Zumal zehn Gegner eben doch mehr als sechs waren, soweit konnte sogar ich rechnen. Dafür reichten zehn Finger.

Auf der Römerstraße kamen wir erstaunlich gut voran. Marcus Cornelius hatte für die Reise von Divodurum nach Massilia dreißig Tage eingeplant. Die erste größere Stadt, die auf unserem Weg lag, war Alesia. Leider durften wir diese große Stadt nicht besuchen, da Cornelius zur Eile trieb. Das Schiff wartete bereits auf uns und sollte vor dem Wintereinbruch in Italien sein.

Zwischen Alesia und Bibracte, auf dem Stammesgebiet der Häduer, kam es zu dem unangenehmen Zwischenfall, den Eginhard und ich von Anfang an befürchtet hatten. Wir lagerten auf einer Wiese neben der Straße. Um uns herum war dunkler Wald. Die Wagen hatten wir zu einer U-förmigen Wagenburg zusammengestellt. An der offenen Seite zäunten wir eine Koppel für die Pferde ein. Es war schon dunkel, als ich mein übliches Nachtlager baute. Ich hatte mir angewöhnt, unter einem der Wagen zu schlafen, da sie aus meiner Sicht ganz hervorragende Unterstände abgaben. Ich zog gerade einen handbreiten und -tiefen Graben um den Wagen, um das Wasser abzuleiten, falls es in der Nacht regnen sollte, da kamen Morag und einer unserer Wächter angerannt. Der Wächter hielt sich die Hände vor das Gesicht und schluchzte. Ich verstand dazwischen immer wieder die gemurmelten Worte: „Ich bin schuld, alles meine Schuld." Morag wirkte verängstigt und aufgelöst. „Eginhard ist verschwunden. Es passiert sicher etwas Schreckliches! Er ist bestimmt bei den Aufsehern."

Ich spürte bereits die Wallung, die sonst immer erst unmittelbar vor einem Kampf einsetzte. Mein Geist wurde messerscharf. „Was ist passiert?" Der Wächter nahm die Hände vom Gesicht. Ich sah ein dick zugeschwollenes Auge und zwei blutrote Striemen über seinen Wangen. „Tullius hat mich geschlagen. Ich wollte das nicht verraten, aber Eginhard bemerkte die Schwellung am Auge. Er lief wutschnaubend zum Waldrand, wo die Aufseher ihr eigenes Lager aufgebaut haben."

Tullius und seine Männer hatten es sich angewöhnt, möglichst ein Stück abseits vom Tross zu lagern. Dies missfiel Cornelius zwar, aber Tuana und seine Frau hatten ihn gebeten, diese Absonderung zu tolerieren. Ich griff meine Frame, meinen Bogen und den Pfeilköcher. Die Spatha hatte ich ehedem an einem Riemen über der Schulter hängen. Der Wächter sah mich überrascht an. Das Schießen mit dem Bogen hatten wir ihnen noch nicht beigebracht. Vielmehr hatten wir den Wächtern erläutert, dass ein Bogen ein Jagdinstrument und keine Waffe sei. Den Bogen als Waffe zu nutzen, lehnten Eginhard und ich ab, weil wir einen Pfeilschuss aus der Distanz ehrlos und heimtückisch fanden. Diese Einstellung änderte aber nichts daran, dass ich mit dem Bogen umgehen konnte. Ich zuckte die Schultern und blickte dem Wächter kurz in die Augen: „Zehn sind mehr als sechs!"

Während ich losrannte, rief ich ihm noch zu: „Hol die anderen. Kommt bewaffnet zum Lager der Aufseher!" Zu deren Lager war es nicht weit. Durch die nachtschwarzen Büsche hindurch sah ich im Feuerschein, dass die Aufseher um Eginhard herumstanden, der gekrümmt am Boden lag und sich jetzt mühsam aufrichtete. Er war blutüberströmt. Tullius trat vor und wartete, bis sich Eginhard unter Schmerzen erhoben hatte. Offenbar wollte er ihm jetzt den Rest geben. Ich legte einen Pfeil auf die Sehne und spannte den Bogen. Tullius stand mit dem Rücken zu mir, in direkter Schusslinie mit Eginhard. Ich musste also gut zielen, denn ein Fehlschuss würde mit Sicherheit Eginhard treffen. Leider konnte ich das überraschte Gesicht von Tullius nicht sehen, als mein Pfeil seinen rechten Oberarm durchschlug. Ich trat aus dem Gebüsch in den Feuerschein, einen weiteren Pfeil auf der Sehne. Tullius drehte sich überraschend schnell in meine Richtung um, während ich brüllte: „Tut mir leid, Tullius, aber die Situation sah mir nach einem unfairen Zweikampf mit dem verletzten Eginhard aus, und ich möchte die Chancen ein wenig ausgleichen." Dann schoss ich ihm einen Pfeil in den linken Oberschenkel, der im Knochen stecken blieb. Nun brüllte Tullius vor Schmerz. Es war aber auch ein böser Treffer. Die Pfeilspitze würde ich wohl nicht wiederbekommen. Schon lag ein neuer Pfeil auf meiner Bogensehne. „Nun scheint es mir wieder ausgeglichen zu sein, solange sich deine Kumpane zurückhalten."

Doch Tullius hatte keine Lust mehr zum Kämpfen. Er drehte sich zu seinen Kumpanen um. Da stand Eginhard vor ihm. Offenbar hatte Eginhard keine Kraft mehr, um einen Faustst0ß in Tullius Gesicht zu platzieren, aber für einen Schlag gegen seinen Brustkorb reichte es noch. Dicht unterhalb vom Zentrum des Brustkorbes hatte jeder Mensch einen Punkt, den man treffen musste, wenn man dem Gegner die Atemluft rauben wollte. Eginhard kannte diesen Punkt. Da Tullius keinen Brustpanzer trug, schlug er mit allerletzter Kraft konzentriert auf diesen Punkt. Eginhard hatte sein ganzes Gewicht in den

Schlag gelegt, da er wusste, dass danach der Kampf für ihn vorbei sein würde. So stürzten beide zu Boden. Tullius wurde nach Luft schnappend unter dem blutenden Eginhard begraben.

In diesem Moment erschienen die fünf Wächter, Morag und auch Cornelius, dem der Tumult nicht entgangen war. Morag stürzte sich regelrecht auf ihren Eginhard und zerrte ihn in Sicherheit. Cornelius packte einen der Wächter an der Schulter. „Hol meinen Arzt!“ Dann sah er sich um. Ich sagte: „Dieses feige Pack hat Eginhard halb tot geschlagen. Ihr Anführer verdient den Tod.“ Cornelius schüttelte den Kopf. „Nimm den Bogen runter. So schnell stirbt hier keiner. Es ist schon genug Schaden entstanden.“

Der Arzt kam und versorgte erst Eginhard und später auch Tullius. Eginhard musste mit einer Trage zu den Wagen gebracht werden. Aus Sicherheitsgründen ließ Cornelius den niederträchtigen Tullius ebenfalls in unser Lager bringen und fesseln. Er sollte keine Gelegenheit haben, aus der Wut heraus seine Kumpane zu überreden, uns womöglich doch noch anzugreifen.

Am nächsten Morgen stellte sich heraus, dass Eginhard zwar keine Knochenbrüche davongetragen hatte, aber vorübergehend nicht Laufen konnte. Tatsächlich musste er zwei Wochen liegend in einem der beiden Planwagen transportiert werden. Der stolze Eginhard in einem Wagen! Auch noch im Wagen der Frauen! Vielleicht fiel es ihm leichter, diese Schmach zu ertragen, weil Morag ihn liebevoll pflegte, vielleicht auch gerade deshalb nicht.

Cornelius hörte sich die Version des Geschehens von jedem einzelnen Beteiligten an. Dabei halfen ihm seine natürliche Autorität und seine ungewöhnliche Fähigkeit, Lügen zu durchschauen, sehr. Nach den Verhören bestand kein Zweifel mehr am Ablauf des Geschehens. Eginhard war unbewaffnet in das Lager der Aufseher gelaufen und hatte Tullius wegen der Prügel, die er unserem Wächter verabreicht hatte, zur Rede gestellt. Daraufhin hatten sich alle zehn Aufseher auf ihn gestürzt und ihn übel zusammengeschlagen. Danach tauchte ich auf. Nachdrücklich forderte ich erneut von Cornelius, Tullius mit dem Tode zu bestrafen. Doch Cornelius sagte: „Tullius ist römischer

Bürger. Ich habe keine Berechtigung, Todesstrafen gegen freie Menschen zu verhängen. Schon gar nicht gegen römische Bürger. Das darf nur der römische Statthalter in Gallien. Der Statthalter ist zurzeit aber in Rom. Er kommt erst zum Herbst hierher zurück, um Gericht zu halten. Ich könnte Tullius in Bibracte der römischen Garnison übergeben und dort eine Klageschrift gegen ihn hinterlegen. Aber, mein lieber Volker, was ist denn, bei aller Achtung vor deinem Zorn, tatsächlich passiert? Mehrere römische Bürger haben einen Germanen verprügelt. Meinst du, dass dieses Vergehen den Statthalter auch nur im Geringsten interessiert? Er würde Tullius sofort laufen lassen."

Ich war unzufrieden. Aber ich verstand genau, was Marcus Cornelius meinte. Cornelius fuhr fort: „Ich entlasse Tullius noch heute aus meinen Diensten. Wir schicken ihn und zwei seiner engsten Kumpane, die ihn gesund pflegen können, fort. Die anderen entlasse ich erst später, denn ich möchte nicht von zehn rachsüchtigen Männern verfolgt werden und ständig Angst haben müssen." Wie immer hatte Cornelius alles gut durchdacht. Wenigstens hatte ich Tullius die beiden Pfeile verpasst. Hätte ich zu diesem Zeitpunkt bereits gewusst, dass Tullius an der Pfeilwunde im Oberschenkel in den nächsten beiden Wochen qualvoll sterben würde, wäre ich noch zufriedener gewesen.

In Bibracte nahm Cornelius Kontakt mit der dortigen römischen Garnison auf. Durch die Überzeugungskraft mehrerer Aurei gelang es ihm, einen Geleitschutz von zwanzig Legionären zu erhalten. Gleichzeitig entließ er die sieben verbliebenen Aufseher und empfahl ihnen, sich in der Garnison von Bibracte mustern zu lassen. Vielleicht konnte man die Männer wenigstens als Legionäre gebrauchen.

Durch den Geleitschutz fühlten wir uns wieder sicher, zumal die Gegend immer zivilisierter wurde, was selbst mir als Barbaren angenehm auffiel. Die Straße war jetzt so breit, dass sogar zwei große Wagen wie unsere einander passieren konnten, ohne dass einer auf die Wiese ausweichen musste. Das Wetter war mild, die Landschaft lieblich. Wir kamen gut voran und holten die in Bibracte verlorene Zeit wieder auf. Ungünstig fand ich lediglich, dass Tuana ganz offensichtlich von ihrer Mutter

Helvia und auch von Cornelius vor mir abgeschirmt wurde. Ich fand kaum eine Gelegenheit, ein Wort oder wenigstens einen freundlichen Blick mit ihr zu tauschen. Bei unseren Ausflügen auf die Mosel-Insel waren wir uns näher gekommen, hatten uns auch schon geküsst, waren nackt schwimmen gegangen, hatten uns sonst aber jeder Unschicklichkeit enthalten. Zumindest wusste ich durch unsere glücklichen Stunden, dass die derzeitige Abschottung nicht von ihr ausging. Ich gebe zu, dass seinerzeit mein ganzes Streben darauf ausgerichtet war, mich mit Tuana zu treffen, und sei es nur für wenige Augenblicke. Ich hatte die Erinnerung an Astrid irgendwie völlig verdrängt, wobei sicher die Göttin Freya ihre Hände im Spiel hatte.

Da Eginhard auf seinem Krankenlager ähnlich streng durch Morag behütet wurde wie Tuana durch ihre Eltern, fehlte es mir an Gesprächspartnern. Ich machte aus der Not eine Tugend und unterhielt mich, so oft es ging, mit den Legionären, die ich sehr interessant fand. Das Interesse schien durchaus gegenseitig zu sein. Im Laufe der Zeit hatte sich mir endlich die lateinische Sprache erschlossen. Durch mein gutes Wortgedächtnis wurde mein Latein jetzt von Tag zu Tag besser.

Für die Legionäre war ich als echter germanischer Krieger ein Exot. Sie machten keinen Hehl daraus, dass sie Informationen über ihre möglichen Gegner bekommen wollten. Überrascht war ich über den Ruf, den die Germanen bei den Römern genossen. Geradlinigkeit, Ehrlichkeit, Tapferkeit, Bodenständigkeit und eheliche Treue hörte ich als Tugenden, die allen Germanen zugeschrieben wurden. Im Gegensatz dazu sah man die Sitten in Rom immer mehr verderben. Auch die Gallier nahmen die römischen Unarten bereits an. Doch die Germanen waren aus Sicht der Legionäre noch unverdorben, sittenstreng und von hoher, wenn auch bäuerlich ausgeprägter Moral.

Die Legionäre waren gut trainiert, mutig und standhaft. Sie hatten eigentlich keinen Grund, undisziplinierte Germanen zu bewundern. Ihre Bewunderung war allerdings von einer seltsamen Doppelmoral geprägt. Sie bewunderten die Tugenden der Germanen und unsere Größe und Kraft. Die Römer schätzten meine körperlichen und kämpferischen Fähigkeiten zu Recht als überlegen ein. Aber wenn sie den Befehl bekommen würden, hätte keiner von ihnen auch nur einen Augenblick gezögert, über den Rhein zu setzen und die ach so sittlich und körperlich überlegenen Barbaren niederzuwerfen und zu töten. Irgendwie kam mir diese Einstellung irgendwie gespalten vor. Wenn man ein Volk bewunderte und als ethisch überlegen betrachtet, wie konnte man es dann ohne Skrupel angreifen und niederwerfen? Ich lernte, dass der Stolz der Legionäre ihre Legion, ihr Feldherr und das römische Imperium waren. Diese drei Dinge standen über allem anderen.

Interessant fand ich, dass die Legionäre keine Bauern wie ich waren, auch wenn die meisten aus bäuerlichen Familien stammten. Sie sahen sich selbst auch nicht als Bauern, die momentan Krieger waren, sondern meinten, dass Soldat ihr Beruf sei. Als junge Männer, die meist bereits das Handwerk des Vaters gelernt hatten, waren sie freiwillig in das römische Heer eingetreten und leisteten gegen Sold mindestens sechzehn Jahre lang Dienst. Ihr Sold war relativ niedrig. Wenn ein Legionär bereits eine Familie hatte, musste er zu deren Unterhalt bis auf ein kleines Taschengeld den gesamten Lohn an seine Frau und die Kinder abgeben. Sonst musste seine Familie Hunger leiden.

Der Legionär selbst hatte oft freie Kost und Unterbringung, aber nicht immer. Oft mussten sie einen Teil ihres Solds für Lebensmittel abgeben. Von den zwanzig Legionären, die uns begleiteten, hatten allerdings nur sechs ältere Soldaten bereits Familien. Offiziell sollten Legionäre nicht heiraten, aber bei verdienten Soldaten wurden Ausnahmen gemacht. Die Frauen und Kinder zogen den Vätern, wenn es irgend ging, zu ihren Standorten hinterher. Nach der regelmäßig zwanzigjährigen Dienstzeit, in der sie nur die Tätigkeit eines Kriegers ausübten, konnten sie mit einer ansehnlichen Geldprämie entlassen werden. Oder sie erhielten ein Stück Land, um es zu bewirtschaften. Im Anschluss an ihr Kriegerdasein waren sie also doch wieder Bauern. Für diese Männer begann mit Ende Dreißig das normale Leben, dann aber in sicherem, wenn auch bescheidenem Wohlstand. Bei Unteroffizieren, die erheblich mehr Sold bekamen und davon Familien gut zu unterhalten vermochten, war die Dienstzeit länger, durchaus bis zu fünfundzwanzig Jahre. Viel länger hielt man dieses Leben wohl auch nicht aus. Fünfundzwanzig Jahre lang Krieger, danach musste man doch körperlich am Ende sein, meinte ich.

Die Legionäre erzählten mir, dass im römischen Imperium bis vor Kurzem ein Bürgerkrieg getobt hätte, der die römischen Legionen ausgedünnt habe. In Gallien stand nur noch eine einzige Legion. Diese hätte erst kürzlich eine schwere, verlustreiche Niederlage gegen eine germanische Räuberbande erlitten. Als ich das hörte, verfluchte ich im Stillen unser Pech, dass wir ausgerechnet von dieser einen Legion verfolgt und gestellt worden waren. Gallien ist sehr groß und weit. Und überall gab es Unruheherde. Und ausgerechnet im Gebiet der Treverer stand diese eine, diese einzige Legion, als wir dort einfielen. Pech konnte man haben!

Neue Legionen für Gallien und das Imperium würden aber von den im Bürgerkrieg siegreichen Feldherren bereits ausgehoben. Interessant fand ich den Hinweis eines Legionärs, dass Marcus Cornelius einen jüngeren Bruder habe, der in Rom ein hochrangiger Politiker sei. Die Legionäre versuchten mir zu erklären, was ich unter einem Politiker verstehen sollte, aber es gelang ihnen nicht befriedigend. Ich glaubte, die Politiker waren letztlich nur die Goden der Römer. Da es viele Römer gab, hatten sie eben auch viele Goden. Und die hatten im Bürgerkrieg wohl mächtig miteinander gestritten und taten es noch. Die Römer waren eben ein riesiger Stamm. Da konnte einem angst und bange werden.

Unser Tross kam zügig weiter. Eginhards Wunden und Prellungen heilten währenddessen stetig, wenn auch langsam ab. Die verbleibende Zeit, bis wir unser Ziel erreichten, verbrachte er auf dem Wagen. Beim Gehen musste Morag ihn stützen. Immerhin wurde die Landschaft noch lieblicher. Es wurde wärmer und sonniger, einfach schön. Irgendwann überschritten wir die Grenzen zur Provincia Narbonennsis, die von den Römern nicht mehr zu Gallien gezählt wurde, sondern zum zivilisierten Teil des Imperiums. Ursprünglich hatten wohl die Griechen die Küstenstädte, insbesondere unser Ziel Massilia, von den Galliern erobert und zivilisiert. Daraufhin hatten die Römer diese Städte wiederum den Griechen weggenommen und auch gleich das Hinterland erobert, in dem fast ausschließlich Gallier gewohnt hatten. Die Legionäre sprachen nur von der „Provincia“ und schwärmten von der herrlichen Landschaft, dem guten Wein, dem Käse und natürlich von den schönen Frauen dort, die wohl eine ideale Mischung aus feingeistigen Griechinnen und bodenständigen Gallierinnen sein sollten. Na ja, wer es glaubte.

Endlich rumpelten unsere Wagen durch eines der mächtigen Stadttore von Massilia. Mir kam diese Stadt wie die schönste der Welt vor. Ich hatte noch nie das Meer gesehen, das sich glitzernd hinter der Stadt erstreckte. Es sah herrlich aus. Die Stadt selbst bestand überwiegend aus Steinen oder Ziegeln. Das kannte ich gar nicht. Die unüberwindliche Stadtmauer – jedenfalls hielt ich sie im ersten Überschwang dafür und äußerte diese Ansicht auch euphorisch – war aus Felsquadern errichtet. Die Häuser baute man hier überwiegend aus Ziegeln, rötliche Steine, die aus einer Art Ton gebrannt waren. Alles das war für mich sehr beeindruckend. Cornelius lachte mich aus und wies auf einen neu aussehenden Teil der gewaltigen Stadtmauer. „Dort, Volker, siehst du den neuen Turm? Und den neuen Mauerabschnitt? Vor einigen Jahren haben Cäsars Truppen diesen Turm eingerissen, als sie die Stadt während des Bürgerkriegs erfolgreich belagerten. Es gibt keine unüberwindlichen Stadtmauern. Mauern verschaffen den Bewohnern Zeit, nicht mehr. Doch wenn keine Hilfe von außen kommt, fallen irgendwann alle Mauern, egal wie hoch und mächtig sie sind.“ Ich nahm mir den Hinweis zu Herzen, auch wenn ich mir absolut nicht vorstellen konnte, wie man einen derart soliden, hohen Steinturm von außen zum Einsturz bringen konnte. Nach dieser kurzen Belehrung führte Marcus Cornelius uns direkt zum Hafen, den ich sogar noch beeindruckender als die Stadtmauer fand.

Ich kannte aus meiner Heimat große Lastkähne, auf denen man mehrere Pferde und Männer transportieren konnte, und Fischerboote, die weite Strecken auf breiten Strömen wie dem Rhein zurücklegen konnten. Aber dieser Hafen übertraf alles, was ich mir bisher über Schiffe und Wasser auch nur vorstellen konnte. Riesige Transportschiffe mit mehreren Masten und gewaltigen Segeln lagen vor Anker. Und ein Trubel herrschte dort!

Überall wurden Säcke und Kisten entladen, andere Schiffe wiederum mit Waren beladen. Bürger und Sklaven, Seeleute und Arbeiter, Händler und Diebe, alle quirlten lebhaft durcheinander und lenkten mich ab. Deshalb sah ich unser Schiff erst, als es bereits unmittelbar vor uns aufragte. Es war riesig. So lang wie zwei in einer Reihe gebaute Langhäuser. In der Mitte hatte es einen gewaltigen Mast, vorne noch einen kleinen. Sein oberes Deck ragte hoch hinaus und erhob sich über allen anderen Schiffe im Hafen. Auf diesem Oberdeck stand vor dem Mast eine Art Hütte. Am Heck ragten von oben an der rechten und der linken Seite mächtige Steuerruder herunter ins Wasser. Die Reling war wie das ganze Schiff aus solidem Holz gearbeitet. Sie wirkte auf mich eher wie eine Brustwehr, hinter der man sich sicher fühlen konnte.

Am Bug des Schiffes erkannte ich dicht unter der Wasseroberfläche einen verrosteten, eisernen Rammsporn. Das Schiff wies noch Reste von Farbe auf, aber offenbar hatte das Seewasser viel davon abgewaschen. Über das Achterdeck mit den beiden langen Steuerrudern war eine Zeltplane aus geöltem Leinen gespannt worden, die vor Regen und Sonne schützen sollte. Längs unter dem an den Seiten überkragenden Oberdeck sah ich eine Reihe kleiner, quadratischer Löcher, etwa so viele, wie Finger an zwei Paar Händen sind. Ich blickte neugierig hindurch und erschrak, als mich plötzlich zwei helle Augen anstarrten, die aus einem im Dunklen liegenden Gesicht zu mir herüberblickten. Die Augen wirkten ebenso erschrocken, wie ich es war. Dann verschwand das Gesicht wieder im Halbdunkel des Schiffsrumpfes. Im Bauch des Schiffes befanden sich Männer! Erst jetzt fiel mir auf, dass aus den Löchern die Blätter von Rudern ragten. Die Ruder waren fast ganz eingezogen worden, um nicht an der Kaimauer zerstört zu werden.

Das Gesicht im Bauch des Schiffes war mir bekannt vorgekommen. Ich wurde dieses Gefühl nicht mehr los, konnte mich aber nur schemenhaft erinnern. Das Licht war einfach zu schlecht gewesen. Diese Augen. Irgendwie erschrocken hatten sie geschaut. Und verzweifelt. Unser Schiff wurde eifrig von vielen Männern beladen. Dazu standen vorne unter dem weit hochgezogenen, geschwungenen Bug und hinten unter dem breiten und plumperen Achterdeck Laderäume zur Verfügung. Viele Dinge wurden auch einfach auf das großflächige obere Holzdeck gestellt. Eine breite Brücke verband das Schiff mit der Hafenmole. Die Waren von den Wagen wurden nach den Anweisungen von Cornelius zügig in den Laderäumen verstaut. Selbst einige unserer Pferde wurden vor der Abfahrt in engen Verschlägen auf dem Deck untergebracht. Ich freute mich, dass mein Pferd auch dabei war, da ich mich doch sehr an das gehorsame und treue Tier gewöhnt hatte.

Wieder einmal beobachtete ich Cornelius, der gewohnt souverän das Chaos beherrschte. Unzählige Dinge stürmten gleichzeitig auf ihn ein, doch er regelte alle. Die Legionäre wollten zu ihrem Standort zurückkehren und baten um eine kleine zusätzliche Anerkennung für ihre Mühe, die sie von Cornelius auch erhielten. Den Lademeister wies Cornelius an, die wasserempfindlichen Waren im Heck des Schiffes zu verstauen, da die Gefahr bestand, dass Salzwasser über den Bug spritzte. Salzwasser? Ich kostete das Wasser im Hafenbecken, indem ich mich niederkniete und eine Hand voll schöpfte. Zu meinem größten Schrecken schmeckte das Wasser ganz übel nach Salz und so eklig! Diese Unmenge Wasser des riesigen Meeres war völlig ungenießbar. Eine erschreckende Erkenntnis!

Die Fellbündel, Seifenfässer und Frauenhaare kamen nach hinten, der Bernstein und das Blei nach vorne in die Laderäume. Der Kapitän der Galeere kam zu Cornelius und fing an, über die günstigste Abfahrtzeit, zu erwartende Winde und die Anlegestellen für die Nächte zu berichten. Doch Cornelius hatte für diese Dinge noch kein Ohr. Barsch fuhr er den Kapitän an: „Und, was willst du mir tatsächlich mitteilen? Irgendetwas hältst du doch hinter dem Berg!"

Der Kapitän fühlte sich erkennbar ertappt. „Unsere Galeere verfügt nur über 90 Ruderskaven, Herr. Wir hatten auf der Hinfahrt einige Verluste, die ich auf dem hiesigen Sklavenmarkt nicht vollständig auffüllen konnte." Cornelius nickte. „90 Ruderer reichen. Wir wollen ja keinen Krieg führen." Die Frau von Cornelius klärte danach kurz mit ihrem Mann, wo man denn heute übernachten könnte, während er Anweisungen für den Proviant gab, der an Bord gebracht werden sollte. Die Arbeiten schienen kein Ende zu nehmen, doch Cornelius behielt den Überblick.

Spät am Abend war endlich alles erledigt. Als sich Cornelius und seine Familie in das Haus einer befreundeten Familie zurückzogen, konnte ich mit den anderen Bediensteten und den Sklaven in die Handelsniederlassung gehen, die Cornelius in Massilia unterhielt und in deren Räumen wir übernachten sollten. Kaum hatte ich einen Schlafplatz gefunden, sprach Eginhard mich mit besorgter Miene an. „Volker, nimm unseren Platz, er ist bequemer."

„Und ihr?"

„Wir ziehen noch heute in ein Gasthaus. Volker, ich bin erschöpft. Mehr als das... Ich bin des Kampfes und der Abenteuer müde. Ich hoffe, du verstehst das. Mein Wunsch ist es, sesshaft zu werden. Ich habe lange mit Morag darüber gesprochen. Diese Stadt hat viele wohlhabende Händler und Fischer. Da passt ein fleißiger Bauer gut hin. Das Wetter soll hier herrlich sein. Natürlich auch das Meer. Und die Sicherheit. Hier gibt es nicht mal mehr Wölfe. Ich kaufe ein Stück Land für Morag, ihre Mutter und mich. Für mich ist Schluss mit dem Kämpfen."

Ich hatte Eginhard selten so ernst erlebt. Sollte unser gemeinsamer Weg hier enden? Es sah wirklich so aus. In tiefem Einverständnis umarmte ich ihn. Wir drückten uns lange. Nur mühsam konnte ich die Tränen unterdrücken, deshalb sagte ich nichts und nickte verständnisvoll. Am nächsten Morgen verabschiedeten sich Eginhard und die beiden Frauen von uns allen. Marcus Cornelius gab ihm seinen noch ausstehenden Lohn, den Eginhard erst nicht annehmen wollte, da er die letzten Wochen verletzt auf dem Wagen gelegen hatte. Cornelius bestand aber darauf.

Kapitel 15

Wir bestiegen das Schiff, das sogleich ablegte. Kaum waren wir ein paar Meter von der Kaimauer abgetrieben, wurden unter uns im Deck der Ruderer Befehle gebrüllt. Die Ruder wurden mit einem dumpfen Rumpeln aus dem Schiffsleib geschoben. Dann hörte ich vom Deck unter unseren Füßen her dröhnende Paukenschläge, die den Ruderern den Rhythmus vorgaben. Unsere Galeere nahm rasch Fahrt auf. Der Kapitän befehligte die beiden Steuermänner und lenkte das Schiff aus dem weiten Hafen hinaus. Ich vermisste Eginhard schon jetzt. Er war mir immer ein treuer Freund und Ratgeber gewesen. Der Abschiedsschmerz nagte in mir, während wir die offene See erreichten. Die Wellen ließen das Schiff hin und her schaukeln. Es dauerte nicht lange, da wurde mir von dem Schwanken, diesem eintönigen Heben und Senken, übel. Cornelius lachte mich aus, als ich mich übergeben musste.

Tuana, ihre Mutter und ihre Sklavinnen waren in der kleinen Hütte untergebracht, die auf dem Oberdeck vor dem Mast stand. Die Seeleute hissten ein gewaltiges Segel und vorne noch ein kleineres. Der Wind blähte die riesigen Rechtecke aus derbem Stoff kräftig auf. Dadurch gewannen wir nicht nur an Fahrt, das Schwanken wurde auch angenehm gemildert.

Marcus Cornelius wollte das Unterdeck besichtigten. Dabei durften Opedix und ich ihm nicht von der Seite weichen. Hinter dem Mast befand sich eine verriegelte Klappe, die der einzige Zugang zum Unterdeck war. Die Klappe wurde erst geöffnet, als die Sklavenwächter von unten bestätigten, dass alles in Ordnung sei.

Ein kräftiger Geruch nach Männerschweiß schlug mir entgegen. Die Ruderer saßen rechts und links mit dem Rücken zur

Fahrtrichtung. Je drei bedienten eines der langen Ruder. Derjenige, der innen zu dem erhöhten Mittelgang hin saß, hatte es am schwersten, da die Stange bei ihm den weitesten Weg zurücklegen musste und er nicht im Sitzen rudern konnte. Es herrschte eine bedrückende Enge. Die Männer saßen dicht an dicht.

Im Heck befand sich eine Latrine, die eine Rinne direkt nach draußen ins Meer hatte. Daneben stand ein Wassereimer zum Händewaschen. Die Ruderer waren nicht gefesselt, auch wenn ich am Boden angeschlagene, eiserne Ringe sah. Sechs Sklaventreiber und ein Trommler hielten die Männer unter Kontrolle. Ich konnte zum Glück keine Peitschen bei ihnen ausmachen. Die Sklaventreiber waren nur mit Holzstangen und Knüppeln bewaffnet. Diese einfache Bewaffnung fand ich seltsam. Später verstand ich, dass den Sklaven bei einem Aufstand keine stählernen Waffen in die Hände fallen sollten, mit denen sie die Planken nach oben durchbrechen könnten. Sie sollten hier unten elend verrecken, wenn es ein Problem gab.

Ich wusste, dass die Römer stets alle Sklaven eines Haushalts hinrichteten, wenn auch nur ein einziger Sklave die Hand gegen ein Familienmitglied erhob. Immer wurden alle Sklaven getötet, die Schuldigen und die Unschuldigen. Cornelius erklärte mir, dass seine Rudersklaven gut behandelt würden, weil das auf lange Sicht weniger kostete. Die Sklaven bekämen genug zu essen und zu trinken, damit sie bei Kräften blieben. Abends, wenn die Galeere anlegte, wurden die Ruderer an Land geführt und konnten sich waschen und angemessen bequem übernachten. Das Ruderdeck wurde so sauber wie möglich gehalten, um Ungeziefer und Krankheiten zu vermeiden. Außerdem wurde jeder Rudersklave nach fünf Jahren fleißigem Galeerendienst in die Freiheit entlassen. Das war der größte Ansporn für die Sklaven. Allerdings war die Arbeit extrem schwer. Wer nicht mehr Rudern konnte, wurde verkauft. Nur die Stärksten und Jüngsten hielten fünf Jahre durch. Aber dennoch stellte die Hoffnung auf Freilassung einen enormen Anreiz dar. Bei einem Aufstand hingegen wurden sofort alle Rudersklaven der Galeere hingerichtet. Und zwar unabhängig davon, ob sie an den Ausschreitungen teilgenommen hatten oder nicht. Es kam deshalb auf den

Schiffen von Cornelius hin und wieder vor, dass besonders aufsässige oder jähzornige Sklaven eines Morgens mit eingedrücktem Kehlkopf tot aufgefunden wurden. Und natürlich hatte niemals einer der rundherum schlafenden Männer etwas von dem Mord mitbekommen.

An Bord waren rund zwanzig Seeleute, die sich um die Segel und Steuerruder kümmerten, die Taue spannten und aufwickelten, die Anker heraufholten und herabließen, das Schiff putzten und Reparaturen durchführten. Eine weitere Gruppe bildeten dreißig Bewaffnete, die ich zuerst für Legionäre hielt. Es waren aber nur Söldner, die uns vor Piratenüberfällen beschützen sollten. Cornelius versicherte mir, dass unser Schiff schnell und stark und deshalb keine leichte Beute für Piraten sei. Die Galeere hatte eine geringere Ladekapazität als ein Frachtschiff, das nur gesegelt wurde, und musste wegen der zahlreichen Ruderer öfter an Land anlegen. Cornelius setzte die Galeeren meist für die Beförderung von bedeutenden Reisenden, die sich das leisten konnten, ein. Gelegentlich wurden auch verderbliche Güter nach Rom transportiert oder eilige Botschaften oder Kuriere befördert. Der Vorteil eines geruderten Schiffes war, dass es zuverlässig auch bei Flaute oder ungünstigen Winden fahren konnte. Diese Schiffsart verursachte allerdings hohe Kosten, da viele Mäuler an Bord gestopft werden mussten.

Wir traten ein paar Schritte tief in das Ruderdeck hinein. Obwohl seitlich überall Löcher für die Ruder waren, stank es fürchterlich. Ich war Enge gewöhnt, aber dieser Raum war bedrückend. Eine feuchte Wärme ließ die Männer vor Schweiß glänzen. In ihren Blicken sah ich Resignation, bei einigen Trotz, bei anderen puren Überlebenswillen. Da hörte ich einen Schrei. „Volker der Furchtlose!“ Ein Ruderer sprang auf. Wie alle anderen trug er nur einen groben Überwurf, der von einer Schnur als Gürtel gehalten wurde. Ich erkannte ihn nicht sofort und kniff die Augen zusammen. Deshalb zeigte er hektisch mit beiden Händen auf sich und rief: „Ich bin es, der Kunolf!“ Da erkannte ich meinen alten Widersacher. In den Reihen der Ruderer kam Unruhe auf. Mehrere andere Germanen erhoben sich von ihren Plätzen und nannten ihre Namen. Marcus Cornelius blickte mich irritiert an. Ich drängelte mich an ihm vorbei und näher zu Kunolf hin.

Dieser sah mich flehend an. „Ich habe dir das Leben gerettet. Du musst uns helfen!"

„Wie viele seid ihr?"

„Ich und acht Gefährten. Die Römer haben uns geschnappt, als wir bei den Galliern ein bisschen Spazieren waren."

„Spazieren? Ihr habt einen neuen Feldzug ausgekundschaftet und euch dabei erwischen lassen?"

Kunolf nickte. Ich schnaufte und schüttelte den Kopf. „Ich werde sehen, was ich tun kann. Rudert jetzt erst einmal weiter und verhaltet euch ruhig!"

Cornelius und ich verließen das Ruderdeck. „Freunde von dir?", fragte er.

„Na ja, Freunde nicht direkt, aber Germanen aus meinem Stamm, die ich gut kenne."

„Werden sie Ärger machen?"

Ich schüttelte den Kopf. Und wieder überraschte mich Cornelius mit seinem scharfen Verstand. „Wenn sie keinen Ärger machen, könnten wir sie vielleicht als Leibwächter gebrauchen? Mit dir bin ich sehr zufrieden. Und das galt auch für deinen Freund Eginhard."

Ich lachte und hob abwehrend die Hände. „Nein, nie und nimmer! Das sind Taugenichtse. Aber ich bin ihnen in gewisser Weise verpflichtet."

Cornelius lächelte. „Erwachsene germanische Männer sind als Sklaven nicht viel wert, weil sie zu störrisch und zu gefährlich sind. Der Kapitän wird nicht viel für sie bezahlt haben. Der Sklavenhändler war wahrscheinlich zufrieden, die Bande loszuwerden. Ich wäre bereit, sie dir nach unserer Ankunft zum Einkaufspreis zu überlassen."

„Das ist großzügig von dir. Das Angebot nehme ich gerne an."

Ich muss zugeben, dass ich einige Zeit brauchte, um mich an das Schwanken des Schiffes zu gewöhnen. Doch nach zwei Tagen konnte ich unsere Seefahrt sogar genießen. So groß das Schiff auch war, es ließ sich gar nicht vermeiden, dass alle Besatzungsmitglieder mehr oder weniger eng aufeinander hockten. Da Cornelius die Frauen nicht in ihrer engen Hütte einsperren konnte, hatte ich viel Gelegenheit, mich mit Tuana zu unterhalten und ein paar Späßchen zu machen. Auch wenn ständig ihre Mutter oder Cornelius in der Nähe waren. Doch ihre Eltern gönnten ihrer Tochter das Minimum an Abwechslung, das unsere Gespräche für sie und mich bedeuteten. Meist saßen wir hinten unter dem Sonnendach. Die Ruder platschten gleichmäßig nach dem Schlag der Pauke ins Wasser und die Segel flatterten im Wind. Die Männer saßen in Grüppchen zusammen und unterhielten sich leise oder spielten mit Würfeln.

Am vierten Tag schickte der Kapitän gleich nach dem Ablegen einen Matrosen auf die Spitze des Hauptmastes, wo ein kleines Brett zum Sitzen angebracht war. Der Kapitän informierte unseren Herrn, dass in dieser Gegend kürzlich Piraten gesichtet worden waren. Die nächste Nacht würden wir auf See verbringen, um möglichst rasch die Gefahrenzone zu durchqueren. Gegen Mittag kam uns eine römische Flottille aus drei Galeeren entgegen, die augenscheinlich auf Piratenjagd war. Rom verstand in seinem Nahbereich offenbar keinen Spaß mit den Seeräubern. Die Römer nannten dieses riesige Meer, dessen unendliche Weite mich so faszinierte, auch einfach nur „unser" Meer. Damit war wohl alles gesagt.

Gegen Nachmittag sichtete der Ausguck hinter uns drei Schiffe, die wir zunächst wieder für die drei römischen Galeeren hielten. Einige Zeit später rief der Ausguck, dass die drei Schiffe dreieckige Segel hätten. Es konnten also nicht die Römer sein, da für die Galeeren viereckige Segel verwendet wurden. Die drei Segelschiffe hielten Kurs auf uns und schlossen wegen des günstigen Windes rasch auf. Cornelius besprach sich mit dem Kapitän und ließ den Kurs ändern. Unsere Galeere drehte um 90 Grad nach rechts und fuhr weiter auf das offene Meer hinaus. Der Wind kam nun von rechts, genauso wie die Segelschiffe. Der Kapitän ließ das Hauptsegel und das vordere Hilfssegel reffen und befestigen. Sogleich wurde die Schlagzahl für unsere Ruderer erhöht. Als die Segelschiffe reagierten und ihren Kurs ebenfalls änderten, wurde aus der Befürchtung, dass es sich um Piraten handeln könnte, Gewissheit.

Es begann eine Art Katz und Maus Spiel, wobei unsere Steuerleute das Ziel hatten, den Segelschiffen auszuweichen und einen Kurs zu steuern, bei dem diese möglichst gegen den Wind fahren mussten. Unser Kapitän nutzte den Vorteil der geruderten Galeere voll aus. Das Ziel der Piraten hingegen war es, möglichst rasch aufzuschließen. Ich hatte von Seefahrt keine Ahnung, deshalb war es für mich völlig schockierend, dass die Piraten sogar schräg gegen den Wind fahren konnten. Sie schnitten hinter uns unseren Kurs, kreuzten hin und her und kamen rasch näher. Die gegnerischen Schiffe waren viel kleiner als unsere Galeere und hatten kein mit Holzplanken gedecktes Deck, dafür waren sie voll besetzt mit Männern. Cornelius fluchte und wirkte aufgeregter, als ich ihn jemals gesehen hatte. Grimmig stieß er hervor: „Verdammt! So ein Zusammenstoß auf See kann einem den ganzen Tag verderben!"

Die Luke zum Ruderdeck wurde geöffnet. Cornelius informierte die erschöpften Rudersklaven, dass es auch um ihr Leben ginge. Er sagte ihnen, dass die Luke offen bleiben würde, damit sie nicht verrecken mussten, falls das Schiff sinken oder in Brand geraten sollte. Allerdings ließ er offen, wohin man sich durch die Luke retten konnte, hier mitten auf dem Meer. Dieses Problem dürften schon viele Seeleute gehabt haben, dachte ich, und irgendwie mussten die es ja auch gelöst haben. Später erfuhr ich, dass es hier draußen keine Erlösung außer dem Ertrinken gab.

Die Gegner kreuzten inzwischen schon so nahe hinter uns, dass ich einzelne Gesichter erkennen konnte. „Können deine Stammesgenossen so gut kämpfen wie du?", fragte mich Cornelius. Ich nickte.

„Hole sie hoch, gib ihnen Waffen und noch schnell eine Extra-Ration Essen. Wir brauchen jeden Kämpfer." Die Frauen mussten sich im hinteren Lagerraum verstecken, auf dicken Fellpaketen, zwischen Fässern mit Seife und Büscheln von blondem Frauenhaar. Die Ladeluke wurde geschlossen. Dann rief Cornelius durchdringend: „Bogenschützen zu mir!"

Das Sonnensegel am Achterdeck wurde entfernt und zusammengerollt. Die Seeleute spritzten Meerwasser darauf und schütteten auch über das ganze Schiff Wasser aus, offenbar als

Brandschutz. Unsere Bewaffneten kamen mit Bündeln von Pfeilen und zwei Fackeln. Zehn Bogenschützen hatten achtern Platz zum Schießen. „Macht die Brandpfeile bereit!“, befahl Cornelius, „Wie viele Pfeile haben wir?“

Der Anführer der Söldnertruppe antwortete: „Hundert Brandpfeile und zweihundert normale Pfeile.“

„Die Seeleute sollen um die normalen Pfeile Lumpen binden und sie mit dünnflüssigem Öl tränken. Wir benötigen mehr Brandpfeile!“

Die Aufregung war jetzt geradezu körperlich zu spüren. Ich übersetzte für Kunolf und seine Bande, die natürlich kein Latein verstanden. Als das erste Piratenschiff nahe genug an uns herangekommen war, gab Cornelius den Befehl zum Schießen. Die Pfeile wurden an den Fackeln entzündet und abgeschossen. Beim Fliegen machten sie ein zischendes, äußerst beunruhigendes Geräusch. Da sie dünne Rauchbahnen hinter sich herzogen, sahen die Brandpfeile recht beeindruckend aus. Und wenig beeindruckend fielen sie mit einem kurzen, letzten Fauchen vor dem gegnerischen Boot ins Wasser und erloschen. Cornelius fluchte wieder. „Bringt mir meinen Bogen!“

Ein Sklave reichte ihm einen Bogen, der dicker und glänzender war als jeder, den ich zuvor gesehen hatte. Cornelius war offenbar auch stolz darauf, deshalb nahm er sich trotz der Gefahr die Zeit zu sagen: „Diesen Bogen habe ich direkt von der Insel Ithaka. Er soll dem Bogen des Odysseus bis ins Detail gleichen.“ Ich verstand nicht, was er damit sagen wollte, aber es war zweifellos ein schöner, kräftiger Bogen.

Cornelius legte einen Brandpfeil auf, entzündete den ölgetränkten Lumpen, spannte den mächtigen Bogen und schoss. Zischend flog der Pfeil im hohen Bogen durch die Luft und schlug mit einem dumpfen „Plopp“ mitten in das Hauptsegel des Piratenschiffes ein, das uns am nächsten war.

„Ha! So macht man das!“, stieß Cornelius hervor. Der brennende Pfeil versetzte die Piraten gehörig in Unruhe, zumal jetzt ein Brandpfeil nach dem anderen auf ihr Schiff niederging. Die qualmenden Segel wurden von ihnen über Bord geworfen. Zwei der drei Piratenschiffe fielen zurück. Ich holte meinen Bogen, legte einen Brandpfeil auf und entzündete die ölgetränkte Stoffbinde. Abgesehen davon, dass ich mir beim Spannen fast die Finger der linken Hand verbrannte, schnellte mein Pfeil in beeindruckend hohem Bogen los. Das zischende Geräusch war wirklich beängstigend. Mein Pfeil stieg steil hoch und beschrieb eine elegante Kurve. Und fiel dann mit einem kleinen Glucksen vor dem gegnerischen Schiff ins Wasser. Glücklicherweise hatte niemand meinen missglückten Versuch zur Kenntnis genommen. Schnell verstaute ich meinen Bogen wieder bei meinen Sachen.

Derweil änderten die Seeräuber ihre Taktik. Die Piraten griffen selbst zu den Rudern und trieben ihre kleinen Schiffe mittels Körperkraft vorwärts. Kaum war der letzte Pfeil unserer Bogenschützen verschossen, da wurde jedem an Bord klar, dass uns die Gegner noch vor Einbruch der schützenden Dunkelheit einholen würden. Ich fragte den Kapitän, der in meiner Nähe bei den Steuermännern stand: „Können wir die Piraten nicht rammen?“ Er schüttelte den Kopf. „Nein, die sind viel wendiger als wir. Und unsere Ruderer sind längst erschöpft, während die Männer dort drüben noch frisch sind.“

Cornelius postierte seine Bewaffneten an den beiden Längsseiten der Galeere zum Kampf. Auch an die Seeleute wurden Waffen verteilt. Er packte mich fest an der Schulter und schärfte mir eindringlich ein: „Du verteidigst mit unseren fünf Sklaven-Leibwächtern, die du selbst ausgebildet hast, und deinen Germanen-Freunden die Luke zum hinteren Laderaum. Ich weiß, dass du meine Tochter, sagen wir, sehr schätzt. Und sie dich. Jetzt hast du Gelegenheit, dich dieser Freundschaft würdig zu erweisen. Kämpfe um ihr Leben. Um euer aller Leben!“ Genau das hatte ich vor.

Kunolf und seine Bande waren inzwischen gut erholt und nun auch ausreichend bewaffnet. Ich beobachtete sie genau. Keinem von diesen Gesellen vertraute ich, doch sie wirkten nicht aufsässig. „Wenn ihr jetzt den Kampf eures Lebens kämpft, werdet ihr alle freigelassen!“, versprach ich ihnen. Kunolf nickte abwesend, als wäre das verlockende Angebot für ihn nicht so wichtig. „Jetzt kämpfen wir erst mal, dann sehen wir weiter!“, antwortete er lakonisch. Aufsässig wirkte er tatsächlich gar nicht, eher wirr. Ich befürchtete, dass die Gefangenschaft ihm vielleicht den letzten Rest seines Verstandes geraubt haben könnte. Aber seine Muskeln waren dick und seine Augen stechend wie früher. Er konzentrierte sich wohl auf die bevorstehende Auseinandersetzung. Die Germanen kauerten sich hinten im Heck zusammen und warteten auf meinen Befehl.

Eines der Piratenschiffe holte uns ein und wollte längsseits anlegen. Doch unsere Steuerleute manövrierten es aus und drehten ab. Dadurch verloren die Gegner an Schwung und blieben seitlich zurück. Nun nahmen die beiden anderen Schiffe die Galeere in die Zange. Auf allen Schiffen wurden hektisch Befehle gebellt. Einige Pfeile flogen in unsere Richtung, dann splitterte Holz. Ich vermutete, dass die Piraten ihre Ruder nicht schnell genug einziehen konnten. Von allen Seiten schleuderten sie Seile mit eisernen Haken auf unser Schiff. Viele der Seile wurden von unseren Männern durchtrennt, aber es waren unzählige, und immer wieder kamen neue. Die Schiffskörper krachten längsseits aneinander. Brüllend sprangen und kletterten die Seeräuber auf das höher gelegene Oberdeck der Galeere. Anfangs behaupteten sich unsere Männer, die zahlenmäßig weit unterlegen waren, aufgrund der günstigen Stellung gut gegen den wilden Ansturm. Doch als die Piraten einen Teil der Reling unter ihre Kontrolle bringen konnten, wendete sich das Blatt. Cornelius feuerte seine Kämpfer an, die sich wacker schlugen. Kunolf und ich hockten noch auf der Luke des hinteren Laderaumes und hielten uns und unsere Männer zurück. Ich merkte es Kunolf an, dass er sich kaum noch zügeln konnte. Er schnaufte und bekam rot unterlaufene Augen. Ständig drehte er das Schwert in seiner Hand.

Der Kampf tobte unerbittlich. Das Deck wurde rutschig vom Blut der Toten und Verletzten, das bis zu unseren Füßen lief. Kunolf strich mit seiner linken Hand über die warme Flüssigkeit. Etwa zu diesem Zeitpunkt verlor ich Cornelius im Knäuel des Kampfgeschehens aus den Augen. Doch plötzlich hörte ich seine Stimme: „Schart euch um mich! Schart euch um mich!“ Cornelius wollte seine verbliebenen Kämpfer sammeln, um nicht im heillosen Durcheinander unterzugehen. Und er rief über den Kampflärm hinweg: „Volker! Jetzt!“

Meine Stammesgenossen warteten keinen weiteren Befehl mehr von mir ab. Sie sprangen auf, rissen sich die Sklavenkleidung vom Leib und reckten sich groß und nackt hoch in die Luft. Die Piraten und die Römer wirkten wie Zwerge gegen diese muskelbepackten Hünen. Die Krieger begannen zu brüllen. Aus ihren Mündern kamen furchterregendste Kriegsschreie. Der Kampf stockte. Alle hielten inne und blickten zu den Germanen-Kriegern, die da plötzlich im Heck aufgetaucht waren. Niemand hatte vorher auf die zusammengekauerten Rudersklaven geachtet. Und nun standen da zehn schwer bewaffnete Hünen, die sich mit blutverschmierten Fingern über die breiten Brustkörbe fuhren. Dann brachen sie los. Eine entfesselte Urgewalt.

Die zahlenmäßige Überlegenheit der Gegner spielte keine Rolle mehr. Die Piraten drängten sich zusammen, weg von diesen Hünen, die hackend, schneidend und stechend über sie herfielen. Anders konnte man es nicht beschreiben. Ich nahm gar keine Gegenwehr wahr. Überall traf mein Schwert auf Leiber. Das Blut spritzte umher. Aus den Augenwinkeln sah ich, wie das dritte Piratenschiff anlegen wollte. Ich winkte ihnen fröhlich zu. „Kommt nur her, kommt rüber! Wir brauchen mehr von euch!“ Mein Anblick muss schrecklich gewesen sein, auch wenn ich – anders als Kunolf und seine Bande – wenigstens noch Kleidung trug. Die Piraten brachen das Anlegemanöver ab und zogen sich hastig zurück. Als ihre Kumpane, die noch mit uns kämpften, dies sahen, versuchten sie ebenfalls, auf ihre Schiffe zu fliehen.

Die Sklaven-Leibwächter, die auf meinen Befehl hin strikt bei der Luke zum hinteren Laderaum blieben, wagten sich jetzt vor und schütteten Öl auf die längsseits liegenden, gegnerischen Schiffe. Die Überlebenden der Piraten lösten die Taue und stießen ihre kleinen Schiffe von unserem Rumpf ab. Darauf hatten meine Männer nur gewartet. Jetzt warfen sie Fackeln auf die ölgetränkten Planken und Taue der ablegenden Piratenschiffe. Ich nickte ihnen anerkennend zu. Sie hatten viel von Eginhard und mir gelernt. Während wir die letzten Seeräuber töteten, kämpften ihre flüchtenden Kumpane auf ihren Schiffen gegen den Feuertod.

Als der letzte an Bord der Galeere verbliebene Pirat erschlagen war, blieb Kunolf einfach dumpf vor sich hin stierend stehen, ließ seine Waffen fallen und atmete geräuschvoll pumpend ein und aus. Auch seine Gefährten beruhigten sich. Der Kapitän brüllte Befehle. Die Ruder wurden wieder ausgefahren und die Segel gehisst. Wir nahmen rasch an Fahrt auf, um den Piraten endgültig zu entkommen. Doch die hatten ganz andere Sorgen. Eines ihrer Schiffe brannte in hellem Schein. Das andere, welches auch von unseren Männern in Brand gesetzt worden war, trieb abseits, während seine Besatzung dabei war, das Feuer zu löschen. Die Feiglinge vom dritten Schiff hatten offenbar ein schlechtes Gewissen. Sie näherten sich dem anderen, inzwischen lichterloh brennenden Schiff, um ihre Kumpanen aus der Not zu retten. Während sie die Männer, die panisch von ihrem Schiff in das Wasser sprangen, an Bord nahmen, griffen die Flammen auch auf ihr Schiff über. Nur mit Mühe konnten sie diese löschen. Das aufgegebene Piratenschiff brannte völlig aus und versank im Meer, die beiden anderen entkamen schwer beschädigt. Unsere Galeere entschwand in die dunkle Nacht.

Cornelius war überglücklich über unseren Sieg. Ich vermutete, dass er sich am meisten Sorgen um seine Tochter und seine Frau gemacht hatte. Alle Männer, die am Oberdeck gekämpft hatten, waren verwundet, einige schwer. Die toten Piraten warfen wir einfach über Bord. Unsere Gefallenen deckten wir mit Segeltuch zu. Bei Sonnenaufgang übergab der Kapitän die Leichname seiner gefallenen Seeleute dem Meer. Cornelius entschied hingegen, die Körper seiner gefallenen Söldner mit an Land zu nehmen, um sie durch Priester würdig bestatten zu lassen. Ich fand die Beisetzung im Meer durchaus angemessen, ganz besonders für Seeleute, und hätte auch selbst nichts dagegen gehabt. Vielleicht würde meine Seele nicht nach Walhall wandern können, da sie nicht durch das Verbrennen meines Leichnams freigesetzt wurde. Doch dafür stand ihr sicher das gewaltige und herrliche Meer offen. Was gab es darin nicht alles zu erkunden? Wahrscheinlich waren die Schönheiten des Meeres für meine Seele sogar verlockender als die allabendlichen Saufgelage mit den toten Kriegern in Walhall. Ich war gerade siebzehn Jahre alt, aber bereits ein gestandener Krieger. Ich war weiter gereist als alle, die ich kannte. Und ich hatte für mein Alter mehr Kämpfe und Gefahren bestanden als viele andere. Angesichts der Toten sinnierte ich, ob ich wohl schon genug Ruhm angesammelt hatte, um nach Walhall einziehen zu dürfen. Der Platz dort war begrenzt. Vermutlich fehlten mir noch ein paar Heldentaten. Aber ich war noch jung und auf einem guten Weg.

Wir steuerten den nächsten größeren Hafen der Römer, der Genua hieß, an, um unsere Verwundeten versorgen zu lassen und die erlittenen Verluste zu ersetzen. Die Landschaft war auch hier lieblich, wenn auch ganz anders als in der Umgebung von Massilia. Genuas Hafen entstand durch eine natürliche Bucht mit relativ enger Einfahrt. An den Hafen schloss sich eine für meine damalige Vorstellung wiederum riesige Stadt an, die überwiegend aus den rötlichen, in Feuer gebrannten Ziegelsteinen gebaut war. Inzwischen hatte ich es aufgegeben, jede Stadt mit Superlativen zu benennen. Die Siedlungen, die wir als Stadt ansahen, waren nichts im Vergleich zu den Städten der Römer. Einige der Tempel und Paläste in Genua waren mit Naturstein, der hell und glatt war und Marmor genannt wurde, verkleidet. Auch die Straßen waren mit Steinplatten oder zumindest steinernem Pflaster gedeckt. Die Stadt lag vor dem prächtigen Panorama eines Gebirges, dessen Hänge und Gipfel grün und anmutig waren. Als wir vormittags den Hafen erreichten, herrschte dort schon viel Betrieb. Ich bestaunte die Lastkähne, Galeeren und Fischerboote. Es war ein Durcheinander und Gerufe, ein Gewimmel von Bewegungen und Farben. Die Schiffe hatten unterschiedliche Größen und Formen, einige waren bemalt oder mit Schnitzereien verziert.

Ich war noch nie am nördlichen und östlichen Meer unserer Stämme gewesen, doch ich bezweifelte, dass die nördlichen Stämme dort derartige Hafenanlagen hatten. Der Hafen von Genua beeindruckte nicht nur wegen seiner natürlichen Form, sondern vor allem wegen des unablässigen Betriebs ungemein. Unsere Galeere legte an der Hafenmauer an. Sofort schwärmten Boten aus, denen Cornelius genaue Instruktionen gegeben hatte. Vor allem benötigten wir Ärzte, um die Verwundeten versorgen zu lassen. Aber auch für Unterkunft, Essen und Wasser musste gesorgt werden. Cornelius agierte schnell und konzentriert wie immer. Jeder bekam deutliche Anweisungen, er dachte an alles, keines der organisatorischen Probleme regte ihn auf. Kunolf und seine sechs überlebenden Kumpane ließ er sofort frei, ohne dass ich etwas bezahlen musste. Er stellte ihnen auf einer Schriftrolle eine Bestätigung aus, dass sie freie Männer auf der Rückreise nach Germanien waren. Sie bekamen Kleidung und Waffen und genug Geld, um in das Stammesgebiet der Hohnen zurückkehren zu können. Kunolf und seine Männer konnten ihr Glück kaum fassen und bedankten sich artig bei Cornelius und mir. Rasch waren sie im Getümmel verschwunden.

Der Kapitän unserer Galeere ging in die Stadt, um neue Seeleute anzuwerben und Rudersklaven zu kaufen. Unser Schiff wurde gründlich von dem Blut gereinigt, das überall klebte. Einige kleinere Schäden, die durch den Kampf entstanden waren, ließ Cornelius bei dieser Gelegenheit gleich ausbessern. In spätestens zwei Tagen sollten wir wieder in See stechen. Seine Familie, die Leibwächter und die Leibsklaven brachte Cornelius bei einem Freund unter, der einen riesigen Palast mitten in der Stadt besaß, kaum tausend Schritte vom Hafen entfernt. Der Palast wirkte hoch und gewaltig. Das Erdgeschoss bestand aus Ziegelsteinen, die mit Marmorplatten verkleidet waren. Das obere Stockwerk hatten die Baumeister aus Holz aufgebaut. Doch das Holz war äußerst geschickt in mehreren Schichten verputzt worden. Der äußere Putz war weiß wie Schnee und aufwändig geglättet. Da geschickte Maler eine Maserung wie von Marmor aufgemalt hatten, sah das Gebäude wie aus einem Guss hergestellt aus. Ein edler Marmorpalast, zumindest optisch.

Innen gab es einen liebevoll gestalteten Hof, in dem Statuen standen, die lebensecht gemeißelt und bemalt waren. Für mich waren diese Standbilder enorm beeindruckend. Wenn ich diesen Statuen in die täuschend echt wirkenden Augen blickte, musste ich mich anfangs durch einen Stups vergewissern, dass es sich tatsächlich nur um bemalte Steinfiguren ohne Leben handelte. Auch ein kleiner Zierteich, dessen Wasser ein wenig Kühle in den engen Hof brachte, fehlte nicht.

Die Wände des Hauses waren ebenfalls schön bemalt und farbenfroh. Etwas Besonderes hatten sich die Handwerker für den Boden ausgedacht. Statt Holzdielen oder eleganter Marmorplatten hatten sie den Boden mit winzigen, flachen Steinchen belegt, die verschiedene Farben hatten. Diese Steinchen waren so kunstvoll aneinandergefügt, dass sich aus ihnen lebhafte Bilder ergaben. Die Motive waren vielfältig. Ich sah Fische, die Wellen des Meeres und Schiffe, eine Marktszene, Kinder beim Spielen. Alles war handwerklich sehr fein gearbeitet. Wer dafür wohl Zeit gehabt hatte? Steinchen zu Bildern legen statt auf dem Feld zu arbeiten, das konnten sich wirklich nur die Römer mit ihren zahlreichen Sklaven leisten.

Tuana wurde zusammen mit ihrer engsten Leibsklavin im Obergeschoss des rechten Flügels des Gebäudes untergebracht. Die übrigen Leibsklavinnen schliefen bei den Bediensteten im Erdgeschoss. Ihre Eltern übernachteten im gegenüber liegenden Flügel. Zu meiner Überraschung wurde mir ein Zimmer direkt neben den Räumen von Tuana zugewiesen. Der junge Haussklave erklärte: „Das ist der Wunsch der Herrin. Du sollst ihre Sicherheit garantieren. Hoffentlich irrt sie sich dabei nicht." Der unfreie Jüngling blickte mich bei seinem letzten Satz frech an. Er hatte noch nichts von Eginhards und meinem Ruf unter den Bediensteten gehört. Wie sollte er auch? Mit einem kurzen, ansatzlos geschlagenen Fausthieb brach ich ihm die Nase, was sich langsam zu meiner Spezialität entwickelte. Sofort lief ziemlich viel Blut aus ihr heraus, das er mit beiden Händen auffangen musste, um nicht den Boden des Flurs voll zu tropfen. Soviel zum Thema Sicherheit.

Die Familie nahm abends nach den Anstrengungen des Tages das Abendessen im Kreis ihrer Freunde ein. Ich aß auch eine Kleinigkeit in den Räumen der Bediensteten und zog mich bald in mein Zimmer zurück. Meine Wunden schmerzten, doch vor allem brauchte ich Zeit zum Überlegen. So viele neue Eindrücke stürzten auf mich ein. Ich war überrascht, wie schnell ein rustikaler Mensch wie ich diese Wunder um sich herum als Normalität akzeptieren konnte. Vor einigen Tagen wusste ich nicht einmal, dass das Wasser des Meeres salzig schmeckt, und schon fuhr ich mit einem Schiff, das größer war als jedes Haus meines Stammes. Ich hatte gegen Piraten gekämpft. Und gewonnen. Außerdem war ich längst an das gute Essen gewöhnt, das weiße, lockere Brot, die leckeren, ständig präsenten Eiergerichte. Selbst Häuser aus gebrannten Steinen mit Fenstern waren keine Wunder mehr, da sie hier überall standen. Ich hatte ein eigenes Zimmer, dessen Wände glatt verputzt und schön bemalt waren. Ein eigenes Zimmer! In dem kleinen Raum standen ein Bett, eine Kiste für Kleidung, ein Tisch und zwei Hocker. Dabei fiel mir auf, dass ich schon ganz vergessen hatte, wie es war, mit der ganzen Familie auf dem Boden unter einem Berg Fellen und Decken zu schlafen. Das Haus meiner Familie, das ich immer als Ort der Geborgenheit empfunden hatte, würde hier bestenfalls als Stall durchgehen.

Das einzige, woran ich mich nicht gewöhnen konnte, war diese widerliche Soße aus vergorenem Fisch, mit der alle Römer so ziemlich jede Speise würzten. Ein kleiner Krug mit diesem Zeug stand immer auf jedem Esstischchen bereit. Sogar über Rühreier schütteten sie diese stinkende Brühe.

Ich hörte Tuana und ihre Sklavin, als sie sich in ihre Räume zurückzogen. Sie liefen an meinem Zimmer vorbei. Die Tür zu diesen Räumen lag direkt neben meiner. Ich hörte sie reden und kichern. Sicher hatten sie mit Sirup oder Honig gesüßten Wein getrunken. Ich lag auf meinem Bett, nur mit meiner Unterhose bekleidet, in weiche Decken eingehüllt, und dachte an Tuana. Hatte sie es arrangiert, dass ihre Eltern so weit entfernt schliefen? Wartete sie vielleicht sogar darauf, dass ich zu ihr kam? Starrte sie jetzt gerade ebenfalls zur Decke und grübelte? Ich überlegte und überlegte, stand auf, legte mich wieder hin. Lauschte, ob ich Tuanas Stimme vernehmen konnte. Aber nichts. Die halbe Nacht lang wälzte ich mich unschlüssig und unsicher herum und kam zu keiner Entscheidung. Dann schlief ich endlich ein, zutiefst verärgert über mich selbst.

Am nächsten Tag hatte ich keine konkrete Aufgabe. Tuana zeigte mir die Stadt. Natürlich begleiteten uns zwei Sklavinnen, zwei von meinen Sklaven-Wachen und ein mir unbekannter Leibwächter der befreundeten Familie. Genua war wieder eine Steigerung gegenüber allem, was ich bisher gesehen hatte. Die Stadt verfügte über ein großes Amphitheater, in dem Tausende

Menschen Platz fanden. Ein weiteres Wunder! Mehrere Tempel mit baumhohen Säulen sollten die Götter der Römer gnädig stimmen. Tuana erklärte mir, dass ihre Göttinnen und Götter bei den Germanen lediglich andere Namen hätten, aber sonst identisch seien. Ich könnte also auch in dem mächtigen Jupitertempel zu Jupiter beten, das mache keinen Unterschied und wäre keine Gotteslästerung gegenüber meinen Göttern.

Der römische Gott Jupiter sollte bei uns Donar heißen. Das schien mir eine schräge Vorstellung zu sein. Und der Olymp entspräche in etwa unserer Vorstellung von Asgard. Mich überzeugte diese Idee der Römer nicht wirklich. Aber was sollte ich entgegnen, wenn eine Göttin wie Tuana mir diese Erkenntnisse höchst selbst beibrachte? Und eine Göttin war sie für mich. Sie war schön, anmutig, intelligent, witzig, gebildet, eben einfach himmlisch. Ich wollte sie in meine Arme schließen und nie wieder loslassen. Und sie zeigte mir durch winzige, scheinbar beiläufige Berührungen, dass sie offenbar genauso empfand.

Wir besuchten einen Markt, auf dem unzählige Händler nur Kleidung und Stoffe anboten. Nichts anderes. Nur Stoffe! Das muss man sich einmal vorstellen: Ein großer, quadratischer Platz, der an drei Seiten von Gebäuden umschlossen war, denen Kolonnaden vorgesetzt waren, und alles nur für Stoffhändler. Unter den Kolonnaden standen die Tische mit den Waren, damit die Frauen die Stoffe im kühlen Schatten begutachten konnten. Einige Händler besaßen auch Läden, die sich zu dem überdachten Gang hin öffneten. Noch nie in meinem Leben hatte ich Stoffe von so unterschiedlicher Qualität und Farbe gesehen. Von der feinsten Lammwolle bis zum derben Leinenstoff gab es alles. Und Frauen, die wahrscheinlich das Nähen nicht gut beherrschten, konnten sogar komplett fertige Kleider kaufen! Die ungewöhnlichen Schnitte, die Formen und die Vielfalt machten mich ganz wirr. Die Römer bevorzugten als Unterkleidung eine Art langes Hemd oder Kittel. Dieses Kleidungsstück konnte man so gürten, dass es bis ans Knie reichte. Diesen Kittel nannten sie Tunika. Darüber trugen Männer wie Frauen lange Stoffbahnen, die sie sich kunstvoll um den Körper wanden, wobei die Gewänder der Frauen wenigstens Schnitt und ein paar Nähte hatten.

Tuana liebte das überreiche Sortiment auf dem Stoffmarkt. Nach kurzer Zeit wurde mir langweilig, während sich Tuana zwei wallende Gewänder, eine knappe, freche Tunika in Grün, drei lange, blaue Schals und zwei Paar Sandalen aus blauem Leder kaufte. Sie zeigte mir eine kurze Unterhose und eine Art Schal und erklärte: „Das ist der letzte Schrei an Badesachen. Stammt aus Pompeji. Wenn wir im Meer oder im Tiber Schwimmen gehen, kann ich das anziehen. Das Tuch bindet man sich um den Busen und verknotet es hinten."

Ich sah mir die knappe Badehose und das schmale Tuch für Obenherum näher an und rollte mit den Augen. „Das kann ich mir nicht vorstellen. Da können die Frauen ja gleich nackt baden, wie bei mir zu Hause!" Sie lachte glockenhell und legte die Badekleidung wieder zurück auf den Tisch des Händlers. Beim nächsten Händler stieß sie einen verzückten Schrei aus und zeigte auf einen Ballen mit einem Tuch, das hauchzart wie Spinnweben war. Das Tuch gab es in verschiedenen Farben, die ungewöhnlich schillerten und auch im Schatten der Kolonnaden hell leuchteten. Der Händler hielt ihr einen kleinen, roten Stoffballen entgegen, den sie vorsichtig in die Hände nahm. „Volker, das hier ist Seide, der teuerste aller Stoffe. Fass die Seide an, sie ist herrlich."

Tatsächlich fühlte sich die Seide sehr glatt und kühl an. Sie war erstaunlich fest, aber dabei unendlich zart. Das Material war interessant. „Was kostet dieser kleine Ballen rote Seide?", fragte ich den Händler.

Anstatt mir eine Antwort zu geben, machte er Ausführungen über die Qualität des Stoffes: „Das ist feinste Seide, die aus einem sehr fernen Land namens China stammt. Nur dort kann sie produziert werden. Sieh dir diesen Schimmer an! Wenn du diese Seide in die Sonne hältst, musst du geblendet die Augen schließen. Bei Nacht reflektiert sie das Sternenlicht. Im Sommer kühlt sie, im Winter wärmt sie. Sieh dir die Schönheit dieser jungen Frau an. Die schönste aller Frauen hat auch den schönsten aller Stoffe verdient. Ihre Schönheit..."

Ich blickte ihn ungehalten an und überlegte, ob ich ihn schlagen sollte. Aber das wäre wohl keine geschickte Verhandlungsstrategie gewesen. Er ahnte wohl meine Gedanken, denn er stockte kurz, um dann zur Sache zu kommen: „Herr, die Produktion im Fernen Osten ist aufwendig. Und der weite Transport… Diesen Ballen muss ich mit dreißig Aurei berechnen."

Der Preis ließ mich überrascht schlucken. Dreißig Goldstücke? Dafür bekam man selbst in diesem teuren Landstrich mindestens fünf junge, gesunde Milchkühe, wie ich wusste. Das war ein Vermögen. Viel mehr, als ein geschickter Handwerker in einem ganzen Jahr verdiente. Und das für eine dünne Stoffbahn? Ich überlegte, aber sehr rational fiel das Ergebnis nicht aus. Man musste mir zugutehalten, dass ich jung war. Und ich war verliebt. Irgendetwas durchbrach die Grenze, die mir meine Sparsamkeit sonst so erfolgreich setzte. Der Preis stand trotzdem in keinem Verhältnis. Ich sagte: „Ich gebe dir zehn Goldstücke!"

Der Händler krümmte sich wie im Schmerz, wies auf die gute Qualität hin, zeigte mir Seide, die stumpf aussah und Knötchen im Gewebe hatte. „Das ist die Seide für zehn Aurei pro Ballen, siehst du den Unterschied? Ich habe eine große Familie, acht Kinder, die müssen ernährt werden. Hier in Genua ist alles sehr teuer. Aber diese Seide, die findest du nirgendwo anders zu diesem geringen Preis. Ich gebe dir den Ballen für fünfundzwanzig Goldstücke!"

Tuana hatte vor Schreck die Hände über den Mund zusammengeschlagen und beobachtete, was da gerade vor ihren Augen geschah. Ich war gut im Handeln. Ich erzählte dem Händler, dass ich ein armer, sittenstrenger Germane sei, dessen Mutter weit weg in Germanien im Sterben liege. Dieser Stoff sollte ihre letzte Freude werden. Ich hätte aber nur noch zwanzig Aurei. Mehr könne ich nicht geben, auch wenn ich es um meiner lieben Mutter Willen gerne täte. Daraufhin beklagte der Händler sein Schicksal, dass er mit dem allerletzten und schönsten Ballen roter Seide, den er hatte, an einen unbarmherzigen Wilden geraten sei, der den Preis nicht richtig einzuschätzen vermochte. So ging es eine Weile hin und her. Schließlich bekam ich den federleichten Ballen für zweiundzwanzig Goldstücke. Ich holte die Goldstücke aus meinem Geldbeutel und gab sie ihm. Der Händler prüfte jedes Stück sorgfältig. Ich rollte den Ballen Seide aus und legte den Stoff Tuana über die Schulter. Sie bekam einen roten Kopf und drückte die Seide an ihre Wange. Ich lächelte stolz. „Diese Seide ist wirklich der beste Stoff für eine Frau wie dich!“

Sie dankte mir geradezu schüchtern, sichtlich überwältigt von dem kostbaren Geschenk. Aus den Augenwinkeln sah ich, wie der Händler unter seinem Verkaufsstand einen identischen Ballen roter Seide hervorholte und auf den Tisch legte.

„Ah!“, bemerkte ich, „Das war also nur dein vorletzter Ballen von dieser Seide, oder?“

Der Händler grinste. „Und diese junge Frau dort ist deine todkranke Mutter?“

Nun lachten wir beide und verabschiedeten uns zufrieden. Nach dem Erlebnis auf dem Stoffmarkt kehrten wir in eine Taverne ein, aßen gutes Essen, das sich Tuana mit der vergorenen Fischsauce würzte, tranken süßen Wein und kehrten erst bei Sonnenuntergang ins Haus zurück. Zu meiner Überraschung bekamen wir keine Ermahnung ihrer besorgten Mutter. Vielmehr wirkte sie gelöst und zufrieden und lud mich zum Abendessen ein. Tuana zeigte ihr die Seide, die tatsächlich sogar schon bei schwachem Licht ungewöhnlich schimmerte. Helvia war geradezu kindlich begeistert von dem Stoff. Sie musterte mich immer wieder verstohlen, während sie das extrem feine Gewebe begutachtete und schon Ideen entwickelte, was man daraus schneidern konnte.

Die Einladung zum Abendessen war für mich eine ganz ungewöhnliche Ehre. Noch nie hatte mich die römische Familie formal zum Essen gebeten. Niemals hätte Helvia diese Einladung ohne vorherige Absprache mit ihrem Mann ausgesprochen. Für mich war diese Geste eine große Freude. Aber durchaus auch für die anderen. Formelle Abendessen liefen bei den Römern ganz anders ab, als ich es gewohnt war. Bei uns scharten sich alle Familienmitglieder und Gäste um einen eisernen Topf, der auf einem niedrigen Tischchen oder einfach nur auf einem Brett stand. Dabei saß man zumeist auf dem Boden, der mit Fellen oder Stroh bedeckt war, hin und wieder aber auch auf Bänken an der Wand oder auf Schemeln. Man musste mit seinem Holzlöffel allerdings irgendwie an den Topf herankommen, da man sonst hungrig blieb. Nicht alle Familien hatten einzelne Holzschalen für jedes Familienmitglied oder nutzten sie nicht, wenn der Inhalt des Topfes erschreckend knapp aussah. Sofern es Fleisch gab, benutzte man außer dem Holzlöffel natürlich noch ein Messer.

Bei den Römern lief das Essen ganz anders ab. In der Regel lud der Hausherr nur drei bis vier Freunde ein. Dann ließen sie sich auf weich gepolsterten Liegen, die hinten und auch an den Seiten bequeme Lehnen hatten, nieder und nahmen das Essen in halb liegender Position ein. Dazu standen neben jeder Liege niedrige Beistelltische, auf die von den Sklaven die Speisen abgestellt wurden. Diese Art des Speisens wurde als die kultivierteste und bequemste angesehen. Kamen jedoch mehr als fünf Gäste zusammen, wurde der Platz für so viele Liegen zu eng. Auch das Gespräch war in zu großer Runde durch den mit jeder Liege zunehmenden Abstand nicht mehr angenehm zu führen. Bei mehr als fünf Gästen wurden die Liegen an die Seiten der Räume geschoben. Sklaven brachten Holzböcke in den Raum, auf die eine mehr oder weniger fein gearbeitete Holzplatte gelegt wurde. Um die Rohheit dieses Esstisches zu kaschieren, wurden mehrere Lagen feiner Tücher darauf ausgebreitet. Die Gäste setzten sich auf Stühlen um den Esstisch. So war es auch an diesem Abend.

Ich, der blonde, urwüchsige Germane, in der für Römer ungewohnten Kleidung, war die Attraktion des Abends für unsere eigentlichen Gastgeber, die noch nie einen Germanen gesehen hatten. Die Freunde von Tuanas Familie, denen das Haus gehörte, waren ein älteres Ehepaar, dessen Kinder bereits erwachsen waren und nicht mehr in dem palastartigen Anwesen wohnten. Beide waren ziemlich überrascht, dass mein Latein inzwischen ausreichend gut für eine flüssige Unterhaltung war. Sie stellten unzählige Fragen zum Leben in meiner Heimat. Ich schilderte die Schönheiten unseres Landes, aber auch sein raues Klima. Ich verschwieg auch nicht die Mühe, die wir aufwenden mussten, um dem Land ausreichend viel Korn für den Winter abzutrotzen. Die reichen Römer konnten sich gar nicht vorstellen, dass Hunger zu unserem täglichen Leben gehörte. Sie wollten kaum glauben, dass ich die meiste Zeit meines Lebens an Essen dachte, und dabei so schlank und muskulös sein konnte.

Meine Gedanken drehten sich immer ums Essen, aber ich hatte es halt nicht immer zur Verfügung. Das ist ein wesentlicher Unterschied. Der Mangel bedingte die ständige Sorge um Nahrung.

Dann schilderte ich die Bedrohungen, denen man in der wilden Natur meiner Heimat ausgesetzt war. Wer nicht auf Bäume klettern konnte, lief im Winter Gefahr, Opfer der hungrigen Wölfe zu werden. Ich erzählte von meinem Vater und betonte, dass er ein großer und berühmter Krieger war. Natürlich berichtete ich von der Güte und dem unerschöpflichen Fleiß meiner Mutter Dagmar und von meinen Geschwistern. Auch die Alte vom Teich erwähnte ich, ihre Weisheit und ihre Heilkünste. Der ältere Freund von Cornelius hörte aufmerksam zu. Er sagte zu ihm: „Diese Germanen sind wirklich ein unverbrauchtes Naturvolk. Ehebruch kennen sie fast gar nicht. Sie ehren ihre Eltern und lieben ihre Familien. Obwohl sie so arm sind, kann man sie wohl als glückliche Geschöpfe bezeichnen. Vielleicht glücklicher als wir. Sie empfinden keinen Mangel an materiellen Gütern, die für uns selbstverständlich sind. Ein wenig Nahrung und ein Dach über dem Kopf genügen ihnen. Und ich meckere schon in einer kühleren Nacht, wenn die Sklaven das Feuer der Fußbodenheizung nicht genug schüren." Die Römer lachten.

Marcus Cornelius ergänzte: „Die Germanen sind nicht nur zähe Naturburschen, sie sind auch begnadete Kämpfer. Und dabei sogar gewieft. Mit Volker verstehe ich mich blind im Kampf, weil er über ein großes taktisches Verständnis verfügt. Er weiß genau, was er wann zu tun hat, um den Sieg zu erringen. Sein Volk nennt ihn Volker den Furchtlosen und – beim Mars! – so habe ich ihn auch kennengelernt!" Helvia lachte und warf mir einen schelmischen Blick zu. „Unser germanischer Freund scheint nicht nur in der Schlacht taktisches Geschick zu haben!" Zum Glück lachten alle mit, nur ich schaute verlegen drein. Natürlich hatte sie auf die Seide angespielt, die nicht nur bei Tuana gut angekommen war.

Nach einem wirklich netten und fröhlichen Abend zogen sich alle in ihre Gemächer zurück. Einige Zeit später lag ich wieder auf meinem Bett und blickte durch mein kleines Fenster in den Sternenhimmel. Was machte Tuana? Was dachte und –

vor allem – was wollte sie? Sollte ich die Gelegenheit nutzen und ihr einen kurzen Besuch abstatten? Wieder warf ich mich unschlüssig auf meinem Bett hin und her. Da knarrte meine Tür. Ich konnte wenig erkennen, aber die Tür öffnete sich und eine Frau, die ich erst an der Stimme erkannte, betrat meinen Raum. Es war die Leibsklavin von Tuana. „He, du furchtloser Germane!“, fauchte sie mich an, „Brauchst du eine schriftliche Einladung? Ach, Entschuldigung, du kannst ja nicht einmal Lesen.“ Ich war sofort auf den Beinen, aber nicht, um die vorlaute Unfreie zu maßregeln. Während ich leise zur Tür von Tuanas Räumen ging, schlich die kecke Sklavin auf den Flur, offenbar, um Wache zu stehen. Mir schwante, dass die Eltern von Tuana vielleicht doch nichts von meiner nahen Unterbringung in einem Raum neben den Gemächern ihrer Tochter wussten. Wenn wir erwischt wurden, gab es bestimmt mächtigen Ärger. Natürlich konnte diese Gefahr Volker den Furchtlosen jetzt nicht mehr aufhalten.

Tuana erwartete mich auf einer breiten Liege. Im Schein einer Öllampe erkannte ich, dass ihre schlanke Gestalt nur von wenigen, hauchdünnen Stoffbahnen verhüllt war, unter denen die Schönheit ihres Körpers nicht nur zu erahnen war. Wir fielen uns in die Arme und küssten uns leidenschaftlich. Wie zwei Verdurstende. Nach dem ersten Sturm der Leidenschaft nahmen wir uns jede Zeit, die diese unvergleichliche Nacht bot, um unsere Körper zu erkunden. Es war für mich eine Entdeckungsreise in unbekannte Gefilde, tiefer als das Meer, aufregender als die großen, quirligen Städte und unbekannter und wundervoller als das römische Land.

Als Tuana die besonders erregbare Region meines Körpers erreichte, erklärte sie mir, dass sie als Jungfrau in die Ehe gehen müsse und uns eine vollständige Vereinigung deshalb verwehrt sei. Sie bot mir an, meine körperlichen Bedürfnisse mit ihren Händen zu befriedigen. Sollte mir das nicht zusagen, würde sie auch ihre Sklavin rufen, damit diese als Gefäß für meine Begierde dienen konnte. Ich wollte ihre Sklavin nicht. Tuana war sichtlich erleichtert darüber. Ich bereute diese Entscheidung weder in dieser Nacht und noch später. Auch ich bereitete Tuana bis zum Morgengrauen zweimal diesen unbeschreiblichen, besonderen Spaß, auch wenn ich mich anfangs nicht sehr geschickt anstellte und ihrer Anleitung bedurfte. Der Himmel hatte sich bereits rot gefärbt, als ich in mein Zimmer zurückkehrte. Die wachsame Sklavin huschte im Halbschatten an mir vorbei. Ich bildete mir ein, auf ihrem Gesicht ein anzügliches Lächeln zu sehen. Mit einem leisen Kichern trat sie in die Räume ihrer Herrin.

Kapitel 16

Es dauerte nicht lange, bis wir geweckt wurden. Cornelius wollte noch an diesem Vormittag in See stechen. Die Besatzung war ergänzt worden. Der Kapitän hatte auch weitere Ruderer gekauft und sogar ein paar freie Männer für diese harte Arbeit angeworben. Und ich sah Legionäre an Bord, mehr als vier Hände voll. An den Anblick der römischen Krieger hatte ich mich inzwischen gewöhnt. Unsere Galeere legte pünktlich ab. An Bord stellte sich bald heraus, dass ich zwar an Legionäre, diese aber nicht an germanische Krieger gewöhnt waren. Der Anführer der Legionäre unterhielt sich lange mit Cornelius und zeigte dabei immer wieder auf mich. Cornelius wies sein Anliegen offenbar ab, denn der Legionär zog sich zornig zu seinen Männern zurück. Ich blieb jedenfalls im Heck des Schiffes, während sich die Legionäre auf dem vorderen Deck aufhielten.

Die Seefahrt verging ereignislos. Hin und wieder kamen wir an römischen Hafenstädten vorbei, doch kaum eine war so groß und schön wie Genua. Das Wetter war warm und sonnig. Wir hatten zwei große Fässer Trinkwasser an Bord, doch die reichten gerade vom Morgen bis zum Abend. Besonders die Ruderer mussten viel trinken, da sie Unmengen Schweiß absonderten. Die Römer hatten das allgegenwärtige Problem, dass Wasser – besonders in Lederflaschen oder Lederbeuteln – schnell verdarb, auf eine merkwürdige Weise gelöst. Sie mischten das Wasser mit Essig. Erst dachte ich, dass der für mich zunächst widerliche Geschmack das Faulige nur überdecken sollte, aber das Wasser mit dem Essig blieb tatsächlich länger frisch und genießbar, sogar in Lederbehältern. Wenn man sich erst einmal daran gewöhnt hatte, war der Geschmack durchaus akzeptabel.

Endlich erreichten wir eine weite Flussmündung, in deren Nähe eine Hafenstadt lag, die vor allem durch den Trubel und das Durcheinander der zahlreichen Schiffe auffiel. Ich sah seltsam geformte und bemalte Schiffe in einer Zahl, die meine Vorstellungskraft überstieg. Tuana erklärte, dass dies Frachtschiffe mit Getreide aus Ägypten seien, die in Ostia ausgeladen wurden. Die ebenfalls zahlreichen Getreidefrachter aus Sizilien sahen wieder ganz anders aus. Der größte Teil der Getreidesäcke wurde auf kleinere Kähne verladen, die von Ochsengespannen auf dem Fluss, der Tiber genannt wurde, direkt bis nach Rom gezogen wurden. Die Mündung des Flusses war sehr flach. Sein Wasser sah bräunlich aus, wodurch man die Untiefen kaum erkennen konnte. Sogar der Hafen von Ostia wurde von dem Sand zugeschwemmt. Tuana erzählte mir, dass bereits geplant wurde, einen neuen Hafen anzulegen.

Unsere Galeere hatte nur einen geringen Tiefgang. Dadurch erreichten wir problemlos einen Anlegesteg. Cornelius führte uns zu seiner Handelsniederlassung in Ostia, wo wir übernachteten. Am frühen Morgen brach er mit seiner Frau, Tuana und mir als Leibwächter mit einem besonders schnellen Ruderboot nach Rom auf. In dem Boot saßen ein dünner Steuermann und acht muskulöse Ruderer, die es mit großer Kraft und Ausdauer stromaufwärts vorantrieben. Cornelius erklärte: „Die Straße nach Rom ist von einer endlosen Wagenkolonne verstopft. Zu Pferde wären wir schnell an den Wagen vorbei, aber Helvia kann nicht reiten.“ Vom Fluss aus konnte man hin und wieder einen Blick auf die breite Straße werfen. Cornelius hatte nicht geprahlt. Wagen reihte sich an Wagen. Zur Stadt hin waren sie voll beladen, überwiegend mit Getreide und anderen Lebensmitteln, zurück zum Hafen meistens leer. Die Ruderer trieben unser leichtes, flaches Boot mit kräftigen Zügen über das Wasser. Der Fluss schlängelte sich durch ein grünes, fruchtbares Land, das überall ordentlich bebaut war. Ein Feld reihte sich an das andere. Es wurde Weizen angebaut, aber auch Bohnen, und vor allem Gemüse und Obst. Frisches Obst und Gemüse konnte man wegen der langen Transportdauer nicht in großen Mengen aus den Provinzen herbeischaffen, deshalb brachten frische Produkte in Rom einen guten Preis.

Als wir uns Rom näherten, erlebte ich allerdings zunächst eine Enttäuschung. Ich hatte mir eine mächtige Stadt mit einer gewaltigen, steinernen Stadtmauer vorgestellt, mit riesigen Türmen und gigantischen Toranlagen. Und was sah ich? Nichts! Roms Stadtmauer war längst von den steinernen Ausläufern der Stadt überwuchert worden. Sie war teilweise gar nicht mehr erkennbar. Zunächst kamen wir an einfachen Holzhäusern mit großen Gärten vorbei. Mit der Zeit wurden die Gärten kleiner und die Häuser größer. Bald führte der Tiber durch eine Schlucht aus oft dreistöckigen Ziegel- und Holzhäusern, in denen wohl unendlich viele Menschen leben mussten. Kinder spielten am Fluss, badeten und schwammen darin, wobei sie von den Ochsengespannen, die die Kähne vom Ufer aus an langen Seilen zogen, immer wieder gestört wurden. Als wir den ersten Tempel oder Palast aus weißem Marmor erblickten, sagte Cornelius pathetisch: „Rom!" Und wies mit der Hand auf den Tempel und auf die gesamte Umgebung.

Und ich roch es. Rom roch nach Latrine. Wir näherten uns einer beeindruckenden Steinbrücke, die den Tiber mit mehreren weiten Steinbögen überspannte. „Das ist die Brücke Emilia", erklärte Cornelius mit Stolz in der Stimme. Sein Stolz war berechtigt, denn die Brücke war ein enormes Bauwerk. Tuana ergänzte: „Der liebreizende Duft der Großstadt stammt von der Cloaca maxima, dem größten Abwasserkanal Roms, der da hinten in den Tiber mündet." Ihr Vater lachte und sagte: „Meine Familie stammt nicht aus Rom, daher fallen uns einige kritische Nebensächlichkeiten auf. Wir gehen hier an Land. Wo ist wohl unsere Eskorte? Ah, dort!" Er zeigte auf einen klobigen, geschlossenen Wagen, vor den vier Pferde gespannt waren. Sechs Reiter standen als Eskorte neben der schweren Kutsche.

Wir stiegen mit steifen Gliedern aus dem Boot und kletterten in den geräumigen, bequemen Wagen, der sich sofort mit knarrenden Rädern in Bewegung setzte. Offenbar hatte Cornelius bereits am Abend zuvor einen Boten nach Rom geschickt, um unsere Ankunft vorbereiten zu lassen. Der Wagen fuhr eine Weile über die steinernen Straßen. Ich blickte seitlich an den Vorhängen des einzigen Fensters nach draußen. Immer wieder entdeckte ich neue Dinge, die ich nicht kannte. Hier gab es kleine Wasserfälle, die nicht von einem Berg herab stürzten, sondern aus steinernen Säulen hervorbrachen und sich in große

Becken ergossen. Wo kam dieses Wasser her? Wie war das nur möglich? Wasser, das von selbst oben aus dem Brunnen floss wie aus einer Quelle am Fuß eines Berges. Ein Wunder. Später ließ ich mir das Prinzip der römischen Brunnen erklären.

Ich sah riesige, prachtvolle Torbögen. Und das Merkwürdige an diesen Torbögen war: Da waren gar keine Tore drin! Das wäre auch unsinnig gewesen, da die Torbögen ohne Mauer einfach so auf der Straße standen. Man konnte einfach an den Seiten herumgehen. Nicht einmal eine Wache war zu sehen. Diese Römer, auf was für Ideen die so kamen. Vielleicht wollten sie später noch eine Mauer zu den Torbögen bauen. Oder sie hofften darauf, dass sich ihre Feinde beim Anblick der offenen Torbögen zu Tode lachten. Cornelius erklärte mir, dass es keine Tore seien, sondern Triumphbögen zu Ehren besonders erfolgreicher Feldherren.

Die Familie Cornelius machte sich durchaus ein wenig lustig über meine Begeisterung für Alltäglichkeiten, wie sie es nannten. Ich beobachtete aber auch Scharen von schlecht gekleideten, schmutzigen Kindern, die neben unserem Wagen herliefen und die offenen Hände mit der Bitte um Gaben zu dem verhangenen Fenster reckten. Gnadenlos wurden sie von den Reitern verjagt. Mir war längst klar geworden, dass Tuanas Familie auch nach römischen Vorstellungen sehr reich sein musste. Der Wagen hielt vor einem riesigen, mit schwarzem Stein und weißem Marmor herrlich verkleideten Haus, das man mit Fug und Recht als Palast bezeichnen konnte. Ich hatte noch nie einen Palast in Rom gesehen, aber dieser hier sprengte wieder einmal meine Vorstellungskraft. Beim Aussteigen raunte mir Tuana zu: „Mach ein grimmiges Gesicht. Du bist schließlich unser Leibwächter. Du musst den Nebeneingang nehmen. Wir sehen uns später.“

Die wichtigsten Bediensteten und Sklaven waren auf der weißen Treppe angetreten, um den Hausherren zu begrüßen. Grimmiges Gesicht. Ich hatte mich schon halb als Familienmitglied gefühlt, nun war ich zurück in der Realität. Ich erinnerte mich an den Auftritt von Eginhard und mir in Cornelius Haus in Divodurum. Hier würde es wohl nicht ganz so laufen. Diese zahlreichen Diener konnte ich schwerlich alle verprügeln. Ich stand ein wenig hilflos am Fuß der Treppe herum. Da sprach mich einer der Reiter an: „Komm mit uns. Ab hier sind die sicher. Wir trinken erst mal was. Unsere Pferde übernehmen die Stallburschen." Wir stellten uns gegenseitig vor; drei der Reiter waren Gallier, die anderen Römer, aber aus Süditalien. Sie führten mich durch den Nebeneingang in den Gebäudetrakt der Bediensteten und Sklaven. Der Palast war aus meiner damaligen Sicht riesig, aber vom Prinzip her ganz ähnlich wie das Holzhaus in Divodurum aufgebaut. Ein längliches, dabei rechteckiges Gebäude mit einem Innenhof, der als Ziergarten gestaltet war, und einem Teich als Zentrum. Fenster gab es allerdings nur zu diesem Innenhof hin, nicht nach außen. Das Gebäude hatte drei Stockwerke. Ich kam mir ganz klein darin vor. Und da niemand wirklich Notiz von mir nahm, hatte ich auch keine Idee, wen ich verprügeln sollte, um mir Respekt zu verschaffen. Ich saß mit Zweien der Reiter auf einer Bank in einem Wachraum und trank Essigwasser und aß leckeres, weißes Fladenbrot.

Als es schon lange dunkel draußen war, verabschiedeten sich meine neuen Bekannten und rieten mir, Phillipos zu suchen, der hier der Meister des Hauses sei. Vielleicht war es dieser Phillipos, den ich zusammenschlagen musste, um ein Zimmer zu bekommen. Ich fand ihn in der Küche. Er war ein kleiner, dünner Kerl mit grauem, lichtem Haar. Ich konnte doch keinen wehrlosen Großvater verprügeln! Er sprach mich an.

„Du bist dieser germanische Leibwächter. Volker, richtig?" Ich nickte und blickte grimmig. Er fuhr fort: „Deine Sachen und dein Pferd kommen erst morgen im Laufe des Tages hier an. Hast du etwas zum Abend gegessen? Ach, wenn der Herr eintrifft, ist immer viel los hier. Morgen läuft alles besser. Ich zeige dir den Waschraum. Die jüngste Tochter des Herren hat mich angewiesen, dass du ein eigenes Zimmer bekommen sollst. Wir haben im ersten Stock eine schöne Kammer. Die werde ich dir zeigen. Das erste Stockwerk ist ideal. Dort gibt es kaum Ungeziefer, dafür ist es nicht so heiß wie im zweiten." Ich nickte grimmig. Dieser alte Herr war nett. Ich konnte mich nicht beschweren. Seine Erläuterung zu den Stockwerken hatte ich nicht so recht verstanden, aber ich musste jedenfalls eine Treppe hoch, um zu meiner Kammer zu kommen, die ähnlich wie das kleine Zimmer in Genua eingerichtet war. Ein unerwarteter Luxus war allerdings der Waschraum.

Da ragte ein hohles, längliches Metallteil aus der steinernen Wand, aus dem klares Wasser lief. Das Wasser floss in einen steinernen Trog, der einen Abfluss hatte, in dem es gurgelnd wieder verschwand. Und es sah nicht so aus, als ob dieser stete Strom in nächster Zeit verebben würde. Das kam mir doch sehr merkwürdig vor. „Wo kommt das ganze Wasser her? Habt ihr eine Tonne auf dem Dach, in die eure Sklaven ständig frisches Wasser mit Eimern schütten?“ Phillipos lachte.

„Nein, das Wasser kommt aus den Bergen. Mit Aquädukten. Das sind Wasserrinnen auf hohen Steinbögen. Reiche Familien haben einen eigenen Anschluss mit Bleirohren wie diesem. Das Wasser läuft immer. Es wird verbraucht oder rinnt durch den Abfluss in unterirdische Kanäle bis zum Tiber.“ Ich verstand. „Durch die Cloaca maxima.“ Er nickte überrascht. „Genau!“

Diese Sache mit dem ständig fließenden Wasser verstand ich erst später, als ich mir so ein Aquädukt von oben aus der Nähe ansah. Tatsächlich gab es viele öffentliche Brunnen, aus denen immerzu Wasser sprudelte. Das Wasser floss einfach über die steinernen Straßen oder entlang spezieller Rinnen, bis es in einem der unterirdischen Abwasserkanäle landete. Die Bürger nutzten das ständig fließende Wasser auch gleich zur Abfallentsorgung. Jeder Dreck flog auf die Straße oder in die Rinnen und wurde mehr oder weniger vom Wasser weggespült. Außerdem gab es viele öffentliche Latrinen, die ebenfalls an die Abwasserkanäle angeschlossen waren. Meistens waren das spezielle Häuser, in denen sich steinerne oder hölzerne Bänke mit Löchern darin befanden, die nach vorne hin Aussparungen aufwiesen, um es einem beim Pinkeln im Stehen leichter zu machen. Sklaven sorgten für ihre Sauberkeit. Der Besuch der Latrinen wurde in Rom besteuert. Sofern ein Sklave anwesend war, der aufpasste, musste man eine kleine Kupfermünze bezahlen. Wenn kein Kontrolleur da war, musste man eigentlich auch bezahlen, das machte aber keiner.

Der Verkehr auf Roms Straßen außerhalb der Innenstadt war extrem. In der Innenstadt waren Kutschen verboten. Doch der Palast von Tuanas Familie lag außerhalb zwischen der Innenstadt und dem Marsfeld. Hier drängelten sich die zahlreichen Kutschen auf dem Pflaster und kamen kaum voran. Ständig brüllten die Kutscher und fluchten lautstark. Fußgänger mussten hin und her springen, um den Zugtieren und Rädern auszuweichen. Um das Chaos perfekt zu machen, brachen Reiter rücksichtslos durch die Knäuel, um schneller voranzukommen. Am Rand einiger Straßen befanden sich erhöhte Gehwege, die den Fußgängern Schutz vor den Karren boten. Doch mitten in dieser Welt der Wunder hatte ich zunächst nur eines: Langeweile.

Ich saß bei den Sklaven und würfelte mit ihnen. Ich wartete lange, doch niemand rief mich und verlangte meine Dienste. Das Haus war gut geschützt und uneinnehmbar wie eine Fluchtburg. Ich hatte nichts zu tun. Von Tuana hörte und sah ich nichts, was mich fast zerriss. Ich vermisste sie so schmerzhaft, dass ich es kaum aushalten konnte und jede Sekunde litt. Eine Woche verging und ich wurde immer antriebsloser. Die Tage flossen ineinander. Irgendwann sprach mich ein kräftiger Wachtposten an, ob ich mit zum Training der Wachleute kommen möchte. Was für eine Frage! Er hatte nur aus Mitleid gefragt, doch ich war froh darüber. Vier Wächter des Hauses und ich liefen einige Häuserblöcke weit und traten durch ein streng bewachtes Tor. Jeder bekam eine Tonscheibe mit einem komplizierten Muster darauf. „Verliere sie nicht!", mahnte mein neuer Freund Boduos, „Nur mit dieser Tonscheibe lassen sie dich hier wieder raus. Das ist eine Gladiatorenschule. Wir dürfen hier ausnahmsweise trainieren, weil Cornelius den Eigentümer kennt. Die Gladiatoren sind die gefährlichsten Sklaven Roms, deshalb ist hier alles vergittert und streng bewacht." Ich wusste nicht, was Gladiatoren waren, aber die Trainingseinrichtung war exzellent ausgestattet. Wir begannen mit waffenlosem Kampf.

Ich trat gegen Boduos in einem Ring aus weiß angemalten Steinen an, die auf dem Sandboden verlegt waren. Boduos hatte seine Tunika ausgezogen und trug nur eine Art Wickelhose aus naturfarbenem Stoff. Sein Oberkörper war gestählt und voller Muskelstränge. Einige Narben zeigten, dass er schon ernsthafte

Kämpfe überstanden hatte. Ich zog ebenfalls mein Hemd aus, was bei den anderen Wächtern ein anerkennendes Grunzen provozierte. Meine Narben waren tiefer und zahlreicher als die von Boduos.

„Was muss ich tun?“ Alle lachten über meine Frage. Ich konkretisierte: „Nein, was muss ich tun, um zu gewinnen?“ Wieder Gelächter.

„Dein Gegner muss aufgeben oder kampfunfähig sein, dann hast du gewonnen.“

Ich nickte. Das war nur fair. Boduos sagte: „Wir beginnen mit Ringkampf.“ Er suchte bereits einen festen Stand. Ringen kannte ich vom Balgen mit meinen Brüdern. Das war etwas für Kinder und Mädchen, dachte ich. Da griff Boduos an. Im Nu sah ich den Himmel über mir, fühlte mich seltsam leicht und dachte, dass dieser Zustand wohl kaum lange anhalten konnte. Schwer krachte ich auf den Sandboden. Mir blieb die Luft weg. Zudem warf sich Boduos auf mich und verdrehte mir den Arm.

„Ich ergebe mich!“, brüllte ich vor Schmerz, und Boduos ließ lachend los. Das sollte Ringen gewesen sein? Nein, nicht mit mir!

Wir gingen wieder in Position. „Jetzt Boxkampf!“, sagte Boduos. Ich bekam einen schnellen Treffer ins Gesicht und warf mich, nur zum Schein vom Schwung des Schlages niedergestreckt, auf den Boden. Dort nahm ich unauffällig eine Hand voll Sand auf. Ich rappelte mich hoch. Als Boduos wieder angriff, wich ich aus und warf ihm den Sand in die Augen. Danach war der Rest leicht. Meine Kollegen buhten mich aus, obwohl ich gesiegt hatte. „Unfair!“, brüllte einer.

Ja, aber Hallo? Was war denn in einem Kampf fair? Letztlich zählte doch wohl nur der Sieg! Der nächste Gegner achtete darauf, dass ich keinen Sand unbemerkt aufnehmen konnte. Womit er allerdings nicht rechnete, war, dass ich einen der weiß getünchten Steine nach ihm warf. Er duckte sich blitzschnell. Das hatte ich beabsichtigt. Ich brachte mein Knie ruckartig dorthin, wo er seinen Kopf vor dem Stein in Sicherheit bringen wollte. Ich traf ihn hart und er ging kampfunfähig zu Boden. Daraufhin brachen meine Kollegen recht wütend und laut schimpfend den waffenlosen Kampf mit mir ab, obwohl ich zwei von drei Kämpfen eindeutig gewonnen hatte. Sie riefen nach Holzschwertern, weil sie sich von diesen Waffen einen Vorteil erhofften. Die Schwerter ähnelten einem Gladius. Die stumpfen Schneiden waren mit roter Farbe bestrichen, um Treffer anzuzeigen. Ich kämpfte gegen Boduos. Rasch wurde klar, dass er mir mit dem Gladius hoffnungslos überlegen war. Und er setzte nicht nur rote Striche mit dem Holzschwert auf meinen Körper, nein, er drosch mit voller Kraft zu. Er prügelte mich windelweich mit dem Holzschwert, bis es zersplitterte. In den nächsten Wochen übte und übte ich, aber perfekt wurde ich mit dem Gladius nie.

Als wir an diesem Tag nach Hause zurückkehrten, konnte ich kaum noch laufen. Die Wächter amüsierten sich sehr. Drei Tage später fragten sie mich erneut, ob ich mitkommen möchte. Zu ihrer Überraschung nahm ich die Einladung sofort an. Wir verzichteten auf den waffenlosen Kampf, da sie meinten, dass ich ein übler Schläger wäre und keine Regeln beachten würde. Regeln? Sie hatten mir ja kaum welche genannt!

Ich versuchte es erneut mit dem Holzschwert. Und sie verdroschen mich wieder. Wenn man weiß, dass man einen Kampf nicht gewinnen kann, muss man sich einen Kniff einfallen lassen, wie man es beim nächsten Mal schaffen kann. Oder man lässt es sein. An unserem dritten Trainingstag sagte ich, dass die Wächter alle jahrelange Erfahrung mit dem Gladius hätten, ich jedoch nicht. Das sei unfair. Ich wählte daher eine Holzstange, die einer Frame entsprach. Mit einer Frame und natürlich auch mit Holzstangen war ich von Kindesbeinen an gut geübt. Es zeigte sich, dass ich es Dank der kurzen Lanze mit drei Angreifern gleichzeitig aufnehmen konnte, die jeder nur ein Kurzschwert hatten. Offenbar glichen die Legionäre in einer Schlacht gegen Germanen deren Vorteil bei der Reichweite der Frame durch ihre großen, gewölbten Schilde aus. Der Schild war taktisch zwingend erforderlich. Ohne seinen großen Schild kam der Legionär gar nicht in den Nahkampfbereich an einen Germanen heran, in dem der Gladius überlegen war. Meine Übungsgegner kamen mir jedenfalls kaum nah genug, um mich zu gefährden.

Die Wachen fanden es ausgesprochen interessant, gegen einen Germanen, der mit seinen typischen Waffen kämpfte, anzutreten. Nach einiger Zeit probierten es auch einige Gladiatoren, sich mit mir zu messen. Ich hielt nicht schlecht mit. Nein, das ist untertrieben. Mit der Frame war ich schwer zu besiegen. Sogar die wirklich gut ausgebildeten Gladiatoren erkannten das an. Auch mit der Axt war ich recht geschickt. Aber ein Schwert war einer Axt grundsätzlich überlegen, da nützte auch die beste Technik nichts. Warum war der Gladius der Axt überlegen? Der wichtigste Grund war, dass man mit einem Gladius zustechen konnte. Stichverletzungen waren gefährlich. Mit einem Gladius konnte man sie überall am Körper setzen. Ganz anders sah es bei der Axt aus. Mit ihr schlug man von oben oder seltener von der Seite zu. Dadurch traf man oft nur den Helm, die gepanzerten Schultern oder die Arme. Solche Verletzungen waren aber zumeist nicht tödlich. Der zweite Grund war, dass man ein Schwert mit bloßen Händen kaum abwehren konnte. Eine Axt aber schon, da man den hölzernen Stiel greifen konnte, ohne sich in die Hand zu schneiden.

So vergingen einige Wochen. Es wurde Herbst und ich hörte und sah nichts von Tuana. Cornelius traf ich hin und wieder, doch er wirkte immer gehetzt und hatte kein Ohr für mich. Der Herbst in Rom war herrlich. Es gab Früchte, die ich nie zuvor gesehen und gegessen hatte. Datteln, die mir sehr gut schmeckten, Feigen, Pfirsiche, Aprikosen und vieles mehr. Also, für Pfirsiche hätte ich Goldstücke gegeben. Aber tatsächlich kosteten Pfirsiche das Stück nur ein bis zwei Asse, minderwertige Münzen, die mir nur den Beutel schwer machten. Für eine Goldmünze bekam ich rund vierhundert Asse. Also konnte ich für ein winziges Goldstück einen riesigen Berg Pfirsiche bekommen! Rom war wundervoll! Für ein Pfund Datteln wurden auf dem Markt drei bis vier Asse verlangt. Ein Krug Wein, die Größe nannte sich Sextarius und reichte für zwei große Becher, kostete mich in der Schenke zwei bis drei Asse. Inzwischen hatte ich mich an den Geschmack gewöhnt, zumal es kein schmackhaftes Bier in Rom gab. Ich hatte noch rund zweihundert Goldmünzen. Und da ich neben freier Kost und Logis sogar noch einen kleinen Lohn für das bloße Herumsitzen und

Trainieren mit den Wachleuten von dem alten Phillipos bekam, hätte ich ewig in Rom leben können, ohne irgendeinen Mangel zu erleiden.

Inzwischen vermisste ich nicht nur Tuana, ich vermisste auch meine Eltern und Geschwister, an die ich immer öfter denken musste. Ich vermisste den Duft der dunklen Wälder. Ich vermisste sogar die harte, schweißtreibende Arbeit auf unseren Feldern. Das Nichtstun zermürbte mich und ließ mich missmutig und unzufrieden werden. Selten, ganz selten, blitzte auch wieder ein Gedanke an Astrid auf. Immer nur kurz, aber jedes Mal wie ein kleiner Stich ins Herz. Astrid. Astrid mit Tuana zu vergleichen, das war, als ob man unsere Stadt Hohne mit Rom vergleichen wollte. Nein, das ging nicht. Es war lange her. Zu lange.

Ich hatte erfahren, dass Helvia mit Tuana in die Landvilla der Familie gefahren war und auch den Herbst dort verbringen wollte, bevor sie nach Rom zurückkehrten. Natürlich machte mich das misstrauisch. Helvia beabsichtigte offenbar, Tuana und mich zu trennen. Eines Tages trat Boduos an mich heran, während ich gerade wieder in mich gekehrt grübelte. „Bist du bereit, morgen auf unseren Herren aufzupassen?“ Bereit? Ich war in der Form meines Lebens. Nie war ich stärker und geübter gewesen als jetzt.

„Selbstverständlich.“

„Du sollst aber wie ein Germane aussehen. So, wie er dich kennengelernt hat. Grobe Kleidung, Hosen, Hemd, Umhang, Stiefel, Frame, Schild, Axt.“

Ich überlegte. Meine verschlissene Kleidung hatte ich hier in Rom nicht mehr geflickt oder erneuert, sondern durch römische Sachen ersetzt, die man ja in hervorragender Qualität auf einem der Stoffmärkte kaufen konnte. Meine Stiefel waren eisenbeschlagenen Sandalen gewichen, mein Hemd einer Tunika. „Ich muss mir ein Hemd schneidern und Stiefel binden, aber das ist kein Problem.“

„Warte morgen zur zehnten Stunde im Wachraum.“ Ich nickte. Die zehnte Stunde war die Zeit am Morgen, wenn alle bereits mit dem Frühstück fertig waren, die Sonne schon hell schien und die Bauern längst auf dem Feld arbeiteten. Den Rest des Tages hatte ich viel zu tun. Nachdem ich mir aus zwei Lederstücken Stiefel geschnitten und gebunden hatte, nähte ich aus dickem, grobem Stoff ein Hemd. Naturbelassene oder sand- oder erdfarbene Stoffe zu finden, war gar nicht so einfach in diesem Haushalt. Ich ölte den hölzernen Schaft meiner Frame hauchdünn ein und schliff die Blätter der Spitze zu alter Schärfe. Danach befestigte die Spitze neu, damit sie zuverlässig hielt. Dazu benutzte ich außer dem bei uns üblichen Birkenpech, das in ähnlicher Form auch hier in Rom gebräuchlich war, zusätzlich zwei römische Stahlnägel, weil die einfach von bester Qualität waren und niemand den Unterschied bemerken würde. Meinen Schild aus dem seltsamen schwarzen Stahl bespannte ich frisch mit Leder, auf das ich mit roter Farbe einen wilden Eber malte. Das passte. Meinen alten Schuppenpanzer konnte ich nicht mehr benutzen. Die Metallschuppen waren völlig verrostet. Außerdem hatten sich zwei Schuppen abgelöst. Aber mein Topf-ähnlicher Helm war noch stattlich und glänzte nach einigem Polieren wieder wie neu.

Die Wachmänner bekamen am nächsten Morgen einen ziemlichen Schreck, als ich mit voller Montur in den Wachraum sprang. Ich sah jedenfalls wieder normal aus und fühlte mich sehr gut dabei. Kurze Zeit später erschien Marcus Cornelius. Er trug eine schneeweiße Toga und wirkte in Eile.

„Wir müssen die Kutsche nehmen. Mit der Toga kann ich nur schreiten, sitzen und liegen, jedoch nicht reiten und kämpfen. Aber dafür sieht sie sehr gut aus." Wie ein Laken, das man sich um den Körper gewickelt hat, dachte ich. Aber dieses simple Kleidungsstück trugen die vornehmen Römer eben alle.

Ich folgte ihm rasch. In der Kutsche fluchte er über den dichten Verkehr. „Man sollte den Wagenverkehr auch hier verbieten!", tobte er.

Ich lächelte und wandte ein: „Wir sitzen selbst in einem Wagen!" Er nickte und musste auch lächeln.

„Ja, aber wenn die verdammten Karren und Kutschen weg wären, würde ich reiten!" Und was war dann mit der Toga? Ich grinste in mich hinein.

Marcus Cornelius atmete tief durch und legte in völlig ungewohnter Weise eine Hand auf mein Knie, wie ein Vater seinem

Sohn. Er machte ein schmerzhaft verkniffenes Gesicht. „Junge, ich weiß, dass dir Tuana fehlt. Ich bin zwar schon älter, kann das aber gut nachvollziehen. Das Problem ist, dass du ein Germane bist. Ich habe mich bei Helvia für dich eingesetzt, weil mich Tuana ständig angefleht hat und mein Herz erweichte. Aber Helvia lehnt dich als Schwiegersohn kategorisch ab."

Ich war schockiert über den plötzlichen Einstieg in solch ein Gespräch und entgegnete: „Ich habe genug Gold! Ich kaufe ein Stück Land am Tiber, weit oberhalb der Mündung der Cloaca maxima, und baue ein Haus für Tuana und mich. Ich bin ein guter Bauer. Vom Weizen werden wir unsere Kinder satt bekommen; und das Gemüse und Obst verkaufe ich in Rom. Tuana wird nie hungern oder zumindest selten. Ich kann ihr ein glückliches Leben bieten!"

Marcus Cornelius lächelte traurig und ich wusste, warum. „Volker, meine Familie stammt nicht aus Rom. Wir haben uns diesen ganzen Reichtum, den du siehst, schwer erarbeitet und erkämpft. Mein Vater und einer meiner Brüder starben dafür, dass mein Bruder Lucius Cornelius Balbus und ich das Bürgerrecht bekommen. Jetzt sind wir reich. Mein Bruder ist sogar einer der reichsten Bürger Roms. Lucius war im vorigen Jahr Konsul von Rom. Konsul! Geboren als Nichtrömer und dennoch zum Konsul aufgestiegen. Das ist eine Karriere! Er war auch Berater und persönlicher Sekretär von Gaius Julius Caesar."

Ich schluckte. „Dem Caesar, der Gallien unterworfen hat?"

Er nickte. „Lucius hat für mich eine Audienz beim Imperator ermöglicht. Bei Gaius Octavius persönlich. Wenn ich Octavius überzeuge, dass wir die Straße von Divodurum aus weiterbauen müssen, bekommen wir das Geld dafür vom Senat. Wir brauchen diese Straße. Im Interesse des Imperiums!"

„Und im Interesse deiner Geschäfte."

„Beides schließt sich nicht aus."

Ich konnte es nicht fassen. Wenn ich Helvia nicht umstimmen konnte, würde ich Tuana nie wieder treffen können. Meine Liebe stand auf Messers Schneide. Ich versuchte, diese Gedanken, die mich von meiner Arbeit ablenkten, erst einmal zurückzustellen. Ich würde einen Weg zu Tuana finden. Daran hatte ich keinen Zweifel.

Doch warum hatte Cornelius mich heute mitgenommen? Nicht wegen dieser persönlichen und aufrüttelnden Eröffnung. Nein. Wollte er mit einem germanischen Leibwächter angeben? Vielleicht. Marcus Cornelius hatte sicher genau kalkuliert, welche Wirkung er durch meine Anwesenheit erzielen wollte. Ich verstand davon aber zu wenig und begriff sowieso immer nur die Hälfte, wenn es um Geschäfte oder um Politik ging. Hier in Rom war alles so viel komplizierter als in meiner Heimat. Wenn ich mehr Getreide brauchte, baute ich eben mehr an. Nicht so die Römer. Nein. Sie überfielen lieber Ägypten, um an die ägyptische Weizenproduktion zu kommen. Ägypten war formal unter seiner Pharaonin Kleopatra zwar ein selbständiges Königreich, aber doch weitgehend abhängig von Rom. Als die Pharaonin kürzlich den Getreidepreis erhöhen wollte, wurde dies vom römischen Senat abgelehnt, und dann war es auch so. Pharaonin hin oder her. Im eigenen Land wurde sie als Göttin verehrt, hier in Rom war ihr Ansehen aber, vorsichtig ausgedrückt, eher zweifelhaft bis schlecht und alles andere als göttlich.

Wir näherten uns einem Platz, der rechteckig angelegt und von Straßen und Häuserfronten begrenzt war. An einer Seite stand ein von mächtigen Säulen getragener Tempel des Apollo Sosianus, so wurde er jedenfalls genannt. Gegenüber lag ein Palast, in dem über vier Stockwerke hoch Fenster zu erkennen waren. Die übrigen Seiten des Platzes wurden durch eine lockere Bebauung mit Wohnhäusern gebildet. Das untere Geschoss dieser Häuser bestand aus Ziegeln, die beiden darüber befindlichen Stockwerke aus verputztem Holz. Inzwischen wusste ich ja, dass nicht immer alles Stein oder Marmor war, was in Rom wie Stein oder Marmor aussah.

Mitten auf dem Platz befand sich ein mit kleinen Marmor-Figuren dekorierter Brunnen, aus dem munter frisches Wasser in ein großes Becken sprudelte. Das Becken hatte wie üblich einen Überlauf, der auf eine Rinne im Pflaster führte. Um den Brunnen herum gab es etliche Stände, in denen Händler ihre Waren anboten. Der Tempel und der Palast erhoben sich auf mächtigen Sockeln, die den Betrachter zwangen, nach oben zu schauen. Besucher, die eines der beiden Gebäude betreten wollten, mussten eine umlaufende, marmorne Treppe hinaufsteigen.

Wir verließen die Kutsche und stellten uns auf die Treppe des Palastes, um ein wenig Abstand zu dem Treiben auf dem Platz zu erhalten. „Wir warten hier auf meinen Bruder", erklärte Marcus Cornelius und ordnete seine Toga, wobei ich die Umrisse eines Gladius unter den Stoffbahnen erkannte. Diese Entdeckung ließ mich wachsamer werden. Cornelius befahl: „Du bleibst einfach hinter mir und machst ein grimmiges Gesicht. Mehr nicht. Nur grimmig gucken, wie ein gefährlicher Barbar halt guckt."

Das fand ich lächerlich, aber was sollte es? Ich baute mich hinter meinem Herren auf und blickte grimmig über den Platz. Etwas kam mir seltsam vor. Wieder einmal beschlich mich dieses merkwürdige Gefühl drohender Gefahr. Hatte ich Gesprächsfetzen aufgefangen, die mich aufhorchen ließen, ohne deren Inhalt bewusst wahrzunehmen? Oder lag es an den zahlreichen Römern auf dem Platz und dem bunten Treiben? Da wir auf der Treppe standen, hatte ich einen hervorragenden Überblick. Einige Händler waren bewaffnet, aber auch ihre Kunden wirkten ungewöhnlich wehrhaft. Überhaupt sah ich eine ganze Anzahl von Waffen, vor allem Kurzschwerter, die mehr oder weniger verdeckt getragen wurden. Vor allem irritierten mich aber die Blicke. Wenn ein Händler und ein Kunde um den Preis einer Gürtelschnalle feilschten und plötzlich beide gleichzeitig zu uns hoch sahen, wirkte diese Verhalten auf mich verdächtig. Ich fand mehr verdächtige Personen, als ich zählen konnte. Nein, das war unmöglich. So viele Feinde gab es hier einfach nicht, konnte es auf einem öffentlichen Platz mitten in Rom nicht geben. Und Cornelius trug ja auch verdeckt ein Kurzschwert. Vielleicht war das hier üblich.

Von oberhalb der Treppe hörte ich fröhliche Rufe. Ein Römer in einer sehr teuren und elegant verzierten Rüstung, der Marcus Cornelius auffallend ähnlich sah, kam von oben zu uns herab. Das musste Lucius Cornelius Balbus sein, der Bruder von Marcus Cornelius. Die beiden begrüßten sich herzlich. Lucius wurde von einem Leibwächter begleitet, der noch größer als ich war und bestimmt doppelt so schwer. Und er sah äußerst barbarisch aus, mit einem Fellumhang und einer gewaltigen Axt. Ich vermutete, dass der Leibwächter ebenfalls aus unseren Wäldern stammte. Wir nickten uns kurz zu. Lucius sagte: „Lass uns hochgehen, mein Bruder. Imperator Caesar wartet schon auf uns."

Mein Blick streifte über den Platz und mein ungutes Gefühl steigerte sich um ein Vielfaches. Zu viele Männer unterbrachen dort ihre Geschäfte, um zu uns zu blicken oder untereinander Blicke auszutauschen. Ohne noch länger zu zögern, ging ich zu Tuanas Vater und hob meinen Schild vor mich und meinen Herren.

Der andere Leibwächter ließ sich von meiner plötzlichen Aufregung anstecken und brachte sich ebenfalls in Stellung zwischen dem Platz und seinem Schützling. Mehrere Pfeile zischten heran. Zwei konnte ich mit meinem Schild abwehren, bevor sie Marcus Cornelius treffen konnten. Die Lederbespannung wurde aufgerissen, doch das Metall des Schildes ließ die stählernen Spitzen der Pfeile einfach abprallen. Der andere Leibwächter hatte ebenfalls Glück und konnte seinen Herren erfolgreich mit dem Schild bedecken. Gleich drei Pfeile steckten in dem voluminösen, runden Holzschild, den er trug. Weitere Pfeile gingen fehl und klirrten über und neben uns auf den Marmor der Treppe.

In der gleichen Sekunde stürmten etliche Angreifer vom Platz auf uns zu. Ich hatte keine Zeit zum Überlegen, aber die brauchte ich dank meines intensiven Trainings und meiner Erfahrung auch nicht. Meine Position war perfekt zum Kämpfen. Die Gegner mussten die Treppe hoch stürmen, wo ich sie mit meiner Frame empfing. Keiner trug einen Schild oder eine Rüstung, sodass die stählerne Spitze meiner Lanze blutige Wunden reißen konnte, bevor die Angreifer mit ihren Kurzschwertern und Dolchen überhaupt in meine Nähe kamen. Zudem kämpfte der massige Germane rechts neben mir wie ein Löwe.

Lucius zog seinen Gladius und deckte die offene Flanke seines Leibwächters, der seine riesige Axt wuchtig kreisen ließ. Hinter mir verhedderte sich Marcus Cornelius in seiner Toga, die er schließlich abwerfen konnte. In seinem Untergewand, einer ledernen Tunika, konnte er sich viel besser bewegen. Er griff zu seinem verborgen getragenen Schwert und sicherte aus leicht erhöhter Position meine eigene ungeschützte Flanke.

Die Wunden, die ich meinen Gegner mit der beidseitig geschliffenen Spitze meiner Frame beibrachte, waren kaum weniger erschreckend und grässlich als die Schneisen, die die Axt des anderen Leibwächters in die Körper der Angreifer grub. Lucius und Marcus waren ebenfalls kampferprobte Männer, die sich ihrer Haut notfalls auch selbst zu wehren wussten und uns tatkräftig unterstützten. Doch es waren sehr viele Attentäter und sie drangen unverzagt auf uns ein. Über die weißen Stufen floss das Blut in Strömen. Leiber von getöteten oder verstümmelten Angreifern rollten die Treppe herunter, ihren Kumpanen zu Füßen, die über sie hinweg stiegen.

Wieder kämpfte ich den Kampf meines Lebens. Er war heftig und von einer Intensität, die über jedes normale Ringen in einer Schlacht hinausging. Die Verluste der Angreifer, von denen fast keiner einen Schild trug, waren enorm. In jeder anderen Schlacht wäre der verlustreiche Angriff abgebrochen worden. Doch die vielen Toten spielten offenbar keine Rolle. Irgendwann hatte ich den Eindruck, dass keine neuen Gegner mehr vom Platz aus heranstürmten und angriffen. Vor uns auf der Treppe stand eine Traube von Feinden, die aber erkennbar zum Stillstand gekommen war. Wir bekamen die Situation ab dem Augenblick, wo die Zahl der Gegner nicht mehr zunahm und die Attentäter keinen neuen Schwung mehr durch den Zustrom neuer Kämpfer bekamen, langsam unter Kontrolle.

Da hörte ich von oben einen kurzen, aber harten Angriffsbefehl. Vier Schatten flogen über unsere Köpfe. Die Schatten entpuppten sich als schwarz gekleidete, kleine Männer, die bis auf die Augen schwarz verschleiert waren. Mit einem ausgestreckten Bein voran sprangen sie in einem gewaltigen Satz mitten unter unsere Gegner. Die vier Schwarzgekleideten trugen in jeder Hand eine Art sehr langen, schmalen Dolch, der oberhalb des Griffes statt eines Knaufs zwei merkwürdige, Gabel-ähnliche Ausläufer hatte. Ihre Bewegungen waren unwahrscheinlich schnell und fließend. Ich war auch nicht gerade langsam, aber diese vier Kerle löschten unsere übrigen Gegner blitzartig aus. Sie hatten offenbar keine Lust zum Kämpfen, sondern stachen die Attentäter einfach mit einer irrwitzigen Geschwindigkeit ab.

Mehrere der Gegner blieben noch kurz stehen, bis sie begriffen, dass sie soeben eine tödliche Stichwunde erhalten hatten, um dann aufgrund des Versagens ihrer bereits toten Körper umzufallen. Doch das Seltsamste an den kleinen Kämpfern war, dass sie selbst Treffer einsteckten, was bei ihrem offensiven Kampfstil nicht ausbleiben konnte, aber keinerlei Wunden davontrugen. Sie kämpften ohne Rücksicht auf ihre eigenen Körper, ohne den gegnerischen Stichen und Streichen auszuweichen. Ich sah selbst, wie einer der Schwarzgekleideten einen heftigen Stich in den Rücken erhielt, sich danach aber völlig unbeeindruckt umdrehte, die beiden langen Dolche wie eine Schere zusammenlegte und seinem Gegner den Hals beidseitig aufschnitt. Einer der Schwarzgekleideten wehrte einen Schwerthieb sogar mit dem Arm ab, ohne den Arm zu verlieren oder auch nur verletzt zu werden.

Während die vier kleinen Kämpfer unsere jetzt panisch fliehenden Gegner niedermetzelten, hatte ich Zeit, mich kurz umzusehen. Marcus und Lucius waren unverletzt. Lucius mächtiger Leibwächter blutete wie ich aus mehreren Wunden, stand aber immer noch wie ein Baum vor seinem Herren, die schwere Axt lässig in der Hand. Und dann sah ich ihn von oben die Treppe herab schreiten, ein breites Lächeln auf den Lippen. Den Imperator Roms, Gaius Octavius. Und er war – verdammt jung. Der Imperator trug einen vergoldeten Brustpanzer und den mit herunterhängenden Lederstreifen versehenen Waffengurt der Legionäre. Allerdings bestand der Waffengurt aus besonders edlem Material und war von feinster Machart. Besonders auffällig fand ich auch seinen roten Umhang, der hinter ihm her schwebte wie …, ja, es konnte nur Seide sein.

Der Imperator hatte markante Gesichtszüge und wirkte befehlsgewohnt, obwohl er kaum Mitte zwanzig sein konnte. Dieser Mann strahlte mit jeder Faser aus, dass er die Macht liebte. Ich erkannte Autorität, wenn ich sie sah. Und die Götter hatten diesem Römer eine große Portion davon mit auf seinen Lebensweg gegeben. Gaius Octavius lächelte Lucius und Marcus zu, die er beide offensichtlich gut kannte.

„Lucius, beim Jupiter, wenn man sich mit dir trifft, steht man mit einem Bein im Grab. Halb Rom schuldet dir Geld. Und du läufst hier mit nur einem einzigen Leibwächter herum. Du bräuchtest eine Legion! Das nächste Mal treffen wir uns im Pomerium, da sind wenigstens die Waffen verboten!"

Lucius nickte vorsichtig. „Ein Leibwächter hat doch gereicht, Imperator Caesar."

Das Lächeln des Imperators gefror. Seine Züge wurden streng. Lucius erkannte, dass er mit seinem lockeren Widerspruch einen Fehler gemacht und unpassend geantwortet hatte. Der Imperator trat näher an ihn heran und fauchte scharf: „Nein, das hat er nicht. Du und dein Bruder, ihr wärt jetzt beide tot, wenn dieser da …" – er zeigte auf mich! – „nicht so wachsam gewesen wäre. Dieser junge Mann hat euch alle gerettet. Ich denke, dass er eine angemessene Belohnung für die Rettung eurer Leben verdient hat."

Marcus Cornelius nickte unterwürfig. „Ja, natürlich, ich werde ihn großzügig entlohnen." Der Imperator sah Marcus schräg an. Schweißperlen entstanden auf der Stirn meines Herrn, obwohl das Wetter eigentlich nicht zu warm war. So kannte ich ihn gar nicht. Der Imperator fuhr fort: „Mit ein paar Goldstücken? Du willst mich mit deiner Einfallslosigkeit wohl beleidigen, reicher Marcus Cornelius."

Darauf wandte er sich direkt an mich. „Wie heißt du?"

„Ich heiße Volker der Furchtlose."

„Furchtlos bist du wahrlich! Hast du einen Wunsch? Aber bitte nichts Einfallsloses, davon habe ich schon genug gehört. Es sollte etwas Außergewöhnliches sein, etwas Seltenes."

„Meinen einzigen Wunsch könnt ihr mir nicht erfüllen, Herr!", widersprach ich entschieden.

Gaius Octavius hob die Augenbrauen und musterte mich eindringlich. Offenbar hatte ich seine Neugierde geweckt. Oder seinen Zorn. „Ich bin der Imperator von Rom. Noch herrsche ich nicht über das ganze Imperium, aber, nun ja, ich habe bereits meine Möglichkeiten. Also nenne mir bitte deinen Wunsch!"

Ich sagte besser nichts mehr. Der Imperator überlegte und blickte mir in die Augen. Sein Blick war nicht unangenehm, aber aufmerksam und forschend. Octavian suchte nach meinem Wunsch, und zwar nur mit der Kraft seines Geistes. Schließlich kam er zu einem Ergebnis. „Ah, es geht um eine Frau!" Er schien ganz erfreut von seiner Eingebung. Octavian fuhr mit seinen intelligenten Spekulationen fort: „Du willst eine Frau zum Eheweib, die ich dir nicht ohne weiteres verschaffen kann. Nicht irgendeine, denn das wäre zu einfach für mich. Nein, eine bestimmte, und du siehst keine Chance, sie zur Frau zu bekommen. Lass mich raten. Du bist jung und sie ist es sicherlich auch. Es liegt nicht daran, dass du ihr nicht gefällst. Nein, sicher nicht. Ich vermute ganz stark, dass du ihr sogar sehr gefällst. Das Problem ist auch nicht, dass sie bereits verheiratet ist, nein, sie ist ..." Er hielt mit seinen Ausführungen inne und überlegte konzentriert. Dieser Mann hätte einen vortrefflichen Seher abgegeben! Dann fuhr er fort, offenbar einem Geistesblitz folgend: „Ja! Deine Angebetete ist die Tochter eines Römers. Die Tochter eines vornehmen Römers, der sie niemals mit einem Barbaren verheiraten würde."

Mich verließ bei diesen Worten aller Mut. Einen Feind mit der Axt erschlagen war einfach gegen das, was sich hier abspielte. Meinen Blick senkte ich nicht, aber ich wollte auch nicht in einen Wettstreit mit dem Beherrscher Roms eintreten, den ich nicht gewinnen konnte. So blinzelte ich hin und wieder und setzte ein möglichst demütiges, offenes Gesicht auf. Der Imperator war offensichtlich begeistert von seiner eigenen, scharfsinnigen Analyse. Mit der er völlig recht gehabt hatte. Und irgendwie war er ja auch keineswegs unfreundlich zu mir. Im Gegenteil.

Marcus Cornelius räusperte sich. Wahrscheinlich nur aus Versehen oder wegen der merklichen Anspannung, die in der Luft lag. Auf dieser mächtigen Treppe hatte sich gerade mehr Spannung aufgebaut als auf dem ganzen Platz zu ihren Füßen, wo die Schwarzgekleideten ihre letzten Gegner erledigten. Der Imperator setzte wieder sein jugendliches Lächeln auf und sah Marcus Cornelius an. „Ich mache dir einen Vorschlag. Wenn du diesem jungen Mann deine Tochter zur Frau gibst, verschaffe ich dir das Geld vom Senat, das du brauchst, um deine Straße weiterbauen zu können. Außerdem kann ich dir berichten, dass mein Freund Agrippa vor Kurzem mit mehreren Legionen in Gallien eingetroffen ist. Agrippa wird die Sicherheit der römischen Bürger und den Frieden Roms wiederherstellen. Dieser Einsatz dürfte deinen Geschäften in Gallien sicherlich zusätzlichen Schwung verleihen."

Marcus Cornelius verbeugte sich tief. „Wenn das euer Wunsch ist, Imperator." Octavian nickte huldvoll. Nun zeigte er auf Lucius. „Und du, mein Freund und Berater Lucius, besorgst für den wachsamen Volker das römische Bürgerrecht. Damit hast du ja Erfahrung. Dieses Unterfangen wird wieder einmal sehr teuer, aber es trifft ja keinen Armen. Eine Tochter aus eurer angesehenen Familie kann doch keinen Germanen heiraten. Wie sähe das denn aus? So, jetzt lasst uns hoch gehen und die Details besprechen."

Ich blickte den drei Männern mit offen stehendem Mund hinterher. Meine Knie zitterten vor Aufregung. Hatte ich das eben richtig verstanden? Ich durfte Tuana heiraten und sollte Römer werden? Meine Ohren oder meine Lateinkenntnisse mussten mich getäuscht haben. Diese Entwicklung war zu viel für mich, sie war unglaublich. Ich wollte mich zu dem anderen Germanen umdrehen, da spürte ich eine Spitze an meinem Hals. Langsam wandte ich mich um. Neben mir stand einer der kleinen, schwarz gekleideten Männer und hielt seinen dünnen, langen Dolch an meine Kehle. Seine Augen, die ich durch den Schlitz, den die schwarze Verschleierung frei ließ, erkennen konnte, waren schmal und sahen seltsam aus. Irgendwie mandelförmig. Gleich zwei Schwarzgekleidete hielten den anderen Leibwächter in Schach. Erstmals in diesem Kampf spürte ich bei dem Hünen Angst. Und auch mir war ausgesprochen mulmig zumute. Ich hatte sie nicht kommen gehört, was bei meinem hervorragenden Gehör ungewöhnlich war.

Der vierte Schwarzgekleidete zog mir meinen Schild vom Arm. Er riss die Reste der Lederbespannung ab und begutachtete das Metall. „Das hier nicht deines. Gehört uns!" sagte er in gebrochenem Latein und nahm ihn an sich. Ich hatte angesichts meiner Lage erst einmal keine Einwände, auch wenn ich daran dachte, dass ich mir diesen Schild von Marcus nur geliehen hatte. Dann fiel mir etwas auf, ein stumpfes Glitzern unter der Kleidung des Schwarzgekleideten, der mir seinen langen Dolch an den Hals hielt. Seine locker sitzende Kleidung – eine Art weite Jacke und eine ebenso luftig geschnittene Hose – wies an mehreren Stellen Schnitte und Risse auf, die vom Kampf herrührten. Und unter der Kleidung schimmerte Metall. Unauffällig, ebenfalls geschwärzt, aber aus der Nähe gut zu erkennen. Die kleinen Kämpfer trugen eine Rüstung aus eng am Körper anliegenden Metallteilen. Arm- und Beinschienen und Brust- und Rückenpanzer. Diese Rüstungen mussten von einer ungewöhnlich feinen Machart sein. Sie waren dünn und leicht, schränkten die Beweglichkeit augenscheinlich nicht ein und schützten ihren Träger äußerst effektiv. Ich hätte mir diese Rüstungen gerne näher angesehen, aber die vier Kämpfer huschten bereits lautlos und unglaublich schnell die Treppe hoch, ihrem Herrn hinterher.

Ich blickte den anderen Leibwächter an. „Was waren das für Kerle?"

Der bullige Mann antwortete: „Man nennt sie Arkaner. Niemand weiß, woher sie kommen. Sie gehorchen nur dem Imperator Caesar. Die Arkaner sind absolut tödlich. Und noch dazu sind sie unverwundbar." Letzteres konnte ich zwar nicht mehr glauben, da sie sonst keine versteckten Rüstungen tragen würden. Aber zumindest machte es, aus der Ferne betrachtet, den Anschein. Wir stiegen die Treppe empor und suchten einen Wachraum, in dem wir Verbandsmaterial für unsere Wunden bekommen konnten. Die Wachen des Palastes kümmerten sich sofort um uns und riefen einen Arzt.

Kapitel 17

Die Sonne stand bereits hoch am Himmel, als Lucius und Marcus nach uns schickten. Wir trafen unsere Herren im Eingangsbereich. Marcus Cornelius hatte inzwischen wieder seine Toga angelegt. Zahlreiche Sklaven putzten die Treppe, um die Spuren des gnadenlosen Kampfes, der hier heute Morgen getobt hatte, zu beseitigen.

Nachdem wir uns voneinander verabschiedet hatten, stiegen Marcus Cornelius und ich in den wartenden Wagen, der sich sofort in Bewegung setzte. Viele Dinge brannten mir auf der Seele, doch ich wartete, bis Marcus Cornelius das Wort an mich richtete. „Die Straße in Gallien wird im nächsten Jahr weiter gebaut. Unser Gespräch mit dem Imperator Caesar war erfolgreich, wie er es auf der Treppe ja schon ankündigte. Er möchte den Frieden in Gallien stabilisieren. Das ist gut für den Handel."

„Äh, ja, und?" Ich wusste einfach nicht, was ich sagen sollte.

„Und ...was?", fragte er zurück.

Ich schwieg.

Dann lächelte er. „Du meinst, was mit deiner Belohnung ist."

Ich nickte zaghaft.

„Na ja, ich muss erst noch mit Helvia und Tuana sprechen, aber die Lage ist jetzt natürlich eine ganz andere. Du wirst römischer Bürger. Als Brautwerbung gibst du mir die Hälfte deines Goldes. Dafür bekommst du von mir nicht nur deine Braut, sondern auch ein Stück Land als Mitgift. Zu dem Landgut gehören eine komplett ausgestattete Villa und hundert Sklaven, die du brauchen wirst, um dein Anwesen bestellen zu lassen. Wenn du willst, kannst du später auch in mein Handelsgeschäft einsteigen. Ich brauche einen zuverlässigen Vertreter für meine neuen Handelsinteressen mit den Germanen. Wer sollte besser geeignet sein als mein eigener Schwiegersohn?“

Mein Gold war im Verhältnis zu der wahrhaft gigantischen Mitgift nur von symbolischem Wert, geradezu lächerlich. Tuana und ich durften heiraten. Ich konnte mein Glück kaum fassen. Aber eine Sache lag mir noch auf dem Herzen. Das musste sofort geklärt werden: „Marcus, ich muss noch eines loswerden, bevor du mich so großzügig in deine Familie aufnimmst.“

Er blickte mich überrascht an. „Wie? Bist du nicht bedingungslos zufrieden? Auf keinen Fall werde ich mein Angebot erhöhen!“

Ich lachte. „Nein! Natürlich bin ich glücklich. Aber… die Arkaner haben mir den schwarzen Schild, den ich mir von dir geliehen habe, vorhin abgenommen. Ich kann ihn dir deshalb nicht wie versprochen zurückgeben.“

Er grinste. „Oh, das. Damit musste ich ehedem irgendwann rechnen. Sicher ist es besser so, damit niemand weiter zu Schaden kommt. Ich habe diesen Schild, sagen wir mal, gefunden. Allerdings sind drei Männer dafür gestorben. Das Metall des Schildes ist ungewöhnlich und ich witterte ein gutes Geschäft. Doch kein Schmied und kein Metallschmelzer war in der Lage, das Metall nachzuahmen. Der beste Schmied Roms erklärte mir immerhin, dass es sich um mehrere Lagen Stahl handelt, die sehr dünn und gleichmäßig geschmiedet und dann irgendwie aneinandergefügt wurden. Stahl hat je nach Bearbeitung gute, aber gleichzeitig immer auch schlechte Eigenschaften. Weich und flexibel oder hart und spröde. Ideal für Waffen und Rüstungen wäre aber ein Stahl, der hart und flexibel ist. Doch den gibt es nicht. Ein Schwert muss lange scharf bleiben und soll keine Scharten bekommen, dafür muss der Stahl hart sein. Das Schwert darf aber auch nicht brechen, was harter Stahl jedoch tut. Offenbar haben die Arkaner ein Verfahren gefunden, um den idealen Stahl zu formen, indem sie flexible und harte Schichten zusammen schmieden. So sieht es jedenfalls aus. Ein Stahl, der hart und dabei doch flexibel ist. Aber kein Schmied von uns hat das Verfahren nachahmen können.“

Offensichtlich war Marcus ausgesprochen dankbar über den Themenwechsel und hielt mir nun einen Vortrag über Erz, Eisen und Stahl, den ich nur teilweise verstand.

Von diesem Tage an veränderte sich mein Leben von Grund auf. Ich war jetzt der zukünftige Schwiegersohn. Dadurch gehörte ich quasi schon zur Familie. Ich bekam nicht nur ein Zimmer im herrschaftlichen Flügel von Cornelius Haus, sondern eine eigene Wohnung mit mehreren Räumen. Marcus Cornelius schickte sofort einen berittenen Boten zu seinem Landhaus, um seine Frau und Tuana zu informieren und in die Stadt zu rufen. Offenbar spielte die ablehnende Haltung seiner Frau mir gegenüber aufgrund des Befehls von Octavian keine Rolle mehr. Die Entscheidung war gefallen.

Marcus nahm mich zu mehreren Geschäftsterminen mit und stellte mich seinen Freunden und Partnern als seinen zukünftigen Schwiegersohn vor. Offenbar gefiel ihm diese Neuigkeit selbst sehr gut. Er erzählte mir ununterbrochen von seinen Geschäften. In Gallien hatte es vor Kurzem einen Aufstand gegeben. Mehrere seiner Handelsniederlassungen waren von Rebellen niedergebrannt worden. Der Aufstand tobte im Südwesten Galliens, also weit weg von den Gebieten, die ich kennengelernt hatte. Für Marcus war der Aufstand ungünstig, da die wichtigen Handelswege zur iberischen Halbinsel abgeschnitten waren. Der aufständische Stamm nannte sich Aquitanier. Aber die Legionen des Marcus Vipsanius Agrippa standen bereits in Gallien und würden den Aufstand rasch niederschlagen. Marcus Cornelius kannte den Feldherren Agrippa persönlich und schätzte ihn sehr.

Zwischen den vielen Geschäftsterminen fanden wir auch noch die Zeit, bei einem Goldschmied einen zauberhaften Verlobungsring für Tuana zu bestellen. Helvia und Tuana erreichten Rom vier Tage später. Tuana sprang aus der Kutsche und flog förmlich in meine Arme. Wir standen lange eng umschlungen vor dem Palast der Familie. Helvia war sofort intensiv in ein Gespräch mit ihrem Gatten vertieft, das offensichtlich sehr emotional geführt wurde. Dennoch gelang es ihr, die Stimme so gesenkt zu halten, dass die Umgebung nichts von dem Streit der beiden mithören konnte. Marcus forderte uns alle auf, in das

Haus zu treten. Drinnen befahl er Tuana und mir: „Ihr beide zieht euch in eure Gemächer zurück. Wir sehen uns zum Abendessen!“ Daraufhin nahm er Helvia am Arm und zog sie sanft in Richtung ihrer eigenen Räume. Offenbar gelang es ihm, Helvia zu besänftigen und umzustimmen. Jedenfalls begegnete sie mir seitdem ausgesprochen freundschaftlich.

Tuana und ich waren von diesem Zeitpunkt an unzertrennlich, ein Herz und eine Seele. Die Zeit mit ihr verflog nur so, wie ein herrlicher Traum. Ich genoss jede Minute. Jeder meiner Wünsche erfüllte sich.

Marcus und Helvia richteten eine Verlobungsfeier aus, die alles in den Schatten stellte, was ich je erlebt hatte. Als Termin für die Hochzeit wurde der zwanzigste Tag des Lenzing (März) festgesetzt. In Germanien war der Lenzing ein Monat, in dem die Menschen zwar keine Vorräte mehr hatten und hungerten, aber auch neue Hoffnung schöpften, da die Tage länger wurden und die Sonne langsam wieder Wärme spendete. Hier in Rom sollte das Frühjahr die schönste Jahreszeit sein. Im Lenzing gab es auch nicht so viele religiöse Feiertage in Rom, weshalb ein zusätzlicher Festtag gerne angenommen wurde.

Doch auch der Winter in Rom war angenehm und mild. Marcus schenkte mir einen Leibsklaven. Dieser Mann war Grieche und von unglaublicher Arroganz. Offenbar hatte Marcus von meinem Verhalten gegenüber vorlauten Sklaven gehört, deshalb wies er mich an: „Dieser Grieche ist ein sehr gebildeter Mann. Ein bekannter Lehrer, der dir helfen soll, geschliffene Umgangsformen zu erlernen. Du wirst ihm kein Haar krümmen. Im Gegenteil. Du wirst täglich vier Stunden von ihm unterrichtet. Höfliches Benehmen, Lesen und Schreiben, Rechnen, Religion, Philosophie, Rhetorik und die griechische Sprache werden eure Fächer sein. Beim gemeinsamen Essen werden wir nur noch Griechisch sprechen, damit du einen Anreiz hast, auch diese Sprache rasch zu lernen.“

Erst wollte ich mich auflehnen, doch dann verstand ich, dass Marcus es nur gut mit mir meinte. Vormittags lernte ich mit meinem Lehrer, nachmittags von Marcus auf seinen Geschäftsterminen. Der Abend blieb Tuana und mir vorbehalten. Wir bewohnten unsere Räume gemeinsam, obwohl wir noch nicht verheiratet waren. Tuana erreichte ihr ursprüngliches Ziel, als Jungfrau in die Ehe zu gehen, nicht. Um eine ungewollte Empfängnis zu verhindern, schliefen wir nur während und in den ersten Tagen nach der Menstruation miteinander. Dafür aber sehr oft. Und es gab ja auch noch viele andere Möglichkeiten, genussvoll beieinander zu sein.

Die Zeit verflog nur so. Mein Talent für Sprachen zeigte sich auch im Griechischen. Vielleicht hatte das mit meinem besonders guten Gehör zu tun. Lesen und Schreiben fielen mir weitaus schwerer, da die Römer und die Griechen verschiedene Schriften hatten. Zum Rechnen war ich auch nicht geboren. Aber dafür ließen sich die Religion der Römer und ihre Bräuche einfach verstehen. Die römischen Götter erlebten unentwegt Abenteuer, bekriegten sich und liebten sich. Ganz ähnlich wie meine Götter. Dennoch gefiel mir meine Religion besser, da ein Krieger nach Walhall auffahren konnte, wenn er sich im Kampf besonders bewährt hatte.

Mit meinem arroganten Lehrer kam ich besser zurecht als erwartet. Er hatte viel Geduld und führte mich behutsam an die jeweiligen Themen heran. In Philosophie stellte er anfangs, als ich die Schriften der Philosophen noch nicht lesen konnte, eine These auf, zu der ich dann meine Meinung sagen sollte. Er bezog immer eine Gegenposition, über die wir diskutierten, oder er führte mich durch geschickte Fragen zu neuen Sichtweisen.

Dass mich nachmittags Marcus unter seine Fittiche nahm, erweiterte meinen Horizont enorm. Er stellte mich seinen Geschäftspartnern, seinen Freunden und weiteren bedeutenden Persönlichkeiten vor. Ich verstand jetzt seine Aufregung, wenn eines seiner Handelsschiffe verschwand. Oder sich die Einfuhr von Waren aus Gallien halbierte, weil die Straßen unsicher waren oder Handelsniederlassungen zerstört wurden. Ständig hatte Marcus mit seinen Geschäften Ärger. Jeden Tag musste er Entscheidungen treffen und Maßnahmen ergreifen. Ich hatte noch nie so viele Boten kommen und gehen sehen. Mit den Iberern gab es zurzeit nur noch auf dem Seeweg Handel, auch wenn die Legionen den Aufstand im Südwesten Galliens bereits niedergeschlagen hatten. Diese Ausfälle bei den Warenströmen hatten Auswirkungen auf das System des billigen Einkaufs und teuren Verkaufs von Marcus.

Die Gelder für den Straßenbau wurden bald vom Senat bewilligt. Marcus veranstaltete eine ausgelassene Freudenfeier, an der auch mehrere Senatsmitglieder teilnahmen. Schon am nächsten Tag stellte er eine Gruppe aus Technikern und Ingenieuren zusammen und schickte sie nach Divodurum. Mein unternehmungslustiger Schwiegervater in spe hätte die Gruppe sehr gern begleitet, doch Helvia ließ ihn vor der Hochzeit nicht gehen. Noch im Winter, der für mich nur angenehme Temperaturen brachte, wurden mir in einer feierlichen Zeremonie die römischen Bürgerrechte verliehen. Ich erhielt eine handgroße Metallplatte, aus der hervorging, dass ich ein Römer bin. Diese Metallplatte bestand eigentlich aus zwei einzelnen Platten, die miteinander verbunden waren. Beide Platten waren so versiegelt, dass man sie nicht ohne Beschädigung voneinander trennen konnte. Man erklärte mir, dass auf der unzugänglichen Innenfläche derselbe Text wie außen auf der Platte stehe. Falls irgendwann Zweifel an meinem Bürgerrecht aufkommen sollten, konnte ein hochgestellter Beamter die Siegel brechen und die Platten trennen. Dann ließen sich der äußere und der innen liegende Text miteinander vergleichen. Eine Manipulation der metallenen Urkunde war weitgehend ausgeschlossen, solange die Siegel intakt blieben.

Der Vorgang der Einbürgerung als Römer blieb für mich rätselhaft, da ich doch ein Hohne war und sich aus meiner Sicht daran auch nichts änderte. Gleichzeitig wurde ich durch die Metallplatte ein Römer. Dadurch konnte ich Tuana heiraten, deshalb war es mir recht. Außerdem bekam ich einen römischen Namen, Publius Cornelius Germanus. Dieser Name entstand aus einem Streit über meine Einbürgerung im Senat. Der ungewöhnliche und aus Sicht eines Römers wohl auch anrüchige Zusatz-Name „Germanus“ stellte den Kompromiss dar, auf den man sich einigte. Ich führte meinen römischen Namen aber nur selten. Tuana rief mich weiter Volker, so auch der Rest der Familie und unsere Freunde. Doch in meinem weiteren Leben war mir mein römischer Name mehrmals von Vorteil. Die bedeutendsten Auswirkungen meines Bürgerrechts als Römer traten erst später ein. Mein Status ermöglichte es mir, meinem Freund Segimer eine kleine Gefälligkeit zu erweisen. Auf seinen Wunsch hin nahm ich seinen Sohn Hermann in meine Familie auf, um ihn in die römische Gesellschaft einzuführen und ihm eine gute militärische Offiziersausbildung zu verschaffen. Doch das ist eine ganz andere Geschichte.

Der Frühling kam und damit der Tag von Tuanas und meiner Hochzeit. Helvia begann schon Wochen vor dem Termin mit den Vorbereitungen. Sie hatte darin Übung, da Tuana die jüngste von drei Schwestern war und ihre beiden älteren Schwestern bereits geheiratet hatten. Da die Familie zu den reichsten und prominentesten Roms gehörte, musste das Fest entsprechend pompös ausfallen. Eingeladen wurde nahezu jede bedeutende römische Familie. Der Palast wurde kostbar geschmückt und strahlte noch herrlicher als sonst. Überall wurden Kränze aus duftenden Blättern, Blüten und Zweigen aufgehängt. In ganzen Wagenladungen wurden die feinsten Lebensmittel angeliefert. Besonders für das Festmahl trieb Helvia einen geradezu abenteuerlichen Aufwand. Zu einer Zeit im Frühjahr, zu der mein Stamm zu Hause den Gürtel regelmäßig enger schnallen musste, da die Vorräte aufgebraucht waren, ließ Helvia exotische Lebensmittel aus der ganzen Welt heranschaffen, oft mit Schnellreitern oder den schnellsten Schiffen.

Am Abend vor der Hochzeit trafen sich die engsten Familienangehörigen zu einem Festmahl. Ich trug eine Toga mit herrlichen Stickereien. Eine Toga! Ich!

Aber Tuana stellte mich und all die edel gekleideten Gäste in den Schatten. Es war römischer Brauch, dass die Braut ihr Hochzeitsgewand bereits am Vorabend anlegte. Und Tuana sah umwerfend aus. Sie trug eine gelbe Palla, ein in vielen Falten bis zu den Füßen herab reichendes Gewand. Die Palla war das Gegenstück zur Toga des Mannes. Sie war zwar von einem einfachen Schnitt, wirkte aber durch den eleganten Faltenwurf würdevoll und edel. Selbstverständlich war Tuanas Gewand aus feinstem Stoff. Ihre Haare waren zu sechs Zöpfen geflochten und zu einer zauberhaften Hochsteckfrisur drapiert. Sie sah einfach fantastisch aus. Nicht wenige meiner neuen Verwandten standen unserer Verbindung skeptisch gegenüber. Neben der göttlichen Tuana, die in ihrem langen Gewand leicht und würdevoll dahin schritt, wirkte ich in meiner Toga recht unbeholfen und stolperte das eine um das andere Mal. Der Kontrast war unübersehbar und führte zu reichlich Tuschelei. Helvia und Marcus blieb dies nicht verborgen, doch sie übergingen jede Unhöflichkeit und hämische Anspielung unserer Gäste. Diese waren nur neidisch, dass ein Barbar wie ich eine so schöne und reiche Römerin gewinnen konnte.

Gemäß dem Brauch opferte Tuana am Hausaltar eine ihrer Puppen, mit denen sie als Kind gespielt hatte. Danach begann das abendliche Festmahl. Die folgende Nacht verbrachten wir getrennt. Am frühen Morgen nahmen wir nur ein schnelles Frühstück zu uns, da der Priester für die Zeremonie der Eingeweideschau schon eingetroffen war und wartete. Nach einem gemeinsamen Gebet opferte der Priester vor dem Hausaltar ein Huhn und öffnete den Körper des Vogels. Tuana trug eine weiße Tunika, die ihr zauberhaft stand. Ich trug ebenfalls dieses praktische Kleidungsstück aus weißem Stoff. Unsere eigentlichen Hochzeitsgewänder wollten wir noch nicht anziehen, da kein Blutspritzer darauf geraten durfte. Ein Sklave hatte zuvor ein gesundes, junges Huhn, das über Nacht kein Ei gelegt hatte, als Opfertier ausgesucht. So war es für mich kein Wunder, als der Priester ein fast komplett ausgebildetes Ei im Körper des Huhns fand und sofort dieses gute Omen pries. Helvia nickte huldvoll und lächelte. Natürlich erklärte der Priester das Opfer als gültig und segnete uns.

Im Laufe des Vormittags trafen die engen Verwandten ein, um der eigentlichen Hochzeitszeremonie beizuwohnen. Tuana und ich trugen unsere Hochzeitsgewänder. Ich musste zusätzlich einen Kranz aus Blättern auf dem Kopf balancieren, während Tuana ihr Haupt unter einem hauchdünnen, roten Schleier verbarg. Die Zeremonie begann mit der Unterzeichnung des Ehevertrages, den Marcus Cornelius ja bereits mit mir ausgehandelt hatte. Marcus Cornelius und ich unterschrieben den Vertrag, der auf einer Papyrusrolle festgehalten wurde. Danach wurde es sehr feierlich. Eine alte Dame aus dem Freundeskreis der Familie, die ich bereits kannte und sehr mochte, führte die Eheschließung durch. Die bejahrte Frau verfügte über einen tiefgründigen Humor und hatte sich von den Wechselfällen des Lebens nie den Spaß nehmen lassen. Wir waren uns sofort sympathisch gewesen. Sie hatte erst kürzlich zu Tuana gesagt, dass sie neidisch sei, da ich mit Sicherheit der schönste und prachtvollste Jüngling wäre, den sie je gesehen hätte. Mir gefiel das Kompliment, von dem mir Tuana natürlich sofort erzählte.

Vor den Verwandten der Familie nahm die ehrwürdige Freundin unsere rechten Hände und legte sie zu einem Kreuz übereinander. Dabei sprach sie ein Gebet und ergreifende Glückwünsche, die mit einer Spur verdeckten Humors und speziellen Anspielungen gewürzt waren, die man nur verstand, wenn man uns gut kannte. Sie verband unsere Hände mit einem feinen Seidentuch. Tuana sprach darauf die römische Eheformel: „Ubi tu Gaius, ego ibi Gaia!“, was so viel hieß wie: „Wo du hingehst, da gehe ich auch hin.“ Gaius und Gaia waren eigentlich Vornamen, aber diese wurden für die Eheschließung für jeden verwendet. Das war jetzt der dritte Name, den ich in meinem Leben bekam. Mehr wurden es aber auch nicht.

Die alte Dame und der Priester riefen nun verschiedene Götter der Römer an, um Glück für uns zu erbitten. Zwei weitere Opfertiere wurden hereingeführt. Ein schneeweißer, herrlicher Schwan und ein Widder mit einem so dichten und schönen Fell, wie ich es noch nie gesehen hatte. Ein anerkennendes Raunen ging durch die Gruppe unserer Verwandten, die offensichtlich – so wie ich auch – diese ungewöhnlichen Tiere für besonders wertvolle Opfer hielten. Die Tiere waren absolut ruhig, sogar noch, als ihnen die Kehlen durchgeschnitten wurden. Sicher hatte Helvia auch dazu beigetragen, indem sie ihnen vorher beruhigende Kräuter zum Fressen hatte geben lassen.

Inzwischen trafen immer mehr Gäste ein. Sie setzten sich an die zahlreichen schön gedeckten Tische oder platzierten sich auf den Liegen. Mit dem Hochzeitsmahl warteten wir noch ein wenig, da ein Ehrengast erwartet wurde. Und dann kam er. Gaius Octavius, der Imperator Roms. Er wurde von Lucius Cornelius begleitet. Der Imperator begrüßte uns lächelnd und offenbar gut gelaunt. „Du bist ein Glückspilz, Publius, ein wahrer Glückspilz!“, sagte er zu mir und grinste verschmitzt. Ich antwortete: „Ja, Imperator Caesar, und das weiß ich auch zu schätzen!“ Er nickte zustimmend. Tuana begrüßte er mit der Ehrerbietung, die einer verheirateten Frau zustand. Mehrere der vornehmen Gäste begrüßte er persönlich, dann hob er zu einer kurzen Rede an, die ausgesprochen unterhaltsam und fröhlich war.

Nach der Rede von Octavian ließen wir uns alle zum Hochzeitsmahl nieder, das bis zum Einbruch der Dunkelheit dauerte. Der Imperator blieb überraschend lange und nutzte die Gelegenheit, dass so viele vornehme Römer beisammen waren, für zahlreiche, teils sehr ernsthafte Gespräche. Besonders, wenn es um sein zerrüttetes Verhältnis zu einem gewissen Sextus Pompeius ging, wurde der Imperator ernst und missmutig. Alle Anwesenden schienen ihm zuzuraten, sich mit diesem Pompeius wieder zu vertragen, doch er wollte nicht. Ganz offensichtlich konnte der Imperator diesen Mann nicht leiden. Er fluchte lautstark und bezeichnete Sextus Pompeius als üblen Piraten, der Rom das Korn aus Sizilien vorenthalten wollte und darüber hinaus noch die Transportschiffe aus Ägypten sinnlos versenken ließ. Ich hatte die enormen Getreidelieferungen, die mit sizilianischen und ägyptischen Schiffen ankamen, im Hafen Roms selbst gesehen. So schlimm konnte es mit der Blockade also nicht sein, dachte ich damals. Doch tatsächlich sollte es nicht mehr lange dauern, bis die Seeblockade dieses Sextus Pompeius eine schlimme Hungersnot in Rom auslösen würde.

Mich verwunderte, dass sich der Imperator Roms über einen abtrünnigen Römer derart aufregen konnte. Wenn der Imperator Roms jemanden aus dem Weg schaffen wollte, wer sollte das verhindern können? Offenbar hatte auch ein Herrscher wie Gaius Octavius Grenzen, was ich an diesem Abend lernte. Er beherrschte zu diesem Zeitpunkt nur einen Teil des Imperiums, doch das wusste ich damals nicht. Keiner der eingeschüchterten Anwesenden ahnte, dass er nach der Phase seiner unerbittlichen Machtergreifung zu einem der weisesten Herrscher, die Rom jemals hatte, aufrücken sollte. Und zum Glück sah niemand meiner Hochzeitsgäste voraus, welchen Anteil ich später daran tragen würde, dem römischen Imperator Gaius Octavius gehörig in den Hintern zu treten und die Freiheit der Germanen zu retten.

An meinem Hochzeitstag fragte Octavian mich aus über die Sitten der Germanen, ihre Lebensweise, die Einwohnerzahl und Befestigung ihrer Städte. Vieles von dem, was ich erzählte, schien ihn zu überraschen. Offenbar waren die Römer nicht gut über unsere Stämme und Lebensart informiert. Er fragte mich sogar, ob ich ein Tier kennen würde, dass eine Art sehr großer Hirsch sei, dessen Beine aber keine Kniegelenke hätten. Die Germanen sollten diese Tiere dadurch jagen, indem sie diese Hirschart im Schlaf überraschten und umwarfen. Dann könnten die Tiere nicht mehr von selbst aufstehen und seien hilflos. Ich lachte aus vollem Halse los, was alle um uns herum sofort zum jähen Verstummen brachte. „Also, ich weiß nicht, wer dir das erzählt hat, Imperator Caesar, aber bei uns können alle Tiere verdammt schnell aufspringen und wegrennen, wenn sie gejagt werden."

Gaius Octavius wurde zu meiner Verwunderung mit einem Mal sehr ernst. Diesen Wesenszug an ihm fand ich gar nicht angenehm. Wenn er das wollte, verbreitete dieser Mann von einem Augenblick zum anderen eine geradezu körperlich spürbare Aura der Gefahr. Jeder spürte diese tödliche Bedrohung, die er in sein Umfeld projizierte. Offenbar wollte er seine Gesprächspartner mit dem stechenden Blick und dem aggressiven Gesichtsausdruck verunsichern. Der Imperator antwortete langsam und unterkühlt: „Ich kann dir sagen, wer mir das erzählt hat. Und er hat es sogar schriftlich niedergelegt. Meine Quelle ist niemand anderer als mein Vater Gaius Julius Caesar selbst. Und er war immerhin persönlich in Germanien."

Das Schweigen um uns herum hatte inzwischen eine kaum zu ertragende, bedrohliche Intensität angenommen. Ich versuchte es mit der Flucht nach vorn. „Imperator, dein Vater wird nicht selbst in unseren Ländern gejagt haben. Jemand hat ihm einen Bären aufgebunden, während er geschäftlich in Germanien weilte."

Der Imperator überlegte. „Meinem Vater wurde ein *Bär* aufgebunden? Während er *geschäftlich* in Germanien weilte?"

In die vibrierenden Stille hinein lachte er plötzlich laut los. „Ich vermute, du hast recht. Diese verlogenen Barbaren haben ihn damals wohl angeflunkert. Ein riesiger Hirsch ohne Kniegelenke! Beim Jupiter!" Alle lachten mit, auch wenn es bei einigen recht gekünstelt wirkte. Marcus hatte jedenfalls wieder ein paar Schweißperlen auf der Stirn, die nicht nur vom Wein herrühren konnten.

Die Sklaven brachten Süßigkeiten und Obst und noch mehr Wein. Der Imperator Caesar verabschiedete sich, bevor seine Zunge zu schwer oder zu locker werden konnte. Ich hätte das auch gerne getan, doch es war meine eigene Hochzeit. Jeder ließ Tuana und mich hochleben. Noch nie hatte ich so viel Wein getrunken. So kam es, dass ich den Rest der Feier nur noch wie durch einen Nebel wahrnahm und mich anstrengen musste, geradeaus zu laufen und nicht zu stolpern. Alle amüsierten sich köstlich, teilweise leider auch über mich.

Nach Einbruch der Dunkelheit drängte mich Marcus Cornelius, nun meine Frau zu nehmen und sie in mein Haus zu führen. Da ich in der Innenstadt kein Haus besaß, bediente man sich eines Tricks: Ein Freund der Familie schenkte mir symbolisch für einen Tag sein Haus, das in der Nähe lag. So ging ich mit Tuana los und alle Hochzeitsgäste folgten uns in einem bunten Umzug. Dabei wurde viel Lärm gemacht, damit auch jeder Nachbar von unserer Freude erfuhr. Ständig wurde „Talassio!" gerufen. Um Tuana und mich wuselte bald eine beachtliche Kinderschar herum, die uns auf recht fordernde Art Glück wünschte. Schließlich drängelten sich zwei unserer Sklavinnen zu mir durch und brachten Beutel voller Nüsse und kleiner Münzen, die ich in die rasch wachsende Ansammlung der Kinder warf. Dies brachte uns eine kurze Erleichterung vor den Plagegeistern, zog letztlich aber nur noch mehr von ihnen an. Die Bewegung und die kühle Abendluft taten mir gut. Aber das Gedränge um mich herum konnte ich kaum noch ertragen.

Als wir an „meinem" Haus ankamen, musste Tuana die Türpfosten mit Fett bestreichen und die eingefetteten Stellen wie einen Säuglingspopo mit Tüchern abdecken. Danach durfte ich sie über die Schwelle tragen. Ich schloss die Tür hinter uns und dachte, jetzt wäre endlich Ruhe. Aber weit gefehlt. Die Hochzeitsgesellschaft schob die Tür wieder auf und drängte uns hinterher. Tuana überreichte mir als Geschenk einen roten Umhang, den sie selbst gewebt hatte. Dann opferten wir noch einmal einige Nüsse am Hausaltar.

Ich hoffte, dass das Fest endlich vorbei sei, aber nun wurden wir unter großem Gejohle auf die Straße zurückgeschoben. Zur Zeremonie gehörte, dass Tuana dem Schutzgott der nächstgelegenen Straßenkreuzung ein kleines Opfer darbieten musste. An vielen Kreuzungen Roms waren in irgendeiner Hauswand kleine Nischen eingelassen, die mit Bildern eines Schutzgottes ausgemalt waren. Manchmal stand auch ein kleines Standbild darin. Das Opfer, wieder ein paar Nüsse, nahm Tuana unter dem letzten und abschließenden Gejohle der Hochzeitsgesellschaft vor. Jetzt – endlich! – verabschiedeten sich alle und zerstreuten sich. Tuana und ich gingen mit ihren Eltern zu „unserem“ Haus, wo wir uns auch von Marcus und Helvia verabschiedeten. Beide waren sichtlich erleichtert, dass alles gut gegangen war und alle Gäste sehr zufrieden gewirkt hatten.

Tuana und ich waren völlig fertig und gingen sofort in die Gemächer, die uns der Freund für eine Nacht zur Verfügung gestellt hatte. Ich schaffte es kaum noch, meine Toga abzulegen, und schlief so schnell ein, dass ich gar nicht mehr bemerkte, wie Tuana in unser Bett schlüpfte. Am nächsten Tag zogen wir hinaus auf das Land, obwohl es für römische Verhältnisse noch kalt war. Doch ich wollte mein Landgut in Besitz nehmen und einige Weisungen für die Frühsaaten erteilen. Marcus hatte größtes Verständnis dafür.

Einen Monat später besuchten wir meine Schwiegereltern wieder in Rom und blieben zwei Wochen bei ihnen. Insbesondere ich brauchte die Zeit, um ihnen schonend beizubringen, dass ich Tuana nun auch meiner Familie vorstellen wollte. Um vor dem Winter zurück zu sein, mussten wir bald aufbrechen. Marcus Cornelius verstand mich und rief Helvia ungewohnt deutlich zur Ordnung, als sie heftig zu protestieren begann: „Tuana ist jetzt seine Frau. Und Volkers Ansinnen ist ehrenhaft und verständlich. Du hast ihm diesen Wunsch weder zu erlauben noch zu verbieten. Es geht dich schlicht und einfach nichts mehr an! Und außerdem will Tuana gerne Volkers Verwandte und seine Heimat kennenlernen.“

Helvia fügte sich in das Unvermeidliche. Marcus sagte, dass er uns mit einer Kohorte Legionäre für die Reise ausstatten wollte. Das musste ich aber ablehnen, wenn wir lebend bei meinen Eltern ankommen wollten. Wir diskutierten über unsere Route, doch für Tuana und mich stand schon fest, dass wir den direkten Weg nach Norden über die Alpen nehmen wollten, die wir beide noch nicht kannten. Tuana konnte sehr gut reiten. Deshalb wollten wir zu Pferde mit zwei zusätzlichen Packpferden aufbrechen. Marcus raufte sich die ergrauten Haare, stimmte jedoch zu. „Bis zu den Alpen gibt es viele Ställe entlang der Straßen, in denen ihr die Pferde wechseln könnt. Dafür besorge ich euch einen schriftlichen Pass. Über die Alpen führen zwar Straßen und Wege, doch die sind nicht überall in einem guten Zustand. Ihr werdet unterwegs in verschneite Gebiete geraten, in denen es keine Gasthäuser und keine öffentlichen Ställe geben wird.“ Das war mir bekannt. Ich antwortete: „Ich versichere dir, dass ich in der Wildnis ohne Probleme überleben und auch für Tuana sorgen kann. Denn die tiefen Wälder sind mein Zuhause. Die Reise ist gefährlich, das streite ich nicht ab. Aber ich werde Tuana mit meinem Leben beschützen.“

Er nickte. „Das weiß ich, mein Junge, das weiß ich!“

Ich lächelte. „Aber eine ganze Kohorte Soldaten werde ich dort allein kaum am Leben erhalten können.“

Wir lachten gemeinsam. Einen Monat später brachen Tuana und ich nach Norden auf.

Kapitel 18

Wir hatten außer unseren Reitpferden noch zwei weitere Reitpferde als Packpferde dabei, die unseren Ritt zwar verlangsamten, aber unverzichtbar waren. Die Packpferde trugen die Geschenke für meine Eltern und Geschwister und den Proviant für die Reise. Nördlich von Rom kamen wir durch eine liebliche, hügelige Landschaft, die grün und sanft vor uns lag. Dieses Land war derart beeindruckend schön, dass wir langsamer ritten, als es möglich gewesen wäre. Die Straßen waren schnurgerade und perfekt gepflastert. In regelmäßigen Abständen standen Ställe, in denen wir unsere Pferde wechseln konnten, und Gasthäuser zum Übernachten. Die Dörfer in dieser Gegend wirkten allesamt wohlhabend, waren oft von trutzigen Mauern umgeben und gepflegt wie das ganze Land um sie herum.

Wir hielten uns nördlich und erreichten nach zwei Wochen die Alpen. Zwei Wochen waren für Reiter eine ungewöhnlich lange Reisezeit, doch – wie gesagt – hatten wir uns hin und wieder einen Tag Pause gegönnt und keine großen Wegstrecken zurückgelegt. Gaius Julius Caesar soll einmal für eine ähnlich lange Strecke nur drei Tage benötigt haben, aber das war sicher ein enormes Gehetze mit häufigen Pferdewechseln. Und mit Packpferden war diese Geschwindigkeit erst recht nicht zu schaffen.

Die Alpen bestanden aus gewaltigen Bergmassiven, die sich schier endlos übereinander türmten und viele imposante Panoramen boten. Dagegen war unser heimatliches Gebirge – ich muss es zugeben – wirklich nur ein Hügel in der Landschaft. In den Alpen reihte sich Felswand an Felswand. Überall Gestein und dichter Wald. Die Gipfel dieser Bergriesen waren schneebedeckt. Wir folgten der Straße, die immer schlechter wurde, je höher wir kamen. Streckenweise war die Straße in einem erschreckend vernachlässigten Zustand. Wir nahmen den einfachsten Weg über das Gebirge, aber auch der hatte es in sich. An Gasthäuser und Pferdeställe war bald nicht mehr zu denken, wie Marcus es befürchtet hatte. Nachts fanden wir nur schwer Unterschlupf und mussten hin und wieder sehr frieren. Oft blieb uns nichts anderes übrig, als selbst einen regendichten Unterstand zu bauen, was ich gut konnte. Tuana war beeindruckt, wie rasch ich aus einem Haufen Äste einen nach vorne zum Feuer hin offenen, aber ansonsten wind- und regendichten Unterstand errichten konnte, in dem man bequem, oder zumindest bequemer als gänzlich unter freiem Himmel, übernachten konnte.

Zur Orientierung hatten die Römer an der Straße Meilensteine gesetzt, auf die Wegweiser eingraviert waren. Außerdem gaben die Meilensteine auch oft an, wie die Stämme oder Völker hießen, durch deren Gebiet wir gerade zogen. Diese Steinsäulen halfen uns, den richtigen Weg zu finden. Hin und wieder schlossen wir uns Karawanen von Händlern an und unterhielten uns mit ihnen, bis uns die Fuhrwerke zu langsam wurden und wir vorausritten.

Das Gebirge schien endlos. Dafür wurde man aber mit atemberaubenden Ausblicken belohnt. Irgendwann lagen die mächtigen Gipfel in unserem Rücken. Vor uns öffneten sich Hochebenen, die zu Tälern hinab führten. Die Gehöfte und Dörfer sahen langsam wieder so aus, wie ich sie aus meiner Heimat kannte. Wir stießen auf einige Helvetier, die auf uns recht verschroben wirkten. Zudem war die Verständigung schwierig, da sie nur gebrochen Latein sprachen. Auf Römer waren sie schlecht zu sprechen. Aber auf Germanen waren sie noch viel schlechter zu sprechen. Doch von Reisenden, die durch ihr Land zogen, hielten sie wirklich absolut gar nichts. Und zwar unabhängig davon, welcher Herkunft die Reisenden waren. Der Winter war nicht allzu streng gewesen, aber hier in der hoch gelegenen Einöde der Bergmassive kannte man den Hunger zum Ende der kalten Jahreszeit auch nach kurzen Wintern.

Bisher waren wir unbehelligt geblieben, doch kurz hinter dem Gipfel der Welt, wie uns die Alpen erschienen, überfielen uns drei halb verhungerte Burschen, wahrscheinlich verarmte Bauernsöhne. Sie mussten äußerst verzweifelt sein, einen bestens gerüsteten germanischen Krieger, der hoch zu Ross saß, mit ihren Knüppeln und Messern anzugreifen. Vielleicht unterschätzten sie mich auch. Die drei Burschen kämpften tapfer. So tapfer, dass ich zu meinem Bedauern alle drei töten musste. Tuana wurde durch einen kleinen Stich in den Oberarm leicht verletzt. Ich versorgte die Wunde fachkundig. Auf die Narbe, die unseren erfolgreichen Kampf gegen die Diebe bewies, war sie ihr Leben lang stolz. Wie ein Krieger schmückte sie die Geschichte immer weiter aus und quälte später unsere Kinder am Feuer im Langhaus und auch auf den warmen Fliesen der Fußbodenheizung in unserem römischen Palast mit der zigsten Version des eigentlich eher traurigen Geschehens.

Zu unserer Überraschung stießen wir, als die hohen Berge endlich gewichen waren, auf einen Stamm, der sich Teutonen nannte. Diese Teutonen sprachen meine Muttersprache, wenn auch mit einem extremen Dialekt. Sie lebten am nördlichen Rand der Alpen und hielten mit den Helvetiern so gut Nachbarschaft, wie das mit diesen griesgrämigen Leuten überhaupt ging. Die Teutonen stammten von einem Stamm ab, der vor mehreren Generationen in einer großen Völkerwanderung auf der Suche nach Land aus Germanien nach Süden gezogen war. Ein Teil dieser Wanderer, besonders Familien mit kleinen Kindern und schwangeren Frauen, ließ sich hier in dieser damals dünn besiedelten Gegend nahe der Alpen nieder, während ihr Hauptstamm weiterzog und später von den Römern ausgelöscht wurde.

Ungefähr zwei weitere Wochen hatten wir benötigt, um die Alpen zu überwinden, obwohl wir so zügig wie möglich geritten waren. Die Römerstraße endete und ging endgültig in unbefestigte Wege über, die für mich durchaus ein gewohnter Anblick waren. Auch die hilfreichen Meilensteine gab es nicht mehr. Dafür verstand ich die Menschen immer besser, je weiter wir nach Norden kamen. Wir waren auf den Stammesgebieten der germanischen Stämme angekommen. Ich fühlte mich vertraut mit allem, was ich sah. Aber es wirkte irgendwie mickrig und primitiv auf mich. Alles war kleiner als in Rom. Die Ähren des Getreides, die Kühe und die Häuser. Nur die Menschen waren größer. Wir wurden aufgrund unserer wertvollen Kleidung und Ausrüstung für Edle gehalten und auch entsprechend respektvoll behandelt. Da ein einzelner Mann in Begleitung einer Frau nicht bedrohlich wirkte, fanden wir in jedem Hof eine Übernachtungsmöglichkeit.

Für Tuana war das alles neu und unglaublich spannend. Diese großen Menschen in ihrer für römische Verhältnisse einfachen, zweckmäßigen Kleidung faszinierten sie. Natürlich begutachtete sie besonders die farbenfrohen Gewänder der Frauen, die aus Leinen oder Schafwolle gefertigt waren. Auch wenn die Germanen arm waren, so galt bei ihnen das Gebot der Gastfreundschaft. Allerdings musste der Gast bald weiterziehen, um nicht zu viel der knappen Vorräte zu verspeisen. Wie hatte mein Vater immer gesagt: „Fisch und Gäste fangen nach drei Tagen an zu stinken."

Tuana machte große Augen, als wir zum ersten Mal von einer germanischen Familie zum Abendessen eingeladen wurden. Die Hausfrau hatte aus zwei Kaninchen und frühem Gemüse einen leckeren Eintopf gekocht. Alle Familienangehörigen und wir setzten uns im Kreis auf den mit Stroh bedeckten Boden um den Topf herum. Tuana betrachtete verwirrt den Holzlöffel, den ihr jemand in die Hand gedrückt hatte. Doch sie legte ihre Scheu rasch ab und benutzte ihn bald eifrig, da sie sonst wohl hungrig wieder aufgestanden wäre. Der ungewohnte Eintopf machte sie nicht nur satt, er schmeckte ihr auch. Sie beschwerte sich lediglich darüber, dass ich keinen Krug mit der grässlichen Fischsauce der Römer mitgenommen hatte.

Dass es morgens immer nur Gerstenbrei aus gestampften Körnern gab, war für Tuana allerdings nur schwer zu akzeptieren. Brot war eine Delikatesse, erklärte ich ihr. Brot war unseren Stämmen zwar nicht unbekannt und wurde auch sehr gerne gegessen, aber es sah ganz anders aus als das helle Weizenbrot in Rom. Oft war es ein tief dunkles, schweres Vollkornbrot, nicht viel mehr als gebackener Morgenbrei. Wofür sollte man Holz holen und das Feuer anfachen, um zu backen, wenn das Korn zerstampft mit Wasser oder Milch und vielleicht einer Prise Salz auch essbar war? Natürlich schmeckte mir Brot besser als immer wieder dieser Brei. Man konnte Brot auch säuern, dadurch hielt es länger und wurde lockerer. Und Brot war anders als Brei leicht zu transportieren. Jede Gegend, sogar beinahe jede Familie, hatte ihre eigenen Rezepte für Brot, und einige waren durchaus schmackhaft. Aber wie gesagt, man benötigte Feuerholz, um es zu backen. Letztlich schlug sich die Familie ihre Bäuche nur im Übermaß mit dem leckeren Brot voll und aß mehr, als sie eigentlich brauchte. Von dem einfachen Brei aßen alle nur, bis sie satt waren.

Wir hielten uns vorwiegend nach Norden. Ich ging davon aus, dass wir irgendwann von allein auf das riesige Stammesgebiet der Cherusker stoßen mussten. Oder auf unser kleines Gebirge. Nur zu weit nach Osten durften wir nicht vom Weg abkommen, dadurch würden wir unser Ziel verfehlen und an den Stränden des östlichen Nordmeeres landen. Wir kamen langsam, aber stetig voran. Immerhin waren wir schneller als der Heerzug, den Friedhelm damals gegen die Gallier geführt hatte. So erreichten wir das Stammesgebiet der Cherusker früher, als ich erwartet hatte. Ich versuchte, Segimer zu finden, und fragte mich zu ihm durch. Segimer stammte aus einer bekannten Familie, dadurch gelang es uns tatsächlich recht leicht, sein Haus zu finden. Ich hatte Tuana längst alles aus meiner Vergangenheit erzählt und auch nicht verschwiegen, dass ich einige Römer im Kampf getötet hatte. Sie hatte diesen Erzählungen gespannt gelauscht und viele Fragen gestellt. Vielleicht war ich durch meine Erlebnisse und Taten sogar noch ein wenig interessanter für sie geworden.

Segimer konnte es gar nicht fassen, mich nach so langer Zeit und in Begleitung eines so schönen Eheweibes wiederzusehen. Er hatte ebenfalls geheiratet und lebte in einem prachtvollen, neuen Langhaus. Wir blieben eine Woche lang bei ihm und hatten viel Spaß miteinander. Inzwischen verstand Tuana unsere Sprache schon ganz gut, aber mit dem Sprechen haperte es noch. Da war es gut, dass Segimer und einige seiner Freunde ein wenig Latein beherrschten.

Tuana fand unsere Häuser sehr gewöhnungsbedürftig. Selbst die Langhäuser der wohlhabenden Familien hatten nur zwei Räume, wenn man die Aufteilung überhaupt so bezeichnen wollte, nämlich den Wohnraum und den Stall. Baulich war der Stall nur durch zwei Wände, die nicht bis zu Decke hoch reichten, vom Wohnraum abgetrennt. Man konnte das Vieh also im Winter, wenn es im Stall und nicht auf der Weide stand, gut hören und vor allem auch riechen. Die beiden Trennwände zwischen dem Stall und dem Wohnraum bildeten einen Flur, der das Haus teilte und rechts und links zu den Türen in den langen Außenwänden führte. Dieser Flur oder Vorraum wurde auch als Lagerraum genutzt. Tuana konnte es kaum glauben, dass alle Familienmitglieder in dem einzigen Wohnraum schliefen. „Mir ist schleierhaft, wie es bei euch zu so vielen Kindern kommen kann, wo es doch nicht das geringste Privatleben gibt!“ Ich zuckte die Schultern. „Ein großes Bärenfell verdeckt eine Menge! Und wo ein Wille ist, da ist immer auch ein Gebüsch.“ Tuana schüttelte nur den Kopf.

Segimer beschrieb mir den weiteren Weg in die Gebiete, die ich kannte, ausführlich und begleitete uns bei unserem Aufbruch noch für ein paar Stunden. Wir zogen durch das Gebiet der Cherusker und erreichten ohne Mühe das Stammesgebiet der Hohnen. Ich wurde richtig aufgeregt und erzählte Tuana von unserer Stadt Hohne, doch da schossen mir zwei Dinge durch den Kopf: Zum einen würde unsere Stadt auf die Römerin bestenfalls wie ein ärmliches Dorf wirken. Und zum anderen lebten Astrid und ihre Familie dort, die von mir seit etwa zwei Jahren nichts gehört haben konnten.

Unser Weg führte zunächst zu dem Abzweig, an dessen Ende das neue Dorf entstanden sein musste. „Am Ende dieses Bohlenwegs habe ich einen Sumpf trockengelegt. Um das zu erreichen, mussten wir einen Fluss umleiten!“, erzählte ich stolz. Tuana nickte mitleidig. „Ja, sicher. Dazu seid ihr Germanen doch technisch gar nicht in der Lage!“

Selbstsicher führte ich sie über den Bohlenweg zu dem neuen Dorf. Unser altes Arbeitslager war nicht mehr wiederzuerkennen. Überall standen Langhäuser, Rundhäuser, Hütten, Viehverschläge und Vorratshäuser, die zum Schutz vor Ungeziefer auf Pfähle gesetzt waren. Die von uns gerodeten Flächen waren üppig bestellt, wenn auch vor allem mit viel Grünzeug und Kohl. Getreide und Erbsen wuchsen wohl auf dem noch feuchten Moorboden nicht so gut. Die Dorfbewohner musterten uns misstrauisch, wurden aber zugänglich, als ich ihnen erklärte, warum ich alles so genau in Augenschein nahm. Wir wurden mit Nahrung und einem Schlafplatz versorgt. Meine Erzählungen über die Umleitung des Flusses stießen auf großes Interesse. Dann fachsimpelten wir über Nutzpflanzen, die auf dem Moor- und Torfboden wohl am besten gedeihen könnten. Bald wollten es die Siedler mit Gerste versuchen. Am nächsten Morgen zogen Tuana und ich weiter.

Hohne lag nicht weit entfernt. Die Felder unterwegs waren gepflegt und schön anzusehen, die Weiden, auf denen gut genährte Kühe, Schafe und Ziegen grasten, waren üppig grün. Unweit des Weges arbeiteten drei blonde Frauen auf einem Feld. Sie hackten Unkraut und schwitzten in der Sonne. Eine besonders dicke Frau richtete sich aus der gebückten Haltung auf und drückte ihren schmerzenden Rücken durch. Blonde, schweißnasse Strähnen hingen ihr ins Gesicht. Erst jetzt sah ich, dass die Frau nicht einfach nur fett, sondern schwanger war. Sie reckte ihre niedliche Nase mit den kecken Sommersprossen in die Sonne, da trafen sich unsere Blicke. Astrid erkannte mich im selben Augenblick wie ich sie. Mir war das unverhoffte Zusammentreffen äußerst peinlich. Sie fing sich rascher wieder als ich und hob die Hand zum Gruß. „Volker!“, rief sie über den kleinen Graben hinweg, der die Felder vom Weg trennte. Ich blieb stehen. „Astrid! Geht es dir gut? Es sieht ja ganz so aus!“ Astrid lachte. „Ja, ich bin jetzt verheiratet, aber nicht mit einem der Trottel aus Salzdorf, sondern mit einem guten Mann meiner Wahl.“ Sie biss sich auf die Lippe, während sie Tuana irgendwie feindselig musterte. Ich hatte verstanden. Sie hatte wohl hinzufügen wollen: „Du warst ja weg!“

Aber allzu lange gewartet hatte sie offenbar nicht. Doch das war gut so.

„Das ist meine Ehefrau Tuana. Wie geht es deiner Familie?“

„Mein Vater Gernot ist im vorigen Winter gestorben. Sonst sind alle wohlauf.“

Ich musste schlucken. „Und von meinen Eltern, hast du da etwas gehört?“

Sie schüttelte den Kopf. „Zum Thing waren alle deine Brüder hier. Ich habe aber nicht mit ihnen gesprochen."

„Und mein Vater?"

„Das weiß ich nicht. Ich wohne ja jetzt bei meinem Mann."

Ich nickte. Natürlich war sie aus dem Elternhaus ausgezogen. Doch was war mit meinem Vater? Er hatte niemals zuvor ein Thing versäumt. Ich winkte ihr zum Abschied zu und sie griff wieder zu ihrer Hacke. Ich sah sie ein paar Monate später auf dem Rückweg nach Rom ein letztes Mal wieder. Meiner guten Freundin Astrid hatten die Götter kein langes Leben beschieden. Schon ihr erstes Kind, dem sie das Leben schenkte, brachte ihr den Tod im Kindbett.

Tuana hatte die besondere Spannung zwischen Astrid und mir natürlich bemerkt. Frauen scheinen für so etwas einen besonderen Sinn zu haben. Und sie verstand auch, dass mich nun große Sorgen um meinen Vater plagten. Es überraschte sie nicht, als ich sagte: „Der Tag ist noch jung. Ich würde gerne direkt nach Hause reiten. Wenn wir uns beeilen, sind wir nachmittags bei meiner Familie. Hohne können wir uns auf dem Rückweg ansehen!" Natürlich war sie einverstanden. Wir trieben unsere Pferde an.

Am späten Nachmittag, die Sonne hatte sich schon leicht rot verfärbt, erreichten wir die Lichtung, auf der die Getreidefelder meiner Familie angelegt waren. Sofort erkannte ich Ortwin, der gerade Feldsteine zu einer Mauer am Rand der Felder auftürmte. Er zuckte zusammen, als wir auf unseren edlen Pferden in flottem Galopp angeritten kamen. Ich war prächtig gekleidet und schwer bewaffnet, ganz ähnlich einem reichen Goden, daher erkannte er mich, seinen eigenen Bruder, nicht auf den ersten Blick. Als ich vom Pferd sprang, ließ er, ungläubig den Kopf schüttelnd, einen schweren Stein fallen und rief: „Volker! Verdammt, was ist mit dir passiert? Du siehst ja wohlhabender als der neue Gode von Hohne aus!" Wir fielen uns in die Arme. „Geht es dir gut? Wie geht es den anderen?", fragte ich rasch, und die dunklen Befürchtungen, die mich in den letzten Stunden immer stärker ergriffen hatten, schwangen in meiner Stimme mit.

„Keine Angst, Volker, alle sind wohlauf. Sogar Großvater. Gerhart wohnt jetzt mit seiner Frau in einem neuen Langhaus in der Nähe vom Teich. Sie haben schon ein Kind, eine süße Tochter. Aber sonst ist alles beim Alten." Ich atmete erleichtert auf und drückte meinen Bruder fest an mich. Dann stellte ich ihm Tuana vor, die ebenfalls vom Pferd gestiegen war. Er umarmte sie wie eine alte Freundin.

Zu Dritt gingen wir den kurzen Weg durch den Wald zum Gehöft unserer Familie. Bald hörten wir die Hunde kläffen. Das Tor des Palisadenzauns stand weit offen. Ich sah meine Mutter und meine beiden Schwestern am Bach Wäsche waschen. Vater hackte mit nacktem Oberkörper Holz, während Großvater vor dem alten Rundhaus auf einem Schemel saß und in die letzten Sonnenstrahlen dieses Tages blinzelte.

Die Hunde waren angeleint und sprangen mit fröhlichem Bellen umher, weil sie Ortwin und vielleicht auch mich erkannten. Großvater öffnete die Augen, als wir den Hof betraten, und mein Vater ließ die Axt sinken. „Oh, bei Wodan, mein Junge!", rief Vater in völliger Überraschung, schlug die schwere Spaltaxt aus dem Handgelenk in den Holzblock und rannte auf mich zu, um mich ganz fest an sich zu drücken. Aus dem Augenwinkel sah ich meine Mutter und meine Schwestern, die nun auch das kurze Stück vom Bach zu mir liefen, so schnell sie konnten. Bald war ich von einem Knäuel aus den Menschen, die ich neben Tuana am meisten liebte, umringt. Alle redeten auf mich ein, stellten Fragen nach meiner Gesundheit und meinem Befinden. Ich beteuerte ununterbrochen, dass es mir gut gehe. Irgendwann ließen sie von mir ab. Mein Vater baute sich vor mir auf – und wirkte überraschend klein. Er war immer der größte und stärkste Krieger für mich gewesen, doch offenbar war ich in den zwei Jahren, die ich weg war, ein ganzes Stück gewachsen. Ich war immer noch schlank, aber jetzt viel muskulöser und deutlich breiter als vor zwei Jahren, vor allem um die Schultern und den Brustkorb herum. Mein Vater begutachtete mich mit erkennbarem Stolz. „Mein Junge! Ein Krieger ist aus dir geworden. Volker der Furchtlose. Das hört sich jedenfalls besser an als Helmut der Blutige. Ja, wir haben von dir und vor allem von deinen Heldentaten gehört. Wie du eine Hundertschaft der Römer allein in den Wald zurückgetrieben hast. Und alles andere!“

Ich lachte laut auf. „Die Römer kamen gerade vom Holzschlagen. Ich bin eher aus Versehen zwischen sie geraten.“

Mein Vater nickte verstehend. „Zieh dein Hemd aus, mein Sohn!“

Ich entblößte meinen Oberkörper, der von etlichen Narben bedeckt war, von denen einige noch rosa schimmerten. Meine Schwestern stießen anerkennende Laute aus, während meine Mutter entsetzt die Hände vor das Gesicht schlug. Doch mein Vater platzte fast vor Stolz. „Du wirst zu Recht Volker der Furchtlose gerufen. Ich möchte die Geschichte zu jeder einzelnen Narbe erfahren.“ Plötzlich schien er Tuana zu bemerken. „Und du hast eine wunderschöne Frau an deiner Seite auf unseren Hof geführt. Willst du sie uns vorstellen?“

Ich nickte lächelnd. „Liebe Eltern, das ist Tuana, meine Ehefrau. Wir haben in Rom geheiratet.“ Meine Mutter und meine Schwestern machten jetzt vor Begeisterung wieder einen unerwarteten Lärm und nahmen Tuana so fest in ihre Arme, dass ich schon dachte, sie wollten sie erdrücken. Mein Vater blinzelte mir zu und beobachtete mit stiller Freude das Treiben. Ortwin war inzwischen so freundlich, unsere vier Pferde zu versorgen.

In dem Augenblick erschienen Arnulf und Roger, die bei Nachbarn zu Besuch gewesen waren und gerade zurückkehrten. Gleich ging das freudige Rufen und Umarmen wieder von vorne los. Als meine beiden Brüder hörten, dass Tuana meine Ehefrau war, ließen sie von mir ab und drückten sie wie eine Schwester an sich. Als die Begrüßungen endlich zu einem Ende kamen, gingen wir alle ins Haus. Mutter fachte das Feuer an und setzte den Topf auf. „Ich mache nur schnell eine Kleinigkeit zum Abendessen“, sagte sie, „Wir haben viel frisches Gemüse und noch immer Korn von den Wintervorräten!“

Vater ergänzte stolz: „In den letzten beiden Jahren hatten wir sehr gute Ernten. Und die Winter waren mild. Die Wildtiere sind in den Wald zurückgekehrt. Und im Bach züchten wir jetzt Forellen.“ Ich musste lächeln. „Also ging es euch gut, kaum dass ich weg war!“

„Nein, Junge, wir haben dich vermisst! Du warst so lange unterwegs. Am Anfang haben wir noch hin und wieder etwas von dir gehört, von den Leuten, die mit dir auf dem Beutezug waren und zurückkehrten. Aber viele sind nicht zurückgekommen. Euer Beutezug hat unseren Stamm viele Opfer unter den jungen Männern gekostet. Mit der Zeit wurden die Nachrichten immer weniger. Bis ein Krieger, der Kunolf hieß, uns von deinem Kampf gegen die Piraten erzählte. Seine Geschichten von riesigen Schiffen, weit größer als ein Langhaus, die über das endlos weite, offene Meer fahren und dort auch noch überfallen werden, waren zwar völlig unglaubwürdig, aber er hatte dich immerhin lebendig gesehen. Doch du warst zu unserem Schrecken auf dem Weg nach Rom. Diese Stadt der Römer …, wir dachten, dass du als Hohne da nicht lebend herauskommen kannst. Und nun bist du dort nicht nur reich geworden, sondern hast auch noch diese wundervolle Ehefrau gefunden!“

„Na, Vater, das mit den Piraten stimmte schon. Aber das erzähle ich später.“

Eigentlich wollte ich jetzt die mitgebrachten Geschenke an meine Familie verteilen, doch es klopfte an der Tür und Gerhart trat mit seiner eigenen Familie ein. Er hatte gehört, dass ich zurückgekehrt war. Jetzt war es wirklich sehr eng in dem kleinen Haus. Mutter verteilte den Eintopf auf mehrere Holzschüsseln und reichte sie an uns weiter. Wir hatten gar nicht genug Holzlöffel, damit alle gleichzeitig essen konnten. Der Eintopf war ziemlich dünn geraten, da die angepriesenen Vorräte an Gemüse und Fleisch für so viele Gäste wohl doch nicht gereicht hatten. Zum Glück ging uns das Wasser nie aus. Mutter kochte zusätzlich einen randvollen Topf Brei, damit wir nicht hungrig ins Bett gehen mussten.

Es ging sehr lustig und laut bei uns zu. Ich vergaß beinahe die Geschenke. Doch schließlich schlängelte ich mich durch die Wand aus Leibern zu den Packsäcken und zerrte sie in die Mitte des Wohnraums. „Ich habe euch einige kleine Geschenke aus Rom mitgebracht!“ Das Gejohle war unbeschreiblich. Zunächst zog ich für jeden ein schönes Gebrauchsmesser aus den Säcken hervor. Die Griffe waren aus edlem Holz gefertigt, die Klingen aus bestem römischen Stahl. Meine Familie begutachtete die

Messer mit großer Begeisterung. Dann zog ich für meine Mutter und meine Schwestern jeweils einen Ballen von feinstem römischen Stoff hervor. „Daraus schneidern die Römerinnen ihre festlichen Gewänder!", erläuterte ich stolz. Die weiblichen Mitglieder meiner Familie griffen nach den Ballen und diskutierten laut, was man aus dem Stoff für schöne Kleider anfertigen könnte. Nun wuchtete ich das schwerste Paket in die Mitte und öffnete es. Jeder Mann meiner Familie bekam eine der römischen Pflugscharen. Mein Vater begutachtete das Metall und die Form und erkannte als erfahrener Bauer sofort die Vorteile. „Diese Pflugschar ist viel besser konstruiert als unsere. Aber man benötigt unbedingt ein Zugtier für solch einen Pflug. Ein Mann und eine Frau allein können solch eine Stahlschaufel nicht durch den Boden ziehen. Wir haben nur vier unwillige Kühe. Besser wäre natürlich ein Ochse für diese Arbeit."

Ich nickte. „Und außerdem hast du noch zwei Pferde. Meine Packpferde sind sehr gute Reitpferde aus römischer Zucht. Ich benötige sie jetzt nicht mehr und schenke sie dir, Vater!" Mit diesem Geschenk erfüllte ich ihm einen riesigen Wunsch. Meinem Vater schossen die Tränen in die Augen. Er drückte mich wortlos an sich.

Meine Packtaschen waren schon schlaff und fast leer, bis auf ein paar Kleinigkeiten für Nachbarn und Freunde und ein weiteres Geschenk für meine Mutter. Ich zog einen kleinen Ballen hellblauer Seide hervor, der sorgfältig in Pergament eingeschlagen war. Mutter wischte sich die Hände an ihrer Schürze ab und nahm vorsichtig das federleichte Paket. Sie erkannte sofort, dass es sich um einen ungewöhnlichen Stoff handelte. Schon das Verpackungsmaterial war edel. Die Seide übertraf alle anderen Geschenke. Selbst im flackernden Schein des Feuers konnte man das Schillern und Glänzen des ungewöhnlichen Materials wahrnehmen. „Was ist das? So ein feines Gewebe kann es gar nicht geben! Diese Fäden scheinen dünner als menschliche Haare! So dünne Fäden kann man nicht spinnen. Und selbst wenn man sie gesponnen hat, sind sie unmöglich zu weben. Und doch halte ich dieses Gewebe in meinen Händen!"

Mein Vater rückte erschrocken weg, als er es zart mit seinen rauen Fingern berührte. „Ist das Zauberwerk? Oder stammt es von römischen Göttern?“

Tuana lachte hell und löste damit seine plötzlichen Bedenken auf. „Wir nennen diesen Stoff Seide. Er stammt aus einem fernen Land im Osten. Auch die römischen Weber können diesen Stoff nicht imitieren. Er ist einmalig und teurer als Gold. Gewänder daraus kühlen den Körper im Sommer und wärmen ihn im Winter. Allerdings können sich nur wenige Familien Gewänder aus Seide leisten. Fahnen aus Seide schweben schon beim geringsten Luftzug am Mast und strahlen weithin sichtbar. Dieses Stück reicht für ein schönes Halstuch. Ich werde dir bei der Bearbeitung helfen.“

„Ja, aber nicht jetzt!“, stellte Mutter fest und verpackte die Seide wieder sorgfältig. Darauf drängelte sie sich zu ihrer Kleidertruhe durch, auf der Sieglinde und Ortwin saßen, die kurz aufstehen mussten, und verbarg den Ballen darin. Nun ging das allgemeine Geplapper und Gelächter wieder los. Wir feierten bis zum frühen Morgen.

Am nächsten Tag kamen alle Nachbarn zu Besuch. Sogar der reiche Burkhart begab sich persönlich zu uns, um mich zu begrüßen. Er lud uns alle für den nächsten Tag zu einer Begrüßungsfeier auf seinen Hof ein. Tuana und ich verlebten eine schöne Woche bei meiner Familie, dann fiel mir eine Person ein, die ich unbedingt aufsuchen musste. Die Alte vom Teich.

Ich begab mich allein zu ihr. Ihre Hütte sah aus wie immer. Das Häuschen über der Sickergrube war versetzt worden, aber auch noch vorhanden. In einer Reihe neben den vier alten und uralten Eichen stand ein junger Schössling, der keine zwei Jahre alt sein mochte. Ich wusste, was das bedeutete, hoffte aber noch auf das Gegenteil. Da in der Hütte niemand war, setzte ich mich davor und wartete. Kurze Zeit später kam eine hübsche, junge Frau aus dem Wald. Sie trug ungewöhnliche, dunkle Kleidung, die um ihren Körper wallte und ihre schlanke Figur verhüllte. In der Hand hielt sie einen Weidenkorb, der voller frischer Kräuter war. Die junge Frau baute sich selbstbewusst vor mir auf und musterte mich mit kritischem Blick. Ich sprach sie an: „Hallo, ich bin Volker, der Sohn von Helmut.“

Sie nickte. „Ah, Volker der Furchtlose. Wenn man mich gefragt hätte, wäre es mir ein Leichtes gewesen, deine Eltern zu beruhigen. Ich habe längst in den Zeichen gesehen, dass du gesund zurückkehren wirst. Aber deine Mutter hatte wie die anderen Ehefrauen möglicherweise sogar berechtigte Vorurteile gegen meine Vorgängerin."

Ich wusste nicht recht, wie ich es ausdrücken sollte, was ich eigentlich wissen wollte. Deshalb sagte ich: „Ich habe von der Alten … von deiner Vorgängerin viel gelernt. Sie war eine weise Frau. Weißt du, wie … ob…"

„Sie ist am Nachmittag eines warmen Spätsommertages vor zwei Wintern hier vor ihrer Hütte eingeschlafen und erwachte am Abend nicht mehr. Ihr Tod war so ruhig und friedlich wie die größte Zeit ihres Lebens. Ich war die ganze Zeit bei ihr." Das beruhigte mich auf eine traurige, aber doch wohlige Weise. Ihre Nachfolgerin, die noch erschreckend jung wirkte und vielleicht nur ein paar Jahre älter als ich war, fuhr fort: „Mein Name ist Elfleda. Ich bin eure neue Heilerin und eure Seherin." Ich zuckte zusammen. Diese Alte vom Teich, oder eher die junge Frau vom Teich, hatte mir ihren Namen genannt. Noch dazu trug sie einen schönen und edlen Namen. Elfleda. Vermutlich las sie meine Gedanken, deshalb erläuterte sie: „Meine Vorgängerin hat viele verschiedene – sagen wir es so – Gebrechen kuriert. Sie hatte zumindest in jüngeren Jahren auch Spaß daran, Kriegern mit überschäumenden Säften ihre Ausgeglichenheit und Ruhe wiederzugeben. Das hat ihr nicht nur viele kurze Freuden, sondern auch viele beständige Freunde beschert, die sie großzügig mit allem Lebensnotwendigen versorgten. Diese Form von Diensten werde ich nicht leisten. Ich möchte auch nicht für immer allein in dieser mickrigen Hütte wohnen. Das Land um meiner Hütte herum ist unbebaut, aber fruchtbar. Ein Mann, den ich erwähle werde und der mich liebt und so nimmt, wie ich bin, kann hier ein Haus errichten und Getreide anbauen."

Elfleda brachte ihre Kräuter in die Hütte, dann reichte sie mir Brot und weichen Weißkäse. Dazu goss sie mir einen Becher Met ein. Wir setzten uns zusammen vor die Hütte, aßen, tranken und blickten auf den Teich hinaus. Sie fragte mich über meine Erlebnisse aus, wobei ich feststellte, dass sie auf jeden Fall bereits einmal bei den Treverern, wahrscheinlich sogar in der von uns überfallenen Stadt Toutiouagna, gewesen sein musste. Von den Römern schien sie einiges gehört zu haben, aber sie beherrschte kein Latein. Die Griechen waren ihr gänzlich unbekannt. Von dem berühmten Orakel von Delphi und der Seherin Pythia hatte unsere Seherin noch nie etwas gehört. Sie ließ mich alles erzählen, was ich darüber wusste. Ich verheimlichte ihr nicht, dass ich es eher mit der griechischen Logik hielt und der Hellseherei skeptisch gegenüberstand.

Elfleda war auf jeden Fall eine bemerkenswerte und überaus intelligente Frau. Sie hatte eine geradezu magische Anziehungskraft an sich, eine charismatische Ausstrahlung, die über normale Attraktivität hinausging. Ich bezweifelte nicht, dass sie einen guten Mann aus unserem Stamm finden würde, obwohl sie vermutlich keine Jungfrau mehr war.

Offenbar hatte meine Ehefrau mindestens genauso gute hellseherische Fähigkeiten wie Elfleda, denn gegen Abend erschien sie zusammen mit Arnulf an der Hütte, um mich im letzten Licht des Tages abzuholen. Arnulf hatte ihr angeboten, ihr den Weg zu zeigen, als sie sich um mich sorgte.

Nicht, dass ich sie mit Elfleda betrogen hätte, dafür bestand nicht das geringste Bedürfnis. Aber in der Dunkelheit wäre der Rückweg doch vielleicht ein wenig gefährlich gewesen. Möglicherweise hätte ich ein Angebot der Seherin, in ihrer engen, aber sicheren Hütte zu übernachten, nicht ausgeschlagen. Nein, ich dachte diesen Gedanken nicht zu Ende. Vielmehr verabschiedete ich mich lachend von Elfleda, legte meinen Arm um Tuana und schlenderte mit ihr am Bach entlang zurück zum Haus meiner Eltern.

Wir sahen schon den Palisadenzaun des heimatlichen Hofes, als mir auffiel, dass jemand fehlte. „Arnulf ist uns verloren gegangen!“, stellte ich fest, doch Tuana lachte mich nur aus. „Du bist naiv, mein lieber Mann! Verloren haben wir Arnulf sicher, aber nur an eine Frau!“

Ohne jeden Funken von Verständnis sah ich Tuana in die Augen. Plötzlich dämmerte mir, was sie ausdrücken wollte. „Du meinst, Arnulf und diese Elfleda?“

Tuana sah mich amüsiert an. Dann fragte sie: „Bei der Venus, hast du die Blicke der beiden nicht gesehen?"

„Oh, und ich dachte schon ... Aber Arnulf ist natürlich eine gute Partie. Ein fleißiger Bauer, ausdauernder Jäger und mutiger Krieger." Tuana schüttelte nur den Kopf. „Ja, genau das, was eine Frau sucht!" Sie tätschelte meine Wange, küsste mich kurz auf den Mund und lachte mich dann weiter aus, was ich überhaupt nicht verstehen konnte. Sie lachte sogar noch, als wir endlich das Haus meiner Eltern erreichten.

ENDE

Nachwort des Autors

Liebe Leserinnen und Leser,
vielen Dank für Ihr Interesse an meinem Abenteuerroman „Cautio Barbari“. Er ist der Auftakt einer germanischen Familien-Saga, die um Christi Geburt herum spielt und sich über fünf Bände erstreckt. Jeder Roman ist in sich abgeschlossen.

Die Buchreihe umfasst die Romane
Cautio Barbari
Cautio Barbari: Auf nach Ägypten
Cautio Barbari: Auf hoher See
Das Blut des Cheruskers
Volkers letzte Schlacht - Die unerzählte Geschichte

Informationen zu geschichtlichen Hintergründen können Sie auf dieser Facebook-Seite erhalten: https://www.facebook.com/CautioBarbari

Der kleine germanische Bauernhof an dem Bach, auf dem Volker und seine Familie lebten, befand sich – nach meiner Vorstellung – im Bereich des heutigen Dorfes Bornhausen (bei Seesen). Dort in der Nähe ist auch heute noch ein Teich, aber ob es dieser war, an dem der reiche Burkhart und die „Alte vom Teich“ gewohnt haben, lässt sich nicht mehr sagen. Teiche kommen und gehen, werden zu Mooren, entstehen bei Überflutungen neu, wer weiß!

Das ebenfalls fiktive Dorf in der Nähe des Bauernhofes, von dem gelegentlich die Rede ist, liegt in der Nähe von Helmscherode, rund zweieinhalb Stunden Fußweg von Volkers Gehöft entfernt.

Germanische Götter spielen in „Cautio Barbari“ eine Rolle, aber keine große. Meine Zurückhaltung bei diesem Thema liegt insbesondere daran, dass über germanische Götter nicht viel bekannt ist. Die ausführlichen Geschichten über die Welt-Esche und die bunte Götterwelt, die auch Hollywood aufgegriffen hat, stammen aus den beiden Bänden der Edda oder aus Wikinger-

Sagen, die aber erst zu einer Zeit entstanden sind, als sich die Germanen längst weiterentwickelt hatten.

Um Christi Geburt herum wurden bei allen germanischen Stämmen wahrscheinlich die Götter Wodan (Odin), Donar, Tiu (Tyr) und die Göttinnen Frigg und Freya verehrt. Dann gab es noch lokale Göttinnen und Götter wie zum Beispiel die Göttin Nerthus, die im Norden angebetet wurde.

Mit freundlichen Grüßen
Gunnar Friedrich

Printed in Poland
by Amazon Fulfillment
Poland Sp. z o.o., Wrocław

69408167R00157